부처 마을의 손바닥 이야기

클리어마인드
CLEARMIND

부처 마을의
손바닥 이야기

이.형.순. 지음

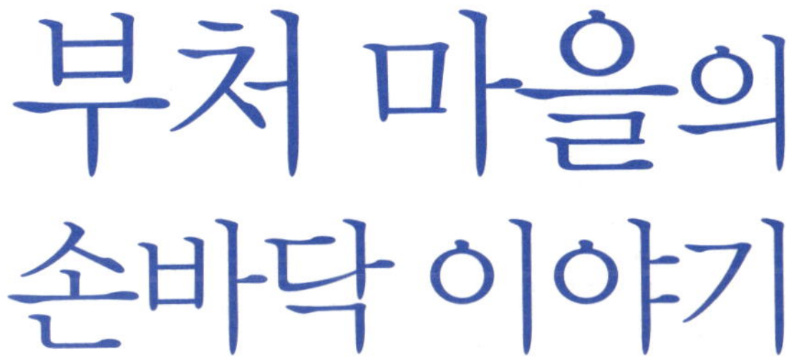

클리어마인드
CLEARMIND

창밖으로 새 한 마리가 둥지를 틀기 위해 분주하다. 새끼손톱만 한 부리에 지푸라기 한 가닥을 물고, 키 작은 나무에 앉아 주위를 샅샅이 살핀다. 자신의 은신처를 천적에게 들키지 않으려고 경계를 하는 것이다. 그리고는 낡은 우체통의 입 속으로 순식간에 사라진다.

낡고 허름한 우체통은 새들의 기막힌 둥지다. 시간의 더께가 쌓인 우체통은 매년 새들의 둥지가 되어 준다. 바로 밑에 붉은 페인트를 칠한 찬란한 새 우체통이 있는데도 새들은 낡은 우체통에만 둥지를 튼다. 알 수 없는 일이다. 우편집배원은 가끔 깜박하고 낡은 우체통 속으로 무지막지한 우편물을 꽂는다. 눈도 뜨지 못한 새끼들의 쩍 벌린 노란 입으로 편지 뭉치가 덮치지 않을까 걱정이다.

　이제 세상의 우체통은 더는 ‘사람의 소식’을 잉태하지 못한다. 하지만 살아있는 새들의 소식이 더께 앉은 우체통을 채운다. 두어 달이면 애틋한 소식을 품은 작은 것들이 출산되어, 창공으로 날아오를 것이다. 우체통의 품을 기억할 것이다.

　아직, 낡고 이끼 낀 우체통은 살아있는 것들의 소식을 전하고 있는 중이다.

　지푸라기 한 가닥씩을 모으는 심정으로, 차곡차곡 쌓은 글들을 떠나보낸다. 설레는 마음이다. 낡고 허름한 글들이지만 독자들 마음속에 푸근한 둥지 하나 만들어졌으면 하는 바람이다.

　참 많은 분에게 고맙다. 이 글들의 ‘생기(生氣)’를 먼저 보아 주신 클리어마인드 정필수 전무님과 김창현 편집자님에게 감사드린다. 그리고 이 모든 이야기의 근원이신 이성석 님, 안영애 님, 박만하 님, 김선화 님에게 한 분 한 분 깊은 감사의 절을 올린다.

2014년 4월

용인 고기리 글방에서

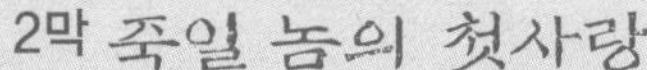

2막 죽일 놈의 첫사랑

3막 착해 보이지 않는다

4막 사랑한다면 이들처럼

다 좋아지려고

박스심서

"우리도 죽지 않고 산목숨 부지할라믄 담을 넘어야 데야!
이제는 동네에 모든 폐지는 우리가 서로 힘을 합쳐 그 시간에 접수해야 하는겨!'

'80년 전통의 고상사에서, 80년 동안 폐지의 주인은 불목하니의 것이었다.'

고상사의 불목하니 반 거사는 이 계율을 철저히 믿었다. 앞으로 자신의 일을 승계할 후배에게도 물려 줄 뿌듯한 유산이었다.

반 거사는 올해 나이 73세다. 젊은 시절부터 절 안의 모든 허드렛일을 도맡아 했다. 마냥 부처님이 좋았다. 절 일이 자신의 천직이라고 생각했다. 그러나 월급은 거친 나물에 한뎃잠 잘 형편밖에 되지 않았다. 그래도 견딜 수 있었던 것은 절 안의 쓰레기 덕분이었다. 쓰레기들 중에 '패자부활'된 것들을 팔아 돈을 남겼다. 그 돈은 버려진 사골에서 우려

낸 뽀얀 국물처럼 오졌다. 자식 셋을 모두 그런 푼돈으로 키워냈다.

그런데 근자에 들어 폐지 시세가 심상치 않다. 재작년만 해도 kg당 150원 하던 것이 작년에 50원까지 떨어지더니 지금은 90원에 머물러 있다. 폐유리병도 백색 병은 66원이고, 그나마 청록색은 29원밖에 쳐 주질 않는다.

매달 초하룻날과 초사흗날은 공양물이 많은 관계로 그런대로 쏠쏠했다. 한 리어카에 폐골판지가 12kg 정도 실리는데, 50kg은 건질 수 있으니 4천 5백 원은 만질 수 있다. 다른 재활용 쓰레기들을 합하면 한 달이면 15만 원, 그야말로 꼬시디 꼬신 알토란 같은 돈이다.

사찰 직원들은 쓰레기가 조금만 쌓여도 반 거사를 부른다. 쓰레기 중에 박스가 좀 많이 쌓여 있을라치면 생색내는 것도 잊지 않는다.

"어휴~ 반 거사님 주려고 다른 사람은 손도 못 대게 했어요!"

숫기가 없는 반 거사는 고맙다는 말이 쑥스럽다. 물론 살가운 소리 한번 해 본 적이 없다.

"그렇게까지 안 해도 되는디…."

쑥스러운 표정으로 대충 눙치기 일쑤다.

반 거사는 쓰레기 창고에 쌓여가는 빈 박스만 보면 그 옛날 오지게 열리던 감 홍시가 생각났고, 냇가에서 거저 줍다시피 한 꺽지나 버들치 를 보는 듯했다. 폐지는 반 거사의 주린 배를 채워주는 피 같은 링거액 이었다.

그런데! 박스가 새나가기 시작했다. 절 안의 빈 박스는 당연히 반 거사 차지였는데 언제부턴가 눈에 띄게 박스가 줄었다. 어떤 놈들의 소행인지는 대략 감이 왔다. 동네에서 직업적으로 하는 노인네들을 막기도 벅찬데, 이제는 절 내부에 라이벌까지 생긴 것이다. 이건 목 안의 가시처럼 신경 쓰이는 일이었다.

반 거사의 라이벌은 다름 아닌 허우대 좋은 윤 씨와 알코올 의존에 시달리는 난쟁이 최 씨였다. 윤 씨는 사찰에 일손이 모자랄 때마다 호출되는 사람이다. 버스비 빼면 일당 6만 5천 원에 불과한 윤 씨와 소주 한 병 값이라도 마땅히 생길 곳이 없는 난쟁이 최 씨가 힘을 모은 것이다. 두 사람이 빠르게 박스들을 수거해 가 버리니, 반 거사 입장에서는 무뢰배에게 팔뚝에 링거액을 무단으로 뽑힌 것 같은 낭패감이 들었다.

반 거사는 고민 끝에 자신도 한 사람을 더 영입하기로 마음먹었다. 대웅전 앞마당에서 촛불을 관리하는 합죽이 ‘틀니’가 적당했다. 틀니는 정신지체가 있지만, 욕도 잘하고 저돌적인 면이 있어서 꽤 쓰임새가 있을 것 같았다. 반 거사와 틀니는 은밀하게 회동하여 밀약을 맺었다. 반 거사가 예전처럼 50kg 4천 5백 원만 보전되면, 나머지는 몽땅 ‘틀니’에게 넘기기로 약속했다. 틀니 입장에서는 ‘쓰레기 재활용품에 손 댈 수 있는 절대 권력자’ 반 거사의 제의니 만큼 거절할 이유가 없었다.

틀니는 쓰레기장의 권력자 반 거사 못지않게 고상사 앞마당의 권력자다. 다 타버려 뭉개진 폐기물 초를 다시 팔아먹을 때, 수거업자가 찔러주는 2만 원을 꼬불칠 수 있는 권력이 있었다. 그뿐 아니라 신도들이 틀니를 동정하느라 담배나 음료 같은 것을 사다 주면 재빠르게 챙겼고, 그런 성의를 보인 신도들의 촛불은 오랫동안 꺼지지 않게 하면서, 일찍 뭉개 버리지 않는 은근한 힘도 발휘할 줄 알았다.

윤 씨와 알코올 의존 난쟁이 조와 반 거사와 틀니 조의 '박스 전쟁'은 치열했다. 제일 금싸라기 구역은 불교용품점이었다. 각종 기념일이나 초하룻날이면 20개들이 1만 원짜리 생수박스가 어마어마하게 불전에 쌓인다. 그 생수를 담았던 빈 박스가 노다지였다.

용품점에 공양물이 쌓이기가 무섭게 핸드카를 밀고 들이닥쳐서 공양물은 불전에 올리고, 빈 박스는 자신들의 아지트에 쌓아 놓는다. 용품점 직원들도 놀랐다.

"무슨 일이래? 예전에는 공양물이 쌓여도 느긋하더니? 이제는 번개야. 왜들 그래?"

"어이구~ 그걸 아직도 몰라? 박스! 박스 전쟁이래."

절 안에 소문이 파다하게 돌았다. 박스 쟁탈전이 벌어졌다는 소문이. 반 거사의 입에서도 자신을 불러 주는 직원들에게는 '고맙소!'라는 생전에 해 보지도 않던 말들이 튀어나왔다.

이제 고상사에서는 박스가 권력이 되었다. 절 식구들도 엉겁결에 박스만 눈에 띄면 감추었다. 눈빛을 서치라이트처럼 굴리다가 자신이 지지하는 조가 눈에 띄면 얼른 불러서 밀어주었다.

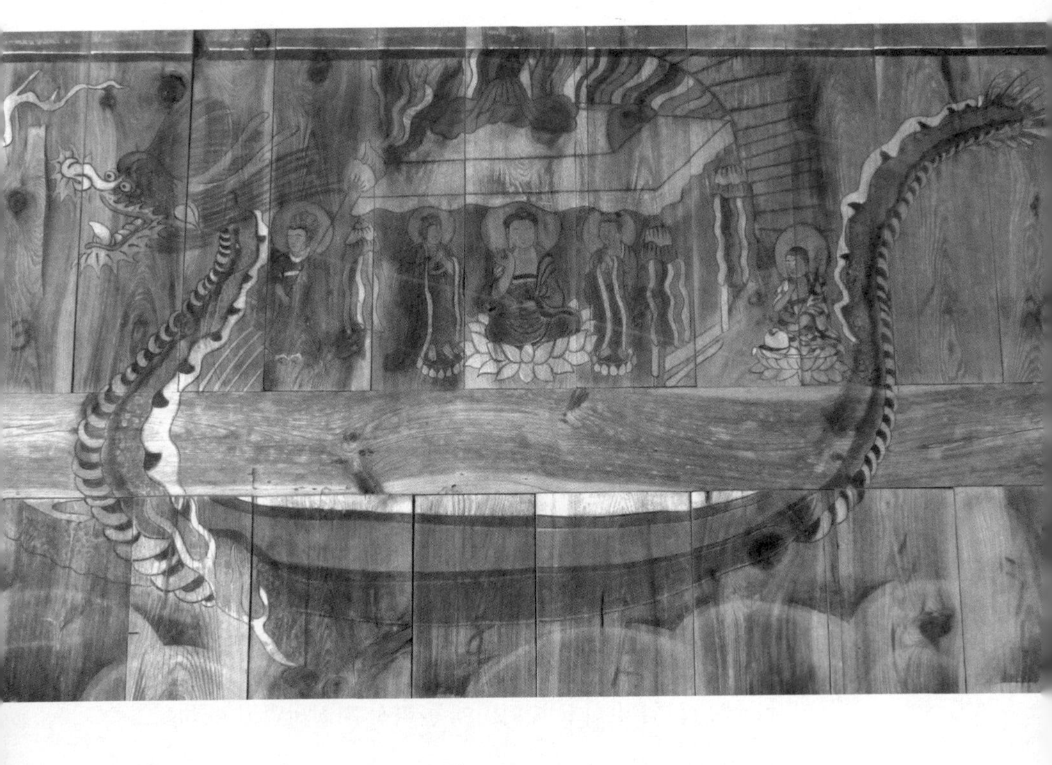

기초생활보장 수급자 윤 씨와 딱 보기만 해도 동정이 가는 난쟁이 최 씨 조는 권력 면에서는 약했지만, 동정표에서는 앞서 나갔다. 반면에 불목하니 근무 15년을 자랑하는 전통의 쓰레기장 권력 반 거사와 신도들의 촛불기도를 볼모로 한 촛불 권력 틀니 조는 적절히 자신들의 권력을 이용하여 박스를 축적해 나갔다.

이들은 동네의 생업형 폐지 수집자들이 절 안으로 침범하면 공동으로 대응해서 박스를 굳건히 지켜냈고, 자신들에게 폐지를 밀어주는 절 식구의 부탁은 특별한 편법으로 들어 주었다.

두 팀은 박스를 몰아주는 절 식구들 앞에서 점점 더 고개를 숙이는 각도가 깊어졌다. 그럴수록 절 식구들도 편파적이 되어갔다.

"아, 글쎄 틀니한테 주면 안 돼! 신도들에게 대놓고 담배를 사달라고 엉겨 붙더라니까?"

"그래도 틀니가 아니면 그 궂은일을 누가 해. 모자라니까 그렇지. 오히려 윤 씨가 약삭빨라서 영~ 정이 안 가."

"윤 씨가 글쎄, 사업 망하고 빚더미에 올라서 자살하려고 했대. 그래도 여기 와서 부처님 일하면서 살아보려고 애쓰잖아. 우리가 좀 도와야지."

"아, 증말 언니는 사람 보는 눈 진짜 없다. 윤 씨보다는 반 거사하고 틀니를 도와야 한다니까!"

1kg에 90원, 하루 4천 5백 원의 빈 박스는 대웅전 부처님보다 힘이

셌다. 늘 그날이 그날 같은 고상사 직원들에게는 '새로운 이야깃거리'를 계속 만들어 주었고, 그들이 '자비심'을 발휘할 기회도 주었다.

박스를 둘러싼 신경전은 온통 절집 안을 휩쓸었다. 모두 신경이 곤두섰다. 절 식구들도 덩달아 가진 것 없는 윤 씨, 난쟁이 조의 좌파와 쓰레기장의 전통 권력을 가진 반 거사, 틀니 조의 우파로 갈라선 느낌이었다.

박스 쟁탈전이 한창이던 어느 날이었다.

박스를 둘러싼 소란을 알게 된, 행정국장 스님의 일갈이 터져 나왔다.

"에~ 오늘부로 박스는 우리 행정국에서 접수합니다. 앞으로는 그 누구도 박스를 사유화 할 수 없습니다. 박스 안에 든 생수뿐만 아니라 그 껍데기인 빈 박스마저도 부처님의 이름으로 올려진, 부처님의 물건이므로 헐벗고 굶주리는 불우이웃을 위해 몽땅 사용하겠습니다. 절 안에서 더는 분란과 반목을 용납하지 않겠습니다!"

반 거사와 틀니, 윤 씨와 알코올 의존 난쟁이는 아랫도리에 힘이 탁 풀렸다.

"불우이웃이라고 말한겨 시방?"

쓰레기 창고에서 한뎃잠을 자는 반 거사가 의아해했다.

"박스가 이제는 부처님꺼래… 어 씨~"

윤 씨의 팔팔하던 눈빛도 금세 흐려졌다.

"박스 팔아서 막걸리 한잔 하는 것도… 부처님에게는 죄가 되는 것 인감?"

술로 인해 인생 막장에 들어선 난쟁이가 눈물을 찔끔 보였다.

"아후씨~ 초를 감마니로 띠도… 도… 돈도 하나도 아주면서…."

틀니가 이빨 하나 없는 잇몸을 드러내며 바람 빠진 소리를 냈다.

눈을 감고 '불우이웃도 못 되는, 재활용품처럼 패자부활 될 가망도 거의 없는 인간'들의 말을 가만히 듣던 반 거사가 입을 열었다.

"내일부터 이제 우리는 한 조원이여! 새벽 네 시부터 일곱 시, 저녁 아홉 시부터 열한 시까지 한몸으로 움직여야 써!"

'왜?'라는 표정으로 틀니와 난쟁이 그리고 윤 씨가 15년 경력의 쓰레기 수거 전문가 반 거사를 뚫어지게 바라보았다.

"우리도 죽지 않고 산목숨 부지할라믄 담을 넘어야 데야! 이제는 동네에 모든 폐지는 우리가 서로 힘을 합쳐 그 시간에 접수해야 하는겨!"

반 거사에게로 고개가 돌아간 세 사람의 뒤통수로 행정국장 스님의 말이 계속 이어졌다.

"인간의 탐욕은 끝이 없습니다. 우리는 비우고 또 비워야 합니다. 아무리 작은 것 하나라도 무소유의 정신으로…."

누군지 모르지만 행정국장 스님의 말에 묻혀, 신음 같은 소리가 새어 나왔다.

"kg당 딱 20원만 더 올라도 증말 소원이 없겄는디…."

산타할아버지,
젖 좀 주소

칠성 스님은 기가 막히게도 기도 잘하고 수행 잘하는 보살들을 골라냈다.
아니 엄밀히 말하자면 대충대충 무늬만 불자인 보살들이 칠성 스님에게 간택 받고 난 후,
그때부터 열심히 기도하는 보살로 변한다는 것이 오히려 맞는 말이었다.

동자 스님인 칠성이가 세상에서 제일 좋아하는 것은 젖이다. 눈을 떴을 때나 잠을 잘 때나 항상 머릿속에 뱅글뱅글 돌아가는 것이 젖이었다. 칠성 스님은 젖을 쥐지 않으면 잠을 잘 수 없었다. 보통은 풍선을 묶으면 생기는 꼬들꼬들한 가짜 젖꼭지를 쥐고 잔다. 풍선이 없는 날에는 반들반들한 목탁을 안고 잘 때도 있지만, 꼭지가 없다는 이유로 칠성 스님의 사랑을 받지는 못한다.

심하게 젖이 그리운 날은 주지 스님 방에서 잔다. 주지 스님의 절벽 가슴에 위태하게 붙어있는 쥐눈이콩 같은 것이라도 쥐고 자야 했기 때문이었다. 주지 스님은 남자라서 쑥스러운지 칠성 스님에게 젖꼭지를

내어 줄 때면 헛기침이 늘어난다. 칠성 스님이 잠이 들기만을 기다려 주지 스님이 쓰윽~ 손을 뺄라치면, 칠성 스님의 손가락이 영락없이 꼬물락거렸다. 꼼짝 마라였다.

올해 일곱 살인 칠성 스님은 엄마, 아빠의 얼굴을 모른다. 주지 스님께 일절 묻지도 않는다. 다만 보살들만 보면 손이 쏜살같이 가슴으로 파고든다. 수돗가에서 빨래하는 보살에게 살금살금 다가가 불쑥 손을 집어넣거나, 끓는 물에 국수를 삶는 보살을 노려보다가 간을 맞추기 위해 허리를 굽히면 어느 사이에 달려가 젖을 훔친다.

초창기에는 물 젖은 빨래로 뺨을 맞기도 하고, 눌어붙은 국수 찌꺼기가 묻은 주걱으로 뒤통수를 맞기도 했다. 그러나 맞으면 맞을수록 눈을 초롱초롱하게 뜨고, 푸른 콧물을 보란 듯이 낼름낼름 훑어 먹어버리는 칠성 스님을 보면 모두 기가 막혔다. 하루 종일 얼굴에 먹구름이 깔렸다가도 젖만 훔치면 생글생글 환희꽃이 피는 칠성 스님이었다.

신도들은 시간이 지나면서 칠성 스님에게도 나름의 규칙이 있다는 것을 알았다. 그 첫째가 화장과 옷치장만 화려하고, 불심이 없어 보이는 보살들의 가슴은 절대 탐을 안 낸다는 것이다. 칠성 스님 눈에 불심(佛心)이 남달라 보이는 열혈보살들의 젖만 훔쳤다. 그런 이유로 칠성 스님이 젖을 안 만진 보살은 아무리 기도와 불공을 열심히 한다 해도 뭔가 빠진 듯한 느낌을 지울 수 없었다. 칠성 스님이 젖을 훔쳐야만 불심이 높은 불자라는 것을 인가받는 꼴이 되었다. 젖을 도둑맞은 보살들은 겉으로는 투덜대고 당혹스러워하면서도 은근한 인가의 자부심이 밀려왔다.

칠성 스님의 규칙 두 번째는 젖을 만진 손으로 부처님과 악수를 하는 것이다. 젖을 훔치고는 행여 손이 식을세라 법당으로 쏜살같이 달려가서, 그 작은 키로 튕겨 올라가 법단에 배꼽을 간신히 걸치고는 부처님의 손을 덥석 잡는 것이었다. 같은 공범이 되려는 걸까? 아니면 차가운 쇠붙이로 앉아 있는 부처님에게 온기를 전하려는 것일까? 이유는 아무도 몰랐다. 어느 누가 물어봐도 푸른 콧물만 홀짝홀짝 마셔댈 뿐 대답하지 않았다.

이런 동자 스님에게도 천적은 있는 법. 바로 칠십 살이 넘은 공양주 보살, 보리행이었다. 어릴 적부터 남의 집 살이에 이골이 난 보리행 보살은 보리밥이 지긋지긋했다. 주인집 사모님이 탁발 온 노승의 걸망에 흰쌀을 가득 부어주는 것을 보고, 절에 가면 쌀밥을 실컷 먹으리라 판단하고 자신의 두 발로 입산했다. 그 이후로 이 절 저 절로 떠돌며 평생을 처녀로 살았다. 사람들은 보리행 보살을 놀릴 때 보리(菩提)가 아니고, 보리밥 보살이라고 불렀다.

보리밥 보살은 몸이 좋지 않다는 소문이 있었다. 하지만 스님이건 신도이건 가릴 것 없이 워낙 입 바른 소리도 잘하고, 씩씩해서 주변 사람들은 그런 소문에 개의치 않았다.

보리밥 보살은 동자 스님이 젖을 만지려 하면 기겁을 했다. 칠성 스님이 다른 보살들의 젖을 훔치는 것만 보아도 고래고래 소리를 질렀다.

"야이, 잡놈아! 인간 못된 것이 중 된다고(스님 들을까봐 찔끔하며) 저 노무 새끼는 벌써부터 노랑물이 들어갖고 저 놈을 어따 쓴디야~ 저르케 발라당 까져갔고~."

그 말을 들은 칠성 스님에게 인가 받은 불심 좋은 보살들은 동자 스님을 감싸며 한마디씩 대거리한다.

"아무리 애기 스님이지만 동진 출가한 엄연한 스님한테 잡놈이 뭐예요. 먼저 대접을 해 줘야 철도 더 들지요!"

"그러믄요. 칠성 스님이 장난꾸러기 같아도 보는 눈이 보통이 아니시죠. 그리고 가슴 만진 손을 부처님께 바치는 것 보세요. 도대체 무슨 깊은 뜻을 품으신 건지…."

인가받은 보살들의 말에 보리밥 보살은 씨벌씨벌하면서 국수를 삶던 국자를 허공에 휘저어댔다.

신도들 사이에서는 주지 스님이나 보리밥 보살보다 칠성 스님이 더 신경이 쓰이는 존재였다. 동진 출가한 동자 스님이 하는 짓이 자신들의 중생심을 꿰뚫어보는 천진불(天眞佛)로 보였기 때문이다.

칠성 스님은 기가 막히게도 기도 잘하고 수행 잘하는 보살들을 골라냈다. 아니 엄밀히 말하자면 대충대충 무늬만 불자인 보살들이 칠성 스님에게 간택 받고 난 후, 그때부터 열심히 기도하는 보살로 변한다는 것이 오히려 맞는 말이었다.

칠성 스님이 젖을 훔치면 그에 걸맞게 다른 사람의 모범이 되고, 불심이 강한 불자가 되어야 했다. 칠성 스님식 불교 세례라고나 할까?

칠성 스님에게 인정받기 위해 그 주위를 맴도는 보살까지 생겼다. 하지만 칠성 스님은 그런 보살은 안중에도 없었다. 어떤 이는 칠성 스님 머릿속에 능구렁이가 백 마리는 들어 있다고도 했고, 수행 공부를 많이 한 고승이 환생했다고도 했다.

크리스마스가 다가오자, 동자 스님은 잔뜩 기분이 들떠 절 마당에 있는 생나무에 알전구를 칭칭 감고 다녔다. 절집 안은 온통 캐럴이었다. 산타할아버지가 오시기를 목 빼고 기다리는 동자 스님이 목이 터져라 캐럴을 부르고 다녔기 때문이었다. 절 식구 중 누구도 말릴 수 없었다. 동자 스님에게 크리스마스 선물을 물어보니 동자 스님은 기다렸다는 듯이 대답했다.

'오래~오래~ 옆에 있어 주는 젖'이었다.

잠들면 몰래 빼버리는 젖도 아니고, 눈치 보다가 번개처럼 훔치는 젖도 아니었다. 동자 스님은 '오래~ 오래~'를 숨이 다할 때까지 아주 아주 길게 목소리를 빼며 말했다.

흰 눈이 강원도 산골을 뒤덮은 크리스마스 날.

소나무 가지는 이따금 눈의 무게를 견디지 못하고 부러졌다. 따다닥, 가지가 부러지며 고요한 산사를 울렸다. 가지는 몸에 얹혀 있던 달빛 물든 눈발을 사방으로 털어냈다.

어두운 새벽, 가지 부러지는 소리에 홀로 눈을 뜬 동자 스님은 주위를 살폈다. 옆에 누군가 있다. 동자 스님은 작은 손을 꺼내 옆 사람의 머리를 더듬어 보았다. 어두운 구들방에서 사람을 확인하는 가장 좋은 방법이다. 어? 까슬까슬하지 않다. 빡빡이 아니다. 그렇다면 주지 스님은 아니다.

동자 스님의 손이 버릇처럼 옆 사람의 가슴으로 들어갔다. 남자이건 여자이건 상관하지 않았다. 다만, 한 움큼 쥘 수 있는 젖이면 행복했다.

"나도 인자 잡놈 스님한테 인가 받은겨?"

공양주 보리밥 보살의 목소리였다. 동자 스님은 깜짝 놀라 저만치 떨어져나갔다.

"왜, 산타할매는 싫여?"

대답을 잃은 동자 스님은 괜한 마른 콧물만 홀짝였다.

"산타할아버지가… 시켰어?… 젖?"

동자 스님이 어렵게 입을 떼었다.

"그랴, 지금 산타 영감탱이는 루돌프 여물 멕이러 갔어. 바쁘디야."

환한 낯색이 된 동자 스님은 산타할아버지의 선물을 향해, 몸을 두어 바퀴 굴렸다. 보리밥 보살의 팔베개를 한 동자 스님은 선물의 포장을 풀었다.

"쭈그렁도… 괜찮여?"

깡마른 젖살과 건포도처럼 마른 젖꼭지가 미안한 보리밥 보살이 물었다.

"쭈그렁도… 좋아…."

보리밥 보살은 칠성 스님이 쭈그렁 젖을 만지기 편하게 몸을 모로 세워주었다.

"동자 스님아… 내가 살아본께 사람이 사람한테 정드는 게 젤로 무섭드라. … 나는 니한테 정들까베 많이 무서웠어야…."

"근데… 밥하러 안 가?"

"오늘은 공양간 안 나갈겨. 나도 이제는 아주 푸욱~ 쉴란다."

"대따 오래 오래 쉴 거야?"

"그려, 아주 오래~~ 오래~~."

보리밥 보살은 칠성 스님처럼 숨이 다할 때까지 아주 길게 목소리를 빼며 말했다.

그 순간이었다. 마당에서 때 아닌 앰뷸런스 소리가 요란했다. 주지 스님의 다급한 목소리였다.

"들것을 빨리! 빨리! 보리행 보살, 눈 좀 떠 봐! 눈 떠요!"

찰싹 찰싹, 보리밥 보살의 얼굴을 세차게 때리는 소리가 들렸다.

잠시 후, 보리밥 보살을 실은 앰뷸런스가 사이렌을 길게 울리며 절집을 빠져나갔다.

보리밥 보살이 자신의 방에서 실려 나가고, 보살이 누워 있던 자리는 눅진하게 푹 꺼진 자국이 남았다. 몸을 모로 세웠던 자국이었다.

앰뷸런스가 절에 도착하기 전, 보리밥 보살은 자꾸만 까무룩해졌다. 정신줄을 잡고 있는 게 힘겨웠다. 아무래도 불길했다. 그때, 언제 들어왔는지 칠성 스님이 이불 속으로 들어와 자신의 품속을 파고들었다. 자신을 찾아와 준 게 기특했다. 사실 홀로 빈 방에 누워 잠을 청할 때마다 동자 스님을 꼭 끌어안아 주고 싶었을 때가 한두 번이 아니었다. 하지만 꾹 참았었다. 쉽게 정을 주었다가는 생이 얼마 안 남은 자신보다 동자 스님이 더 힘들어진다. 정에 굶주려 본 사람은 정이 얼마나 무서운 건지 잘 안다.

보리밥 보살의 얼굴에 햇살이 물들었다. 이대로라면….

보살의 얼굴에 미소가 번질 때쯤 창살문이 벌컥 열렸다. 너무 긴 늦잠이었다. 눈 좀 떠보라는 주지 스님의 다급한 목소리가 들렸다. 일어날 수가 없다. 어느새 칠성 스님은 눈앞에서 연기처럼 사라졌다. 꿈이었나? 뺨에 감각이 없다.

동자 스님은 누운 자리에서 귀를 쫑긋 세웠다. 앰뷸런스 소리가 점

점 더 멀어졌다. 군데군데 부러진 창살 사이로 햇살이 갈래갈래 쏟아져 들어왔다. 동자 스님의 얼굴 위로 창살 무늬가 그대로 내려앉았다. 동자 스님은 보리밥 보살의 젖을 빼앗기기라도 할 것처럼 더욱 꽉 움켜쥐었다. 모로 누운 보리밥 보살의 팔베개를 하고, 쭈그렁 젖을 움켜 쥔 동자 스님의 볼에는 붉은 창살 꽃이 피었다.

볼이 따끔했다. 어느새 보리밥 보살이 동자 스님 볼에 핀 창살 꽃을 따서 들었다. 보리밥 보살은 창살 꽃을 칠성 스님의 눈앞에서 흔들더니 시나브로 사라져갔다. 홀로 누워 있던 동자 스님이 볼을 쓰다듬었다. 창살 꽃이 피었던 볼이 얼얼했다.

동자 스님의 눈 위로 잠이 쏟아졌다. 동자 스님은 볼 수 있었다. 여물을 다 먹은 루돌프가 끄는 썰매를, 욕쟁이 보리밥 보살과 산타 영감탱이가 함께 타고, 함박눈이 내리는 크리스마스의 하늘 위로 씽씽 날아오르는 것을….

동자 스님은 눈사람 몸뚱이같이 새하얀 함박 젖을 단, 보리밥 보살의 마지막 뒷모습을 눈이 아플 때까지 바라보았다. 아주 오래~ 오래~.

나를 살린 부처,
파스꽃

"뭐야! 귀머거리가 되겠다고?"
"니들 옹알이 할 때 세상에서 들을 이야기 다 들었다.
그 이후로는 세상에 별로 들을 말도 없더라…."

40년 세월을 서로 살 비비고 살았던 향기 나는 꽃, 신신파스.

여자는 아침에 눈을 뜨면 파스부터 갈아붙였다. 가슴에 불구슬이라도 걸린 것처럼 시도 때도 없이 불길이 치밀어 오를 때 붙이는, 젖과 젖 사이 전중(膻中)이라는 혈 자리에 한 장. 남편이라는 남자가 험한 말로 쏘아붙여 뱃속 밥통이 딱 굳는 느낌이 올 때, 배 한가운데 중완(中脘)이라는 혈 자리에 한 장. 오랜 세월 다섯 자식을 업고 술장사를 하느라 얻은 허리 통증에 등판 허리 부근 명문(命門) 혈 주위로 두 장. 그리고 마지막으로 퇴행성관절염 탓에 학의 다릿마디처럼 튕겨 솟아올라 온 두 다리의 무릎 뼈, 슬안(膝眼)이라는 혈 자리에 두 장을 붙이는 것으로 마감한다.

　파스는 여자의 몸에 찰싹 달라붙어 40년을 함께 해로했다. 여자는 파스향기를 꽃향기보다 좋아했고, 파스도 남편보다 더 여자의 몸을 잘 알아주었다. 파스는 무엇보다 변치 않는 마음을 주었다. 떼려고 하면 쉽게 떨어지지 않는 정을 주었고, 아픈 가슴 콱콱 눌러줄 줄도 알았으며, 뜨거운 열기로 여자를 숨 쉬게 해 주었다.

　여자는 파스가 있어야 움직일 마음이 생겼고, 냉기 가득한 세상의 찬바람 속에서도 식어 가는 피를 데울 수 있었다. 파스로 데워진 피로 아이들의 밥을 만들었고, 술 취한 손님들의 개 버릇도 염병할! 한마디로 바람처럼 날려버릴 수 있었다. 그뿐 아니라 지엄하신 남편님의 독한 잔소리도 삼키게 해 주었다. 신신파스로 겹겹이 두른 여자의 몸은 세상 어느 것도 뚫지 못하는 철갑 옷 입은 몸이 되었다.

　40년 전 어느 겨울. 막내딸이 원인도 모른 채 시름시름 앓을 때였다. 병원은 언감생심이었다. 치료를 하려고 별의별 짓을 다해 보았다. 동치미 국물을 멕여봐도, 약초 물을 멕여봐도 영 차도가 없었다. 날밤을 꼴딱꼴딱 새우다가 만병통치약으로 불리던 신신파스를 어렵게 구했다. 마지막 처방이라고 생각하고, 먼저 계집애 머리를 낙지 머리통마냥 빡빡 밀어버렸다. 그리고는 그 자리에 신신파스 석 장을 때작때작 붙였다. 엄마는 파스 냄새가 진동하는 낙지 머리통을 끌어안고 쓰러져 잠이 들었다.

얼마나 시간이 흘렀을까. 무엇인가 품을 빠져나가려고 꿈틀꿈틀 거렸다. 엄마는 게슴츠레하게 눈꺼풀을 밀어 올렸다. 꼿꼿이 서 있는 새하얀 낙지 머리통이 눈에 들어왔다. 닷새를 꼬박 앓던 아이가 신신파스를 붙인 낙지 머리통을 바짝 들고 앉아 있는 것이 아닌가. 게다가 누런 이를 드러내고 배시시 웃기까지 했다.

"엄니, 나 사이다 먹고 싶어~."

여자에게는 그 소리가 천상의 가피였고, 복음소리였다. 여자는 새까맣게 타버려 벌렁거릴 힘도 없는 가슴을 부여잡고, 꽤액~ 꽥, 복받치는 소리를 내며 울었다.

"뭔 지랄병 났다고 그리 시끄럽게 굴어! 약사여래 부처님이 다 낫게 해 준 거지!"

부처님이면 꺼뻑 죽는 남편이 여자를 향해 쏘아붙였다.

"약사여래 부처님이 낫게 해 주었다구요?"

그간 앓고 있던 막내딸을 먼 볕에서 한 번 보고는, 내리 알아들을 수 없는 주문만 읊조리던 남편이었다.

'나무 동방만월세계 십이상원 약사유리광여래불 약사여래불….'

여자는 곧 숨이 끊어질 듯했던 아이의 숨소리 앞에서, 점잖게 불경이나 외는 남편이 참으로 태평스럽게만 보였다.

"그깟 파스 몇 장 가지고 그 병이 낫냐? 이 무식한 여자야!"

하여튼! 남자는 막내딸 머리에 붙은 파스를 거칠게 잡아떼며 여자를 노려보았다.

'이것은 절대루다가 신신파스가 살린 거지 약사불인가가 살린 게 아녀, 절대로!'

여자의 귀에 남자의 말은 들려오지 않았다. 오직 바닥에 팽개쳐진 신신파스만 아까울 뿐.

여자는 방바닥에 버려진 때 묻은 파스 석 장을 주워들었다. 보면 볼수록 신통방통한 신신파스였다. 이 오묘한 신통을 지닌 파스를 한 번만 붙이고 버릴 수는 없는 노릇이었다. 여자는 때 묻은 파스를 똑바로 펴가며 제일 숨이 막히는 젖가슴 부위에 한 장, 밥도 못 먹어 쓰리디 쓰린 홀쭉한 배 위쪽 밥통 부위에 한 장, 나머지 한 장은 고쟁이 속 나일론 천으로 만든 돈주머니 위에 붙였다. 신묘한 힘을 가진 신신파스가 흥부 집에 제비처럼 좋은 일들을 자꾸 불러 올 것만 같다. 그날 이후로 여자에게는 신신파스가 생명을 구해 주는 약사불이었고, 자신의 몸을 보호해 주는 호법신장이 되었다.

석 장의 신신파스를 더덕더덕 붙인 여자는, 누구보다 든든한 마음으로 찬바람 부는 길로 나섰다. 죽다 살아난 딸아이가 그토록 먹고 싶어 하는 사이다를 실컷 먹이고 싶었다.

여자의 등 뒤로 남편의 주력(呪力) 소리가 들려왔다.

여자는 남자를 이해할 수 없었다. 다섯 아이를 키우고 결혼시키느라 손톱 발톱이 다 닳도록 일만 했건만, 도대체 남편은 무엇이 못마땅해서 자신만 보면 입에 칼을 물고 사는 것인지! 젊어서는 혈기로 서로 다투었다지만 늙어서도 변하지 않는 남편이 야속하기만 했다. 차라리 가난은 참을 수 있어도 칼날같이 쏟아내는 독설과 무시는 견디기 어려웠다.

남자는 아침에 일어나면 『금강경』을 독송하고, 한 시간씩 참선을 한다. 게다가 법회와 봉사활동에도 빠짐없이 나가고, 구구절절 옳은 말씀만 했다. 남들에게는 부처라는 소리까지 듣고 살았다. 하지만 자신에게만은 유독 매정하게 구는 남자였다. 여자는 그런 그를 옳은 말만 골라하는 공익광고에 나오는 배우 보듯 하며 살았다.

남자는 여자를 절에 데려가 법회에도 참석하게 하고, 참선도 가르쳐 보았으나 여자는 언제나처럼 오래가지 않았다. 그럴 때마다 남자는 늘 한마디를 덧붙였다.

"맹귀우목(盲龜遇木)이라고 아남? 눈먼 거북이가 100년에 한 번씩 망망대해에서 떠올라 쪼깐한 나무판자를 만난다는 말이지. 그만큼 사람 몸 받아 태어나기 어렵고, 부처님의 올바른 법을 만나기는 더더욱 어려운 일이란 말이고… 암~ 그렇지."

"……."

　　여자는 남자가 일장훈시를 할 때마다 머릿속에는 자신의 부처인 신신파스만 오락가락했다. 신신파스 하나로 아이들 잔병을 얼마나 많이 고쳤으며, 신신파스 하나가 부서지는 자신의 몸뚱이를 얼마나 잘 위로해 주었는가. 신신파스의 힘으로 겨우 버텨 온 하루하루를 남편은 알기나 할까?

　　여자는 눈을 떠서 화두를 잡듯 신신파스를 떠올리고, 신신파스의 가피에 항상 눈물이 고였고, 파스를 갈아 붙일 때면 경건한 예불 드리듯 조심스러웠다.

　　신신파스로 살려놓은 막내딸과 병원을 나온 여자는 한동안 말이 없었다.

　　"엄마! 이렇게 머릿속에 혹이 자랄 때까지 도대체 뭐한 거야! 매일 파스만 믿고 살더니 이게 뭐냐 말이야! 머리 아프면 병원엘 가야지 이마에 파스만 붙인다고 나아지냐고! 이놈의 파스만 믿고 살다가 엄마 죽을 뻔했어!"

　　"……."

　　"어떡해! 감마라이프라는 수술을 하면 엄마 귀가 안 들리는 대신 살 수 있고, 뇌수술을 받으면 죽을 수도 있는 대신에 귀는 들을 수 있다고 하고… 어떡하느냐고 이제!"

　　"나… 안 듣고 살란다…."

여자가 아무런 회한도 없는 얼굴로 입을 열었다.

"뭐야! 귀머거리가 되겠다고?"

"니들 옹알이 할 때 세상에서 들을 이야기 다 들었다. 그 이후로는 세상에 별로 들을 말도 없더라….."

"…엄마…."

"그래도 널 살린 그 파스들이 내 가슴에 든 피멍도 알아주구… 식당 하느라 휘어진 손가락도 쓰다듬어 줬고… 밤이면 후끈후끈 날 끌어안아도 주구 했다. … 뻣뻣이 차가운 부처에게 정신 팔린 니 아빠는 모를 거다. 아마 파스가 나한테는 샛서방쯤 된 거 같아….."

"그렇다고 언제까지 파스만 믿고 살 거냐고."

"니들도 이제 다 컸고… 니 아빠가 해대는 잔소리도 안 듣고 하면… 이제 가슴에 붙은 파스부터 띨란다."

감마라이프 수술을 마치고 병실에 누운 여자의 눈이 가늘게 뜨였다. 앞에는 남편이라는 남자와 파스향보다 더 좋은 다섯 자식의 냄새가 풍겨왔다. 여자의 눈에 남편과 다섯 아이의 입이 벙글어졌다 오므려졌다 하는 모습이 무언극의 한 장면처럼 흘러갔다.

아무것도 들리지 않고, 들리지 않으니 말할 것도 없었다. 세상이 이렇게 고요한 곳인지 귀가 멀고 나서야 여자는 깨달을 수 있었다. 그 고요함이 주는 기분을 언뜻 언젠가도 맛본 것만 같다. 여자가 엄마 뱃속에 있었을 때의 바로 그 고요함이었다.

그 곳은 여자가 경험했던 최초의 관음성지였다. 그 관음성지는 양수로 출렁거려 더 이상 파스가 필요 없는 곳이었다.

여자의 피멍 든 가슴 위, 파스꽃이 깊이 뿌리 내렸던 그 곳에서 무엇인가 어른어른 피어올라 왔다. 그것은 떼어도 떼어도 사라지지 않을, 죽는 날까지 사라지지 않을 부처의 향기였다.

쫌

민주는 남자가 없다. 정녕 키 크고 돈 많은 남자를 기다리느라 그런 것이 아니다. 그런 남자를 원한다는 건 욕심이자, 속물 끼가 슬쩍 비쳐 보여 왠지 싫다. 민주가 주변 사람들에게 공식적으로 주장한 남자 수준은 그저 '자신을 쫌 좋아해 주고 본인보다는 쫌 나은 남자' 정도? 이런 소박한 바람에도 남자들은 민주에게 그다지 침을 흘리지 않았다. 밤늦은 시간에 술에 취해 달 뜬 목소리로 치근덕대는, 인연의 유통기한이 만료된 몇 녀석 빼고는.

민주는 사실 남자들이 시시했다. 주변에는 여자에게 은근히 푼돈이라도 도움받아 볼까 하는 녀석들이나, 어떻게 하면 치마 속에 손 한

번 슬쩍 담가볼까 하는 쫌생원들 투성이니 도무지 남자에 대한 희망이 안 보였다. 민주는 자신이 하고 있는 일을 쫌 이해해 주고, 남들 보기에 쫌 부끄럽지 않을 정도의 직업. 그리고 힘들 때 서로 누워 팔베개 해 줄 정도의 남자라면….

민주는 사실 그게 부럽다. 팔베개. 남편의 굵은 팔뚝에 오글오글 떠들어대는 복잡한 자신의 머리를 누이고 싶다. 아주 깊은 잠을 잘 수 있을 것만 같다. 어쩌면 민주에게 있어 결혼이라는 것은 남편의 팔뚝 때문에 하는 것인지도 모른다.

민주는 자신을 복덩이라고 생각한다. 대한민국에서 알아 주는 번역 가에 겸손한 성품, 야무지다는 평판, 요가로 단련된 고운 몸, 어디 하나 빠지는 데가 없다. 그런데 남자 하나 찾기가 이토록 힘들까? 번거로운 번역 없이 이심전심으로 말귀를 알아듣는 남자를 기다렸지만, 벌써 올해 가을 낙엽도 홀로 밟으면 30대와는 영영 이별이다. 징그럽다, 40대.

심·맹·복. 민주가 부모님의 성화에 등 떠밀려 나간 절. 그 절의 청년회에서 만난 맹물 같은 남자다. 별명이 돌부처다. 워낙 말이 없어 속을 알 수가 없다. 민주가 유일하게 친구인 듯 애인인 듯 만나온 남자다. 항상 심맹복을 반푼이 취급을 하면서도, 어느 사이 애인 대하듯 대하는 자신을 보고 기겁을 하기도 한다. 심맹복 또한 민주가 부르는 대로 시키는 대로 들어주고 따라주지만, 그다지 민주에게 열렬하게 달려들지도, 욕심을 내지도 않는다.

민주가 보기에는 별 볼일 없는 이 인간이 자신을 무심하게 대하는 것을 보면 은근히 부아가 치민다. 자신의 마음이든 몸이든 게걸스럽게 탐을 내야 튕기기도 할 텐데, 목마른 구석이 전혀 보이질 않는다. 오히려 자신이 자꾸 말려드는 느낌을 떨쳐낼 수가 없다. 돌부처 심맹복이를 멀리하자니 여우 같은 다른 여자가 홀려서 물어 가버리면 쫌 아까울 것도 같고… 심맹복이를 가까이 하자니 왠지 쫌 밑지는 느낌을 감출 수 없고.

아, 심맹복보다 쫌 더 좋은 남자가… 쫌만 더 기다리면… 날 쫌 더 이해해 주는 남자로… 아… 쫌! 부처님 이왕 올 인연이면 어떤 놈이든 쫌 더 빨리 땡겨주시면 안 될까요?

민주는 쫌스러운 인간을 싫어한다. 하지만 모든 일에서 '조금 더 잘 되기를 바란다'는 의미의 '쫌'은 입에 달고 산다. 대형마트를 가도 입구에서 쫌이라도 가까운 곳에 주차하기 위해 주차장을 몇 바퀴 도는 것을 마다하지 않는다. 쫌 더 할인된 가격의 상품이나 상점을 기막히게 잘도 찾아내는 자신이 대견스럽다. 동료 번역가들보다 쫌 더 악착을 떨어 이 바닥에서 자리 잡은 일이나, 쫌 더 젊어 보이려고 피부 관리나 요가에 투자한 시간이 얼마인가. 친구들이나 형제보다 쫌이라도 더 인정받으려고 얼마나 공부에 매달렸던가, 예쁜 것에는 사족을 못 쓰는 수컷들을 위해 쫌 더 큰 눈과, 쫌 더 높아진 콧대는 어떠한가.

민주에게는 아직도 해야 할 일이 너무 많다. 아직도 부모님에게 쫌 더 효도를 해야겠고, 공부도 쫌 더 해서 동시통역사도 해야 하고, 쫌 더 좋은 남자를 만나려면 쫌 더 자신을 개발해야 하고, 아직도 쫌 더 예뻐질 방법은 많고, 쫌 더 불교공부도 더해서 쫌 더 지혜로워져야겠고, 한번 사는 인생 쫌 더 행복하게 살아야 했다.

민주의 머리에 생각이 많고, 꿈이 많고, 가치관이 뚜렷하고 야무질수록 사실 숨은 더 찼다. 쫌 더 나은 미래를 위해 헐떡이고 노력할수록, 세상은 쫌 더 ‘사는 기술’을 원했다. 사는 데 무슨 기술? 세상은 네가 바로 그런 기술이 없기 때문에 쫌 더 성공할 수 있는 기회를 못 잡는 것이라고 윽박질렀다.

“세상은 거짓말도 쫌 할 줄 알아야 해.”

“세상은 화도 쫌 낼 줄 알아야 하거든?”

“싫어도 좋은 척, 좋아도 싫은 척 할 줄 알아야지.”

이런 말들이 틀린 말은 아니었다. 어쩌면 지당한 말씀 같기도 했다. 그런 의미에서 민주는 심맹복이 마음에 안 든다. 심맹복에게는 ‘쫌’ 더 나아지려는 의지가 전혀 안 보인다. 꿈도 없어 보이고, 생각이라는 것은 하고 사는지, 물에 물탄 듯 맹하게 되는대로 사는 모습이 한심해 보인다. 거짓말이나 화를 내는 것을 피곤해 했고, 좋고 싫고를 속이지 못해 얼굴만 딱 보면 엑스레이 찍히듯 얼굴에 떡~ 하니 나타났다. 그런 심맹복을 민주가 반푼이로 보는 것은 당연했다.

순전히 민주의 눈에만 팔뚝이 굵어 보이지 않는 심맹복이 단단히 화가 났다. 10월의 짙은 낙엽이 떨어진 이후로 전화도 받지 않았다. 얼마 전 아무런 말도 없이 소개팅 한 것 때문일까? 맹물 같은 남자라고 불만이 많았던 민주는 막상 맹탕인 심맹복이 화가 난 것 같자 당황스러웠다. 늘 민주에게 순종의 자세로 일관하던 심맹복이었기에 충격은 더했다. 민주는 큰맘 먹고 심맹복에게 전화했다.

"맹복 씨 왜 그래? 전화도 안 받고?"

"쫌! (이제 이런 말 그만해)"

"이유를 말해 봐. 내가 싫으면 이제 다시는 전화 안 할게!"

"쪼옴! (정말 듣기 싫고, 그만하라니까! 민주 너와 말하기도 싫어!)"

심맹복은 단호했고, 민주의 번역도 빨랐다.

"쪼오~ 옴 (맹복 씨 답답하니까 말로 좀 설명해 봐 응?)"

자존심 강한 민주가 사정하듯 콧소리를 넣어 길게 말을 끌어본다. 평소 야무진 말투의 민주가 끈끈하게 부탁하자 심맹복은 마음이 흔들렸다.

"쪼오오~~오옴~ 응? (말로 설명해 봐 제발, 왜 그러는데~~)"

다시 한 번 민주가 애절한 긴 콧소리 가락을 뽑아버린다. 이윽고 애간장이 녹아버린 심맹복이 속절없이 무너진다.

"나에게 더 이상 '쫌 더'를 원하지 마. 숨이 막혀!"

"그게 이유야?"

“난 모든 게 그냥 이대로 좋아. 잘났든 못났든. 떠나고 싶으면 떠나 당신이! 민주 씨가 날 떠나도 좋다니까!”

그냥 이대로 좋아? 떠나? 민주가 듣기에는 가소롭고 맹탕 같은 이야기를 심맹복은 전혀 흔들림 없이 읊어댔다.

“진심이야?”

민주는 짧지만 감정이 드러나지 않게 잽을 날려본다. 사실 쉽게 떠나가라는 심맹복의 말에, 아주 짧은 순간이었지만 심맹복이 쫌 값나가게 보였다.

“난 도대체 모르겠어. 왜 그렇게 잘나게들 보이려고 난리들을 치며 사는지!”

심맹복의 말에 민주의 똑똑한 머리로 생각 하나가 스쳤다. ‘이 미욱스러운 바보 온달을 팔뚝 굵은 장군 남편으로 한번 만들어봐?’ 민주는 미소를 띠우며 심맹복에게 제의했다.

“맹복 씨 진심인데… 우리 정말 이게 진짜 마지막이다 생각하고 쫌만 더 노력해 볼래?”

순간, 심맹복의 목소리가 할(喝)! 소리로 민주의 귀청을 때렸다.

“쫌!!!”

(‘쫌’이라는 말은 제발 그만해! 이 ‘쫌’에 중독된 사람아! 당신은 평생 ‘쫌 더’ 좋아지려다 수많은 것들을 놓쳐버리고 말거야. 언젠가는 내일만을 위해 살아버린 세월 때문에 눈물이 쏟아질 거야. 제발 이 순간, 이대로 내버려둬!)

어디서
엄마 냄새가 난다

이제는 돈이 생기는 족족 깡소주를 마셔버리거나, 자신보다 더 못하다고 생각하는
거리의 들꽃들에게 줘버린다. 돈의 씨가 말라야만 속이 시원하다. 그렇게 세상에 한 푼 없는
벌거숭이가 되어야만, 엄마가 용케도 아시고 불쌍해진 자신을 찾으러 올 것이다.

"어디 가면 절대 안디야! 어매는 금방 올텐께, 여기 꼭 눌어붙어 있
어야디야!"

엄마는 그 말을 남기고 40년째 오지 않고 있다. 아직 볼일이 끝나
지 않은 건가. 오늘은 오실지도 모르니, 조금만 더 기다려봐야지. 이제
는 엄마의 얼굴도 가물가물하고, 자신의 나이도 긴가민가하다.

'촛불' 혹은 '틀니'로 불리는 남자는 초하루만 되면 어김없이 엄마
를 기다렸다. 금방 오겠다던 엄마였다. 혹시라도 자신이 없었을 때 오
시면 영영 다시는 못 보게 될지도 모를 일이다. 엄마는 분명 '금방!'이
라고 했다. 틀니는 엄마를 마지막으로 본 고상사 일주문에서 한 발자국

도 벗어날 수 없다. 그날 이후, 시립아동보호소, 고아원, 소년원을 떠돌았던 세월을 포함해 40년째 고상사를 떠나지 않고 있다.

어린 시절, 밥을 먹어본 기억이 별로 없다. 하지만 초하루만 되면 엄마는 늘 어린 '틀니'의 손을 잡고 시골 마을 작은 암자에 올랐다. 엄마는 향냄새를 좋아했다. 스님들의 헛기침 소리에도 아랑곳없이 향을 무지하게 피웠다. 향을 태우며 신중기도를 올리는 엄마의 모습은 무서웠다. 무엇이 그리 간절했을까. 거의 넋이 빠진 모습으로 머리를 법당 바닥에 쿵쿵 찧던 엄마.

마지막으로 엄마를 보았던 그 날.

사천왕상이 있는 고상사 일주문 밑이었다. 엄마는 고쟁이 속에 손을 넣어 두레박줄을 잡아 올리듯, 저 다리 밑 깊은 곳에 숨겨 두었던 돈 주머니를 끌어 올렸다. 솔기가 헤어진 손바닥만 한 돈 주머니였다. 복(福) 자가 선명했다. 거기서 꺼낸 얼마간의 돈을 어린 '틀니'의 주머니에 꾹 찔러 넣어 주셨다. 다 해어진 걸레 조각 같은 기억이지만, 일주문 사천왕상의 퉁방울 같은 눈은 지금도 틀니의 꿈속에서 생생하게 살아있다.

"이 돈 딴 놈 주면 절대 안디야. 오늘이 초하루라는 거 니도 알제? 어매는 싸게 부처님만 보고 올텐께."

엄마가 사납게 휙 돌아섰다. 틀니의 눈에는 엄마의 등판만 한가득 보였다. 엄마의 등판이 멀어질수록 틀니는 주머니가 무거워졌다. 엄마가 찔러 넣어 준 돈이 낮설었다. 오늘 갑자기 돈은 왜 찔러 넣어 준 건지, 왜 동네 암자 놔두고 오늘따라 삐까번쩍한 절에까지 와서 허겁지겁인지. 틀니는 흰 쌀밥을 차려놓은 남의 집 밥상 앞에서 설사를 지려버린 기분이었다. 이러지도 저러지도 못하고 가슴만 콩닥였다. 아주 작아지고 싶었다.

어린 틀니는 돈이 든 주머니를 한 손으로 꽉 움켜쥐었다. 엄마의 복주머니에서 나온 돈이다. 지켜야 한다. 틀니는 고상사가 어둠에 완전히 묻힐 때까지, 일주문 사천왕상의 굵은 다리만 보며 하루 종일 서성였다. 틀니는 주머니만 틀어쥔 채 그날 고개를 한 번도 들지 않았다. 엄마가 오게 될 쪽을 쳐다보면 사천왕이 "이 노옴!" 하며, 불호령을 내릴 것만 같았다.

고상사에서 촛불 기도처를 관리하는 '틀니'는 유명하다. 나이는 사십대 말이지만 사람들은 반푼이 취급을 한다. 지적장애가 있는 탓에 어린아이부터 나이 든 어른까지 반말을 한다. 담배 한 갑만 사다줘도 노래를 부르고 춤도 추었다.

"감사한니더~ 극라완샌, 복 이빠이 만빵으로 받으쎄여~"

이빨이 없는 합죽이 입으로, 열정적으로 고마움을 표시하다 보니, 빠진 이빨처럼 발음도 숭숭 새기 일쑤였다. 사람들은 그의 말을 거의 못 알아듣는다. 보시를 받은 틀니의 표정이 함박웃음이면, 보시를 한 사람의 입도 절로 방실 방실이다. 틀니는 은근슬쩍 신도들에게 담배나 시계,

현금을 요구한다. 신도들이 난색을 표하면, 개다리 춤을 추어 보인다.

　"보시는 무주산보쉬, 앙그리마라는 사람을 구백아흔아홉 명 죽잇써."

　"무주상보시가 뭔 줄 알아?"

　"나한테 보시하는 거~"

　"앙굴리말라는 누군지 알아?"

　"사린범~ 사린범이 부처님 대찌~"

　틀니는 돈을 받으면서도 늘 당당했다. 돈을 준 신도들이 기뻐할 수 있는 것은 오로지 자신 덕분이라는 생각에서다. 자신 같은 사람에게 주는 것이야말로 대가 없이 줄 수 있는 진정한 무주상보시가 아니냐는 생각이다. '복 짓게 해 주는 앙그리마라'를 자처하는 틀니였다. 신도들도 절에는 큰돈을 내야 생색이 났지만, 틀니에게는 담배 한 갑, 단돈 천 원으로도 충분했다. 틀니는 싼 값에 보시자들에게 뿌듯한 기쁨을 누릴 수 있게 해 주었다.

　사실 틀니에게는 보시로 받은 돈들이 남아나지 않았다. 어머니와 헤어진 그날 이후로 주머니에 돈을 넣어 두지 않는다. 엄마가 떠난 날 틀니의 주머니 속에 넣어 준 돈이 엄마를 안심시켜 주었다고 생각했다. 이제는 돈이 생기는 족족 깡소주를 마셔버리거나, 자신보다 더 못하다고 생각하는 거리의 들꽃들에게 줘버린다. 돈의 씨가 말라야만 속이 시원하다. 그렇게 세상에 한 푼 없는 벌거숭이가 되어야만, 엄마가 용케도 아시고 불쌍해진 자신을 찾으러 올 것이다.

틀니는 초하루와 초사흘, 각종 재일(齋日)들이 있는 날이면 무척 바쁘다. 초하룻날은 엄마를 기다려야 하는 일주문과 촛불공양 터 사이를 부리나케 오고 간다. 틀니는 가로 3미터, 세로 1미터 정도 되는 촛불공양 터의 촛불들을 혼자서 관리한다. 몇 시간 사이에도 어마어마한 양의 촛농이 냇물을 이루고, 바위 탑을 만든다. 온종일 돌덩이처럼 굳어가는 촛농 바위를 깨고 긁는다. 뜨거운 촛농이 맨몸뚱이에 튀길 때마다 머리가 쭈뼛쭈뼛 솟는다.

폐기물이 된 촛농 한 자루는 60킬로에 육박하지만, 비쩍 마른 몰골로 혼자 처리해야 한다. 고상사에서 수고비 한 푼 안 주었지만, 그렇다고 엄마와 헤어진 고상사 일주문을 떠날 수는 없었다.

신도들은 자신들의 촛불이 꺼지지 않고, 조금이라도 좋은 자리에서 오래 타기를 소망했다. 지극정성으로 발원하는 마음이 촛불에 담겨 있다. 그 오매불망 발원하는 마음을 켜고, 끄는 것은 온전히 틀니의 권한이었다. 촛불공양 터의 사천왕이 틀니였다.

합죽이 입의 틀니는 불교용품점에 갈 때는 특별히 틀니를 끼고 다녔다. 그것은 순전히 고운 한복을 입고 향과 열쇠고리를 팔고 있는 수덕화 보살 때문이다. 수덕화 보살 근처에만 가면 진분홍 한복에서 짙은 향내가 배어 나왔다.

틀니는 별 용무도 없으면서 수덕화 보살 옆을, 그 옛날 사천왕상의 다리 밑을 서성이듯 그렇게 맴돌았다. 수덕화 보살이 예뻐서가 아니다. 늙은 숫총각이라서가 아니었다. 맨살의 그리움보다 그 보살이 입은 한복에 배인 향냄새가 미칠 것만 같았다. 그 향내만 맡으면 가슴이 벌렁거렸다. 목울대가 아리게 아파온다.

"또 왔네~, 틀니 아저씨. 오늘 수덕화 보살 안 나왔어!"

하루에도 몇 번씩 수덕화 보살 옆을 맴돌아야 하는 틀니는 곧 설사라도 할 것처럼 당황했다. 불교용품점 직원들이 다 보는 앞에서, 틀니를 야멸차게 빼버리고는 합죽이 입으로 쏘아붙인다.

"수더카, 내일도 안 나어면 쥑이뿐다거 해! 아주 쥑이뿌꺼야."

"알았어~ 수더카 내일은 꼭 나올 거야. 화 풀어."

코맹맹이 모기 소리로 협박하는 틀니를 무서워할 사람은 고상사에서는 없다. 40년간 고상사에서 틀니의 협박을 들어보지 않은 사람도 없다.

틀니가 틀니를 화나게 빼서 들고 나가자, 불교용품점 계산대의 두 보살이 수군거렸다.

"글쎄, 수덕화가 마음먹고 어쩌나 보려고 틀니에게 데이트 신청을 했데. 그런데 틀니가 어쩐 줄 알아?"

"좋아서 뒤로 나자빠졌겠네. 얼마나 좋아했을까!"

"아니야! 자기는 절대 수덕화를 만나줄 수 없다는 거야!"

"뭐어? 확실히 모자라긴 모자란 사람이네. 그렇게 졸졸 따라다닐 땐 언제고!"

"옷에서 나는 향내만 좋대… 그런데 그 향내 나는 옷을 입은 사람은 쥑이뿔거래!"

"죽인다고? 그게 무슨 말이야?"

40년 전, 사천왕이 무서워 차마 고개를 들지 못했던 어린 틀니는 분명히 그 냄새를 기억한다. 날이 어둑어둑해질 때까지 사천왕상 전각 뒤에서 솔솔 풍기던 그 향냄새를.

어린 틀니는 그 냄새를 잊을 수가 없다. 어둠이 사천왕을 모두 집어삼키고, 고상사 스님이 자신의 손을 잡아 이끌 때까지 코끝에서 떠나지 않던….

사천왕상 전각 뒤에서, 자식이 사라질 때까지 꼼짝 않고 풍기던, 엄마의 향냄새를.

좋아, 좋지,
다 좋아지려고

생존을 위한 존재의 엄중함, 고 여사 식으로 다시 말해 나를 욕하려면
'빗물에 머리 감고 바람에 빗질해 가며, 찬밥 한 덩이로 버틴 구겨진 인생'을
살아보고 주둥이 열어 보라지! 였다.

고 여사는 오늘도 루돌프 사슴코를 흥얼거렸다.

"가엾은 저 루돌프 외톨이가 되었네 ♬."

58년 개띠 고 여사는 스스로 현역 유흥업 '노동자'를 자처한다. 아들의 직장인 황금카센터 뒤쪽, 동네 후미진 골목에 고 여사의 사업체 '첫날밤'이 있다.

첫날밤을 사탄마귀 화염지옥의 소굴로 보는 사람들이 있었다. 바로 옆 건물에 붙어 있는 소망교회 신도들이었다. 부처님을 좋아하는 아들 눈에도 '첫날밤'은 동네 놈팽이 쫌팽이 얼뱅이들의 집합소로 보였다. 첫날밤은 낮 시간에는 동네 중늙은이들에게 인삼차, 쌍화차를 팔았고, 해가 훌라당 넘어가는 즉시 맥주, 양주, 김치에 막걸리까지 파는 요상한 유흥 만물상이었다.

첫날밤은 일 년 내내 크리스마스다. 짙게 썬팅된 작은 창에는 여름에도 녹지 않는 하얀 솜이 눈처럼 항상 쌓여 있고, 출입문은 은사시 나뭇잎 같은 반짝이와 중국산 싸구려 전구알로 장식되어 있다. 마치 문을 열고 들어가면 짝퉁 싼타할머니가 루돌프에게 보약 같은 막걸리를 멕이다가 깜짝 놀라 쳐다볼 것만 같다. 실제로 말라깽이 고 여사는 오십 중반의 나이에도 싼타의 패션스타일인 붉은 색 옷만 고집한다.

붉은 여자 고 여사는 '첫날밤'을 찾아오는 상처 난 야생 짐승들을 다독이는 데는 탁월했다. 갖가지 이유로 바깥세상에서 독한 화살을 맞고 찾아드는 야생 짐승들을 관리한다. 벌겋게 충혈된 눈을 한 심통 사나운 짐승들에게 막걸리를 따라 주고, 김치를 입에 넣어 준다. 그 모습을 보면 영락없이 싼타가 루돌프에게 여물 멕이는 모습이다. 물론 아무리 덕스럽게 보이는 싼타 분위기를 연출한다고 해도 매상 올리는 일은 잊지 않는다. 막걸리 한 병 값은 맥주 두 병 값으로 치고, 김치 한 보시기는 마른안주 값에 준해서 받는다.

가끔 싼타 고 여사의 업소 방침에 섣부르게 반항하는 고삐 풀린 루돌프들도 있다. 그럴 때면 고 여사는 어김없이 윗도리를 확 걷어붙인다. 험하게 마른 갈비뼈가 커튼처럼 양쪽으로 걸려 있고, 그 가운데로 십자가 흉터가 길게 불타고 있다. 눈을 감고 싶은 망측한 디자인이다.

십자가 몰골을 본 짐승들은 기가 죽은 건지, 갑자기 슬퍼진 건지는 알수 없지만, 자신도 모르게 그냥 아멘~을 부르고 싶어진다. 권태로운세월에, 마땅히 분노를 터트릴 곳이 없는 세상에, 확 펼쳐진 붉은 십자가 흉터는 술을 심하게 땡기게 한다. 첫날밤에는 고분고분한 소심남보다 한 번 고삐가 풀려 반항했던 야생 짐승남일수록 빠르게 단골로 흡수되었다.

그러나 아들만은 달랐다. 그 놈만은 평생 동안 고분고분하지 않았다. 자상(刺傷)으로 생긴 십자가 흉터가 제왕절개 수술 자국이면 좋으련만, 고 여사는 평생 배 아파 자식을 낳아본 적이 없었다. 아들은 피 한방울 섞이지 않은, 이십 년 전 스스로 목숨을 끊어버린 전(前) 동거남의소생이었다. 오히려 자신의 배에 십자가 흉터를 깊게도 남겨준 동거남, 그의 아들이었지만, 고 여사가 살아야 할 이유가 되어 준 어린 송아지같은 존재였다.

고 여사는 자신의 직업에 자부심이 있었다. 한창 날리던 때는 성(性) 노동자들의 선배로서 노조설립에 참여하기도 했다. 남들은 비웃고, 술 안주거리로 취급했지만 성 노동자들은 분신이라도 할 만큼 절박했다. 그들은 가장 기본적인 것을 요구했다. 하루 열 시간 월 25일 근무, 생리 휴가, 부모 사망 시 경조 휴가, 고객의 휴대폰 카메라 사용 등에 의한 성 노동자 초상권 보호 등이었다. 그러나 유명 여성단체에서도반대하여 정식 노조설립은 이루지 못했다. 고 여사는 아들 앞에서도 부끄럽지 않게 살아왔다는 자부심이 있었다.

생존을 위한 존재의 엄중함, 고 여사 식으로 다시 말해 나를 욕하려면 '빗물에 머리 감고 바람에 빗질해 가며, 찬밥 한 덩이로 버틴 구겨진 인생'을 살아보고 주둥이 열어 보라지! 였다. 지금은 비록 일선에서 물러나 앉아 세상에 돈 없고, 여자 손목 한 번 잡아보기 힘든 벌거숭이 사내들을 상대로 살아가고 있지만 언제나 썬샤인이었다.

고 여사는 홀 한켠, 『반야심경』 액자 아래로 늘 사천왕의 팔뚝만한 촛불을 켜 둔다. 초가 자신의 몸을 태우며 바나나 껍질처럼 휘영청 뒤로 허리를 꺾어 만드는 절묘한 모양새가 좋았다. 제대로 된 모양이 나오면 부처님이 바라던 소원을 몽땅 이루어 줄 것만 같다.

짜디 짠 고 여사의 유일한 사치는 매달 초하룻날 신중전에 올리는 3만 원짜리 순천 메뚜기쌀 10킬로그램 한 포대와 1만 원짜리 정갈한 생수 한 박스였다.

고 여사가 바라는 소원의 첫 번째는 역시, 자신을 볼 때마다 깨진 얼음 조각같이 시퍼렇게 날선 말들을 쏟아내는 아들놈의 부귀영화였다. 술집 여자를 엄마로 둔 아들놈의 깨진 가슴 퍼즐을 누가 맞추어 줄 수 있단 말인가. 아들에게 들인 눈물겨운 정성들은 하나도 기억나지 않는다. 아들놈을 볼 때마다 그저 죄인처럼 안쓰러운 마음만 휘청인다. 그렇지만 말라깽이 고 여사는 아들 앞에서는 일부러 독해진다. 세상을 가진 것 없이 살아야 할 놈들은 '쳐다보면 착해서 눈물부터 쏟아질 것 같은 정 많은 놈'보다 차라리 '패악을 떨더라도 눈 치켜뜨고 지 밥그릇 악착같이 챙길 줄 아는 놈'이 훨씬 덜 불쌍해 보이는 법이다.

고 여사는 또 한 가지 자신의 '건강'을 기원한다. 아직도 '첫날밤'에서 인기가 쓸 만한 이유는 '생기(生氣)'를 다 잃지 않아서였다. 생기는 상대방에게도 의욕을 불러일으킨다. 소금에 절인 김장배추처럼 모든 것을 이해하고, 수용하는 것에는 '맥 빠진 착함'만 있을 뿐, '싱싱한 파닥거림'이 없다. 고 여사는 아들을 위해서라도 '색기'가 아니라 '생기'는 꼭 챙기고 살리라 다짐한다. 고 여사는 지친 루돌프들의 하소연을 술값만큼만 들어주고, 늙어가는 몸뚱이지만 욕심을 내는 야생남들에게는 '쉽지 않은 희소가치의 힘'을 발휘하며 계속 매상을 올릴 줄 안다.

'첫날밤'은 때로는 술병이 날아다니는 아수라장이고, 때로는 하룻밤에 도인(道人)과 짐승을 넘나드는 육도윤회가 일어나기도 하는 공간이며, 인간관계로 생겨난 곪아 터진 상처를 싼값에 치료해 주는 보건소이기도 했다. 하지만 결말은 늘 여물을 많이 멕이는 곳이라는 사실은 잊지 않았다. 술을 미어터지게 먹이든, 욕을 바가지째로 먹이든 사내들의 헐떡거리는 허기를 채워주었다.

고 여사는 손님들에게 여물을 멕이다 지쳐, 손님들과 닮아가려 할 때쯤이면, 생기를 다시 충전시켜야 했다. 그럴 때 유일하게 의지할 수 있는 이가 부처님이라는, 회색 피부를 가진 남편이었다. 높은 곳에서

내려다보는 황금 피부의 남편보다 절 길 모퉁이에 외롭게 서 있는, 회색 돌부처가 왠지 편했다. 어찌 보면 첫날밤의 손님들을 똑 닮았으니까.

회색 돌부처 앞에만 서면 별의별 하소연들이 다 쏟아졌다. 비가 오려면 무릎이 아리다는 푸념부터 시작해서 아들이 하는 잔소리 때문에 복장이 터져 죽겠다는 호소까지, 남편에게 넋두리하듯 일러바친다. 멀겋게 남편을 쳐다보면 남편도 멍하게 쳐다본다. 웃으며 쳐다보면 남편도 마주 보고 웃는다. 그런 회색 돌부처의 무던한 성격이 참 좋다. 회색 돌부처가 남자만 아니었으면 '첫날밤'에 스카우트 하고 싶은 심정이었다.

대학에서 불교학생회 활동을 열심히 했던 아들은 똑똑했다. 엄마가 자신을 헤픈 웃음, 풀어헤쳐진 몸으로 키운 사실을 잘 알고 있다. 아들은 엄마의 일을 대놓고 비난하지 않는다. 아들은 엄마와 말이 통하지 않는 것을 느낄 때마다 반드시 하는 말이 있다. 괜한 부처님을 끌어들인다. 부처님 좀 제대로 아시라고.

"엄마가 아는 부처님은 가짜 부처님이야! 절에 돈 많이 가져다 줄수록, 기도하느라 손바닥이 많이 닳을수록 복을 준다면, 그건 부처님이 아니라 올림픽 심판이지!"

엄마와 아들의 일생에서 유일하게 마음이 맞은 것은 '부처님'이었다. 하지만 아들은 역시나 비껴나갔다. 엄마의 일생을 찡그리고 바라보는 것처럼, 부처님을 믿는 방식도 교정하려 했다.

"부처님에게 정성을 다하는 것도 문제니?"

"정성도 방향이 있어야지. 무턱대고 정성만 들이는 것도 무명(無明)이라구."

"……."

"아무리 불교에 대해 많이 알고 경전을 달달 외운다 해도, 잘못된 부처의 길로 들어서면 오히려 부처를 모르고 사느니만 못한 거야!"

"그럼 어떡하라고?"

"엄마도 부처와 똑같이 깨달음의 성품을 가졌다는 사실을 믿어야 돼! 그 믿음이 제일 중요해!"

"내가 어떻게 부처와 동급일 수 있겠니?"

고 여사는 당치도 않는 소리라고 생각했다.

'저 아들놈은 단 한 번만이라도 좋으니 부처님 앞에서 엄마를 위한 마음을 내어 보았을까? 아무라도 좋으니 한 인간을 위해 간절히 무릎 꿇어 보았을까?'

하지만 그렇지 않다고 해도 무슨 상관이겠는가. 부처님은 이미 저 녀석의 마음에 들어 앉아 있는데, 그것이 감사할 뿐이다.

크리스마스가 코앞인 어느 날이었다. 소망교회가 첫날밤의 고 여사에게 제안을 했다. 이사만 가 준다면 권리금을 두 배로 쳐주겠다는 것이다. 고 여사는 무엇보다 아들의 얼굴이 먼저 떠올랐다.

소망교회가 크리스마스 트리로 예수 탄생을 축복하는 날, 화려하게 예수님이 찬양될수록 길모퉁이에서 추워 떨고 있을 회색 돌부처가 자꾸 마음에 걸렸다. 고 여사는 루돌프 사슴코 캐럴을 목청껏 불렀다.

"루돌프 코가 밝으니 썰매를 끌어주렴 ♫♪"이라는 부분에서 자꾸 눈물이 솟았다. 돌부처가 몹시도 보고 싶어졌다.

돌부처의 목은 두텁고 차가왔다.

고 여사는 아들이 쓰던 털목도리를 목에 칭칭 감아주고 물었다.

"어때요? 아들은 싫어하지만 난 잔디이불 덮을 때까지 첫날밤 일 계속하고 싶은데."

회색 남편은 목덜미를 제외하고는 눈과 입까지 흰 눈에 덮여 표정을 알 수 없었다. 고 여사는 목도리를 한 돌부처를 한참 쳐다보았다. 막 돌아서 가려다 입 주위의 쌓인 눈을 훅훅 입김으로 불고, 손으로 눈을 쓸어주었다. 한쪽이 깨져나간 두터운 입술이 드러났다. 고 여사가 돌아서서 한 걸음을 막 떼었을 때, 분명 돌부처의 목소리였다.

"좋아, 좋지, 다 좋아지려고!"
목이 메었다.

첫날밤의 고 여사는 CD 볼륨을 높였다. 케니 G의 색소폰에 맞추어 화이트 크리스마스를 흥얼거렸다. 쏟아지는 함박눈이 창문을 두드렸다. 진짜 흰 함박눈이 창틀의 때 묻은 솜들 위로 쌓여갔다. 어떤 것이 진짜 함박눈이고, 어느 것이 때 묻은 가짜 솜눈인지 분간할 수 없었다. 첫날밤의 모든 눈은 하얬고, 은사시나무는 반짝였으며, 알전구는 알쏭달쏭 환상적이었다.

어느새 '첫날밤' 바깥의 세상에서 독한 화살을 맞은 루돌프 몇이 쏟아져 들어왔다.

고 여사는 마치 첫날의 그 밤 같은 마음으로, 쏟아져 들어온 목도리 감은 돌부처들을 마주보았다.

썰법

자네보다 못한 왕초보 노숙자 신세였지만, 어떤가? 기도하고 공덕을 쌓으니까
여자도 줄줄이 따르지, 밑에 똘마니 부하들도 줄줄이 따라 댕기지, 구백아흔아홉 명이나
죽인 연쇄살인범도 칼은 들었지만 금방 '형님!' 하고 무릎 꿇어버리잖는가!

고상사 대웅전 주변에는 입 가진 들꽃들이 모여 산다. 천상천하 유
아독존이라는 말을 문자 그대로만 해석한 조증(躁症) 환자 독신녀부터,
불단에 놓여진 초코파이를 병적으로 탐내어 그 주위만을 어슬렁거리는
노파, 온종일 대웅전 주변을 맴돌며 혼자 씨부렁거리는 정신분열증 사
내, 공양간 앞 공원을 잠자리로 삼고 법당 주변에서 함부로 오줌을 퍼지
르는 노숙녀(露宿女), 절에서 고용한 하루 7만 원짜리 일당벌이 일꾼들,
자기 몸집만 한 가방을 주렁주렁 메고 고상사 한쪽에서 숙식을 해결하
는 노숙남들, 인생사가 대하소설로 써도 부족하다는 공양간 찬모들, 쓰
레기 창고 담당 반 거사, 촛불공양 터의 사천왕 틀니…. 대웅전 주변에

서 짧게는 몇 개월에서 길게는 수십 년간 뿌리를 내린 들꽃들이다.

들꽃은 들꽃들끼리 알아본다. 서로 농을 건네고 낄낄댄다. 요구르트 한 병이라도 나누다가도 심심하면 드잡이하고 험하게 다툰다. 들꽃들은 저마다 삶을 버티어 내느라 화당당둥당이다.

들꽃들의 최고참, 땅딸보 할배는 고상사 들꽃들의 고문(顧問) 격이다. 순전히 몸뚱이와 눈치로 밥거리를 때워야 하는 들꽃들은 땅딸보 할배의 '썰법'에 귀를 기울인다. 썰법은 주로 들꽃들의 사주를 근거로 한 '썰'이거나 공양간 메뉴에 대한 귀띔, 혹은 부처님 앞에 올려진 공양떡을 한 봉지 얻을 수 있는지에 관한 정보다.

사주에 관해서는 들꽃들은 무슨 말을 듣는다 해도 밑져야 본전이었다. 더는 추락할 곳도 없고, 최소한 지금 상태보다 더 나빠질 리도 없다. 세상에서 가장 낮은 바닥을 박박 기고 있는 들꽃들은 할배의 '썰'이 반갑다. 하지만 들꽃들은 헤벌쭉 웃기보다는 심각한 표정일 때가 더 많다. 왕년부터 꾸준하게 들꽃인 사람은 드물었고, 자신도 들꽃이지만 다른 들꽃들과는 달라도 무엇인가는 다르다는 믿음 때문이었다.

할배의 썰법은 날마다 들어도 늘 새롭다. 연·월·일·시 네 기둥으로 이루어진 여덟 글자, 할배의 팔자 해석은 변화무쌍하다. 할배의 허리 디스크의 상태에 따라 달라진다. 날씨가 흐린 날은 여지없이 백호대살(白虎大殺) 타령이다. 백호대살은 언젠가는 피를 보게 된다는 무시무시한 살(殺) 중의 하나다.

“년주(年柱)하고 시주(時柱)하고 합이 들어 끝내주게 좋아! 그런데 대살이 들어앉았네그려?”

“그거이 뭬게라?”

머리를 치렁치렁하게 늘어트리고 때가 꼬질꼬질한 노숙남이 바짝 다가앉는다.

“부처님한테 공을 들여야 혀! 안 그러면 횡액수가 있응게.”

“할배요. 내 인생 자체가 이 꼬라진데, 무신 횡액수 타령이랍니까? 썰 풀지 마슈!”

“어허~ 년주하고 시주하고 합이 딱 들었고, 년주가 천하수 팔자라니까. 하늘에서 재물이 비처럼 쏟아져.”

팔자가 좋다는 말에 낮술로 벌건 얼굴인 노숙남이 벙싯거린다. 땅딸보 할배는 노숙남의 손을 잡아끌어 대웅전 뒤쪽 벽화 앞으로 간다. 설산에서 6년 동안 고행한 부처님을 형상화한 설산수도상(雪山修道相) 앞이다.

“이 그림 속 사내가 누구를 닮았누?”

갈비뼈가 드러난 비쩍 마른 몰골에 수염까지 덥수룩한 모습의 남자가 벽화 속에 앉아 있었다.

“이 사람도 노숙합니꺼? 많이 못 묵었네.”

노숙남이 찬찬히 벽화를 들여다보더니 동병상련이라도 느낀 듯이 말을 계속 이었다.

“길거리 인생이 쉬워 보여도 아무나 하는 게 아녀요. 야는 완전 초보네. 완전 해골에 뺨은 거죽만 남은 거이 술 쪼까 한 양반이구만."

"자네보다 험해 보이지? 저이는 낟알 몇 톨하고 물 한 모금으로 하루를 버티느라 저리됐지."

"그건 내가 도사요. 밥 한 숟가락 안 뜨고 술만 찌끄리다 보면 속이 쓰리니께 밥도 못 묵고 물 한 모금 겨우 넘기지라."

노숙남은 시키지 않아도 자리를 옮겨가며 벽화를 분석했다.

수자타가 유미죽을 공양하는 장면의 벽화에서는 "속이 좀 풀리는 갑네. 죽 좀 먹다 보면 또 술 생각이 날낀데…." 마왕 파순의 세 딸이 유혹하는 장면에서는 "끝내주네. 끝내줘. 허우대 멀쩡하고 돈만 있으면 저렇게 여자들이 꼬인다니께." 앙굴리말라가 벽화 속 노숙자를 해치려는 장면에서는 "천석꾼은 천 가지 걱정, 만석꾼은 만 가지 걱정. 부자들은 저렇게 돈 빼고 나면 모든 거이 걱정 덩어리라니께!"

노숙남은 벽화 속 주인공에게 동병상련이라도 느꼈는지 신이 난 눈치다.

"그래서 자네는 부자 되기 싫어? 천하수 팔자가 될 거여 아니믄 백호대살이 뻗쳐 길거리에서 비명횡사할꺼?"

땅딸보 할배의 겁박에 노숙자가 찔끔하는 눈치다. 그때를 놓치지 않고 할배의 썰은 이어진다.

"한때는 저르케 자네보다 못한 왕초보 노숙자 신세였지만, 어떤가? 기도하고 공덕을 쌓으니까 여자도 줄줄이 따르지, 밑에 똘마니 부

하들도 줄줄이 따라 댕기지, 구백아흔아홉 명이나 죽인 연쇄살인범도
칼은 들었지만 금방 '형님!' 하고 무릎 꿇어버리잖는가!"

어느새 쌍림열반상(雙林涅槃相) 앞에 선 할배는 노숙남의 턱밑에 얼
굴을 바짝 들이댔다.

"오른쪽으로 탁 누워설라므네, 팔베개를 턱 하니 하고, 부하들에게
둘러싸여 입이 째지게 웃음시롱 죽었지. 자네는 어쩔겨? 백호대살을
직빵으로 맞고 피 흘리믄서 횡액을 당해 볼텨? 아니믄 내가 떡 한 봉지
얻어다 줄 테니까 지금이라도 공(功) 한번 들여볼껴? 자네보다 훨씬 못
한 저 양반도 저르케 웃어가믄서 호상(好喪)을 치렀는데, 자네 팔자는
지금 저 사람에 비하면 하늘이여 하늘!"

땅딸보 할배의 '썰법'은 비가 오나 눈이 오나 이어졌다. 피거나 말
거나 아무에게도 관심 받지 못하는 들꽃들이었지만 할배의 '썰'에는 귀
를 열었다. 썰법은 대부분 대웅전 바깥에서 이루어졌다. 할배가 법당
안으로 들어오는 것을 못마땅해 하는 보살들이 많았다. 봉사자 유니폼
을 맞추어 입은 보살들과 종무소 직원들은 할배의 출입을 통제했지만,
절 바깥으로 내쫓지는 않았다. 가끔 들꽃들이 소란을 일으킬 때면 들꽃
들의 교주, 땅딸보 할배가 필요했기 때문이다.

들꽃들 또한 어느 누구도 법당 안을 들어가고 싶어 하지 않았다. 고
상한 스님들의 '설법'을 좀 더 가까이에서 듣기 위해 자리다툼을 하거

나, 부처님 앞 좌대에 자신의 공양물이 제일 높은 자리에 올라가기를 원해 조바심을 내거나, 좁은 자리에서 절하느라 궁둥이를 치켜들다 옆 사람 얼굴을 훑어버리는 일들이 답답하게 느껴졌기 때문이다. 게다가 들꽃들은 대부분 몸을 놀려야 먹고 살거나, 몸을 포기한 사람들이라 찌들은 땀 냄새가 진동했다. 법당 안으로 들어가려면 용기가 필요했다. 들꽃들에게 법당 안은 자꾸 주눅 드는 문턱 높은 곳이었다.

벌건 대낮, 고상사 대웅전 주변에는 들꽃들이 바람에 흔들린다.

공양간 옆에서 엉덩이를 까고 방뇨를 해 버린 노숙녀에게 정신분열증 사내가 일장 훈시를 하고, 술에 취한 노숙남이 꽃으로 장엄한 장식물 위에 엎어져 바리작거리는 것을 불목하니 반 거사가 질질 끌고 나와 쓰레기장에 앉혀 놓고, 초코파이 공양물을 가방에 쓸어 담다 걸린 꼬부랑 노파와 입씨름하는 땅딸보 할배의 백호대살 타령, 공양쌀을 옮기다 여신도의 엉덩이를 은근슬쩍 주물러 버린 일당벌이 일꾼의 뺨 맞는 소리.

대웅전 주변에는 바람에 흔들리는 들꽃들의 비명소리가 법당 안의 고상한 설법 사이사이로 소음처럼 엉겨 붙는다.

고상사 법당은 안에서도 '설법'이 울려 퍼지지만, 밖에서도 들꽃들만의 '썰법'이 피어난다.

들꽃은 이름이 없어 들꽃이다. 들꽃은 길에서 제멋대로 피어, 속절없이 지면 그만이다. 들꽃이다.

이런 절 해 보셨나요?

할머니의 몸뚱이는 더 오그라들어 있었고, 아내의 가슴은 그때보다 더 미어졌다.
더 낡고 작아진 할머니의 광주리를 지나, 햇살 가득한 넓은 절 마당을 지나,
공양간으로 향했다. "여기 밥 좀 주세요. 여기 밥 좀 주란 말이에요!"

아내의 절은 20대 신혼시절 처음 시작되었다. 남편이 너무 미워서였다. 남편의 서운한 말 한 마디에도 눈물이 뚝뚝 흐르던 때였다. 그런데 남편은 간도 크게 외박을 한 것이다. 아내는 하늘이 무너지는 심정으로 집을 나섰다. 그리고 무작정 찾은 곳이 절이었다. 낯설고 부끄러웠지만 보살님들을 어설프게 흉내 내어 처음으로 108배라는 것을 해 보았다. 아내는 그날 그야말로 죽기 살기로 용을 썼다. 좌복을 흠뻑 적셨던 땀과 눈물을 짜내면 한 사발은 되려나?

첫 번째 108배를 끝냈을 때, 남편에 대한 분노는 어느새 깜박하고, 스스로 대단한 여자라는 으쓱함이 먼저 몰려왔다. 그 후 남편과 알콩달

콩 사느라 절에는 초파일이나 가끔 가는 '심정적 불교도'로 지냈다. 사는 재미가 더 바빴다.

그런데 이놈의 남편이 끝내 5백배를 하게 만드는 일을 저지르고 말았다. 술 퍼먹느라 카드빚 1천만 원을 진 것이다. 하늘은 노랗고 가슴은 터질 것 같았다. 며칠 동안 끙끙 앓느라 잔소리할 기운조차 없었다. 이글이글 타오르는 분노의 힘으로 거의 기다시피 법당을 찾았다. 예전에 처음 108배를 했던 곳이라 낯설지 않았다. 법당의 절 방석을 보니 괜히 눈물이 핑 돌았다. 전각 주위를 한 바퀴 돌며 옛정을 나누고, 공양간을 찾아갔다. 공양시간이 훌쩍 지났지만 사정사정해서 공양도 했다. 왠지 절을 하기 전에 절밥을 먹어야만 힘이 날 것 같았기 때문이었다.

말이 5백배지 절은 아무나 하는 것이 아니었다. 아무리 30대의 나이라지만 장미란이 드는 역도보다 훨씬 용을 써야 가능했다. 3백배까지는 남편의 가슴에 손톱을 꼽는 심정으로 한다지만, 그 후부터는 돈에 맺힌 한의 힘이 없었다면 불가능했을 것이다.

5백배를 마치고 다리를 절룩이며 일주문을 내려올 때였다. 작은 광주리를 놓고 봄나물을 팔던 주름이 자글자글한 할머니를 보니, 왜 또 가슴은 그렇게 미어지던지. 결국 남편과는 공염불 같은 금주 각서와 카드를 뺏는 선에서 일단락됐지만, 미운 마음은 좀처럼 지워지지 않았다. 아이들이 커가면서 키우는 재미에 푹 빠져 사느라, 부처님은 다시 '뒷

방 어르신'이 되었다. 그래도 염치는 있어서 아주 드물었지만 불교 TV
를 통해 부처님을 만나고는 했다.

그런데 이 인간이 기어이 아내를 정식 불자로 만들어 버렸다. 아내
나이 마흔두 살 때였다. 결혼 15주년 기념 어쩌고 하면서 설레발을 쳤
을 때부터 알아봐야 했다. 결혼기념일이라고 알량하게 불그죽죽한 대
게 몇 마리 사주고는, 방심한 아내의 경계를 풀고, 첫사랑 여자를 만나
외박을 한 것이었다.

차라리 들키지나 말지! 아내는 그야말로 오장육부가 뒤집힌다는
의미의 '환장'을 했다. 술집여자랑 잠깐의 불장난도 아니고, 중년에게
찾아오는 잠깐의 봄바람도 아니었다. 이것은 '반역'이라고밖에 표현할
길이 없었다.

아내는 처음으로 욕이라는 것을 해 봤다. 씨X, X새끼, 쌍X…. 아
무리 욕을 해도 시원해지지 않았다. 여자는 다시 일어나 집을 나섰다.

"냉이 좀 보실라우. 봄나물 국은 보약보다 좋아."

주름이 자글자글한, 언제인가 아득한 그때 5백배를 하고 신작로를
내려오며 보았던 그 할머니였다. 할머니의 몸뚱이는 더 오그라들어 있
었고, 아내의 가슴은 그때보다 더 미어졌다. 더 낡고 작아진 할머니의
광주리를 지나, 햇살 가득한 넓은 절 마당을 지나, 공양간으로 향했다.
아내는 공양주에게 소리쳤다.

"여기 밥 좀 주세요. 여기 밥 좀 주란 말이에요!"

아내는 생각했다. '자꾸 부처님이 여기로 부르는 걸 어떡해… 그러니 밥은 먹여 주셔야지요. 안 그래요?' 아내는 누룽지 밥과 말라비틀어져 가는 나물반찬을 입에 꾸역꾸역 밀어 넣었다.

아내는 법당에 들어서자 무릎에 깔 좌복 두 개와 발등이 까지는 것을 보호할 작은 방석부터 챙겼다. 땀이 떨어질 좌복 자리에 맞추어 타월을 깔았다. 물통 두 개와 1백배를 할 때마다 표시해 둘 도화지를 머리맡에 두고 호흡을 골랐다.

3백배를 힘겹게 지나고, 5백배가 되자 아내는 주저앉았다. 아내는 의아했다. 예전에는 분노의 힘으로 목표치를 잘도 달성했는데, 이번에는 쉽지 않아서였다. 자신의 분노가 모자라서일까? 아니면 1천배가 너무 높은 목표치일까?

이곳에만 오면 미칠 것 같은 분노의 사건은 사라지고, 오직 절과 사투를 하고 있는 자신을 발견한다. 아내는 무슨 일이 있어도 1천배를 성공시키고 싶었다. 그러기 위해서는 분노의 힘이 더 필요했다. 주객이 전도되는 일이었지만, 잠시 앉아서 두 연놈의 놀음을 떠올려 보았다. 손톱과 다리에 다시 바짝 힘이 들어갔다. 이가 악물어졌다. 질끈 감은 눈과 토해지는 호흡이 신심 강한 불자처럼 보였다. 덕분에 옆에서 절을 하던 다른 신도들도 덩달아 힘을 내어 절을 했다. 여자는 온몸과 마음으로 1천배를 그야말로 미친 듯이 마쳤다. 어느새 헝클어진 마음이 선명해지는 것을 느끼며, 법당 문을 막 나서려 할 때였다.

"저… 보살님… 저희 절에 절 수행 모임이 있는데 함께 하실래요?"

"제가요?"

"뒤에서 보니 절 수행은 초보신데, 정신력이 대단하세요. 상근기시
네요."

"상근기요?"

바깥에서 어떤 경계가 와도 과감하게 이겨내는 의지력이 대단한 사
람을 이르는 말이라는 설명이 이어졌다.

켁. 아내는 기가 막혔다. 그렇게 따지면 하근기중에 최고 하근기가
자신이었다. 매번 남편에게 속고 당하면서 제대로 말 한번 못하고, 죽
어라 법당 마룻바닥에 머리나 처박는 주제가 아닌가. 어쨌든 아내는 그
날로 그 절에 신자등록을 했다. 절 수행을 전문으로 하기 위한 마음은
없었다. 그것보다는 밥값은 해야겠다는 강한 양심 때문이었다. 십 년
에 한 번씩 하는 공양이었지만 그 가치는 말로 표현할 수 없었다.

남편과는 이혼 직전까지 갔지만, 울며불며 매달리는 바람에 다시
한 이불을 덮을 수밖에 없었다. 하지만, 아내 나이 마흔여섯 살 때 집
앞 뉴욕베이커리집 여자랑 바람을 피워서, 1천 5백배. 아내 나이 마흔
여덟 살 때, 마라톤동호회 토끼 팀 회원과 바람이 나서 2천배까지 달성
했다. 뛰라는 넓은 대지는 놔두고, 왜 딴 여자 배 위에서 마라톤을 하는
지 도무지 알 수가 없었다.

나날이 남편의 바람 때문에 아내의 체력은 하루가 다르게 성장했고, 남편이 바람을 피우는 주기도 점점 빨라졌다. 이에 비례해 아내가 절을 찾는 횟수도 잦아졌다. 아내는 날이 갈수록 불심이 깊어져만 갔다. 속 썩이는 남편에 비례해 깊어지는 신심이라니…, 이를 어찌할꼬.

만약 남편이 새사람으로 돌아온다면 아내는 다시 저질 체력으로 돌아갈 것이고, 부처님도 다시 '뒷방 어르신'으로 돌아갈지도 모를 일이었다. 남편도 체력이 떨어지면 더 이상 그 짓을 못할 것이고, 그렇다면 아내는…, 남편에게 보약이라도 해 먹여야 할 판인가? 아내는 어이없는 웃음이 실실 새어 나왔다. 어쨌든 그 유명한 대망의 3천배는 하고 체력이 떨어지든지 말든지.

성실한 남편은 드디어 아내에게 3천배를 할 기회를 마련해 주었다.

"나 당신 절에 나가면 안 돼?"

남편은 또랑또랑하게 눈을 뜨고, 아내에게 부탁했다. 아내는 머리를 망치로 맞은 기분이었다. 팔난봉 씨가 절을 나가겠다니, 이것은 소가 웃다가 꾸러미 째질 일이었다.

"당신이 언제부턴가 도인이 다 된 것 같아서… 내가 무슨 짓을 하고 다니던 화도 내지 않고 말이야. 도대체 절에서 뭘 가르치길래 그래?"

아내는 기절할 지경이었다. 도인이라고? 남편 눈에 자신이 그렇게 보였단 말인가? 맙소사!

　그건 그렇다 치더라도 만약 남편이 절에 가게 되면, 다른 보살들에게 해나 끼치지 않을까 걱정이 앞섰다. 남편의 저 제의를 어떻게 받아들여야 할지 아내는 막막했다.

　아내는 마지막 3천배를 하기로 마음을 굳게 먹었다. 3천배를 하다 보면 좌우간 결정이 나리라. 비장한 마음으로 절에 도착한 아내는 의식을 치르듯 일 배 일 배 정성을 다했다. 매번 하는 절이지만 늘 처음 하는 것처럼 숨 막히게 힘겨웠다. 5백배까지는 몸 풀듯 편하게 흘러간다. 7백배 언저리에서의 고통. 다시 흘러가는 절의 물결. 1천배에서 다시 몰아치는 통증과 포기의 유혹. 그렇게 환희와 고통의 장단이 온몸을 휘모리로 훑고 갔다.

　2천 8백배가 넘어갔을 때였을까. 뒤에서 낯익은 소리가 들려왔다. 고개를 돌려보니 뿌옇게 남편의 모습이 보였다. 이름 모를 보살님을 향해, 아내만이 아는 특유의 수컷 웃음을 웃는 남편. 순간, 아내는 다리에 힘이 탁 풀렸다. 흐릿한 시야로 남편을 보면서 아내는 낮게 읊조렸다.

　"1만배로도… 택도 없지… 저 인간이 아예 날 부처로 만들 작정을 한 게야…"

　남편이라는 마구니 덕분에 부처님은 뒷방에만 계실 수 없었고, 아내는 오늘도 부처님 앞에 무릎을 꿇는다.

아내의 코끝으로 바람결에 실린, 일주문 할머니의 봄나물 향이 물씬 풍겨왔다.

마리야의
연등

자신은 부처를 낳은 마야부인이며, 예수를 낳은 마리아와 같은 반열이라는 계산이다.
거룩한 육손이 아들은 부처와 예수보다 존귀한 존재이니, 자신은 마야와 마리아보다
위대한, 마야와 마리아를 합쳐놓은 '마리야' 라는 존칭을 받아 마땅했다.

쪽방의 문틈에서 웃음소리가 새어나왔다. 마도로스 박은 쪽방 문에 귀를 더욱 바짝 가져다 댔다. 잠시 후에는 노랫소리도 들렸다.

"마리야~ 마리야~ 나요, 나 박칠복이!"

문틈으로 냉기가 흘렀다. 마도로스 박은 주저 없이 냉기 사이로 빠루를 꽂았다. '놀라지 마시오!' 라는 고함과 함께 끄응, 기합을 주었다. 허술한 문짝을 열어젖히자 왈칵 방 안 풍경이 드러났다. 꽃난이 할매가 홀로 누워 있었다. 정갈했다. 이불은 목까지 잘 덮고 있었지만 암회색의 얼굴에서는 냉기가 흘렀다. 방바닥은 발이 시리게 차가웠다. 머리맡에는 전기요금 독촉장이 나뒹굴었다. 마도로스 박은 1인용 냉장고를

열어보았다. 편의점 봉지 김치 한 봉과 달걀 하나, 보름이나 유통기한
이 지난 식빵 쪼가리가 전부였다. 목숨을 놓은 지 보름이 넘었건만 아
무도 알지 못했다. 지하방의 얼음장같이 찬 냉기가 부패와 악취를 막아
준 셈이다.

마도로스 박은 홀로 이 방을 지켜 준 낡은 TV를 차마 꺼버릴 수 없
었다. 적막한 냉기가 더해질 것 같았다. 그나마 온기를 주는 것은 '관
세음보살'이라고 쓰인 명호였다. 명호는 낡은 냉장고에도, 금이 간 거
울에도, 비키니장에도, 심지어 요강단지에까지 붙어 있었다.

마도로스 박이 환기를 위해 창문을 반쯤 열었다. 무엇인가 옆쪽에
서 바람에 희끗희끗 퍼덕였다. 그것은 하얀 종잇조각이었다. 얌전히
맞잡은 꽃난이의 손에 끼워져 있었다. 마도로스 박은 굳어진 꽃난이의
손 위로 삐죽이 솟은 종잇조각을 빼내려했다. 그러나 이미 화석처럼 굳
은 손안에 종잇조각은 꿈쩍도 하지 않았다. 억지로 당기면 찢어질 것
같았다. 마도로스 박은 손날 위와 손가락 사이를 이리저리 훑어보았다.
보이는 글자만 찬찬히 읽었다. 그것은 연등 접수표였다. 100,000원이
라고 찍힌 가족연등과 300,000원짜리 사업성취발원등이었다.

마도로스 박은 꽃난이 할매의 얼굴을 쓸어보았다. 어두운 회색빛
의 얼굴이었지만 자신의 노래를 들었을 때 황홀해하던 표정 그대로였
다. 마도로스 박은 '마도로스 박'을 읊조렸다.

마도로스 박으로 불린 박칠복이 자칭 마리야로 불리기를 원했던 꽃난이를 만난 건 6개월 전이었다. 종묘 뒤편 쪽방에서 '연애'를 하기 위해 만난 사이였다. 첫 만남이었지만 황홀했다. 박칠복이 자신의 십팔번 '마도로스 박'이라는 노래를 부르자 꽃난이는 유난히 수줍어했다. 꽃난이는 숱한 남자를 만나 대낮에도 연애하던 칠십 살 박카스 할마씨였다. 그런 여자가 수줍어하자 박칠복은 '늙은 여우 짓'을 하는 줄로만 알았다. 그런데 꽃난이는 만날 때마다 '마도로스 박'이라는 노래를 청했다. 노래 값 대신 자신은 화대를 안 받는 걸로 '쌤쌤' 하자고 했다. 박칠복은 게걸진 웃음을 흘렸다.

꽃난이는 입만 열면 아들 타령을 했다. 남편과 사별하고 육손이었던 어린 아들을 친가에 두고 재혼을 했던 꽃난이. 아들에게는 곧 데리러 온다는 말을 남겼지만 한 해, 두 해 세월은 가고, 그 사이 육손이 아들은 산을 떠돌았다.

재혼한 남편은 놋그릇을 만드는 유기장이었다. 스테인리스가 대중화되기 전까지는 금실도 그런대로 괜찮았고, 돈벌이도 쏠쏠했다. 집집

마다 찬장에 스텐 그릇이 들어차면서 남편도 따라 무너져갔다. 도박에 빠져들던 남편은 끝내 꽃난이를 맨몸뚱이로 쫓아내고, 자신도 허물어져 버렸다.

꽃난이는 아들을 찾아 이 산 저 산으로 헤매 다녔다. 스님이 되었다는 이야기를 풍문으로 들었다. 아들이 어려서부터 부처님이 모든 것을 버리고 출가한 이야기며, 마야부인의 옆구리를 통해 태어난 이야기를 많이도 해 주었다. 아들은 듣고 또 들어도 자꾸만 그런 이야기를 듣고 싶어 했다. 자신이 해 준 이야기 때문에 아들이 산으로만 떠도는가 싶어 후회도 했다.

꽃난이는 아들 연배의 스님들을 보면 꼭 손부터 잡아보는 버릇이 있었다. 육손을 확인하기 위해서였다. 혹시 육손을 수술이라도 했으면 조그만 흉터라도 남았을 것이라고 생각했다. 새끼손가락 아래로 뿌리 없이 덜렁대던 또 하나의 손가락이 있던 자리, 살덩이가 붙어 있던 흔적.

꽃난이는 스님들의 손을 샅샅이 더듬고 만져보는 것이 늘 미안했다. 그래서 생각해낸 것이 용돈 보시였다. 적은 돈이나마 아들 같은 스님들에게 용돈 보시를 하면 죄스러운 마음이 조금이나마 가실 것 같았다.

용돈 보시를 위해서는 항상 돈 봉투가 필요했다. 꽃난이는 돈이 조금이라도 모인 것 같으면 앞뒤 안 가리고 봉투에 돈부터 채워 넣었다.

꽃난이는 용돈을 보시하는 척하며 아들 또래 스님들의 손을 덥석 잡는다. 언젠가는 연비를 하여 여덟 개의 손가락을 가진 손도 만났고, 어떤 손은 맞잡은 손 위로 눈물을 뚝뚝 흘리기도 했다. 또 어떤 손은 음흉한 보살이라고 밀치는 바람에 엉치뼈에 금이 간 적도 있었다.

대한민국 젊은 스님 중에 꽃난이가 안 만져본 손은 거의 없다. 젊디젊은 스님들의 손은 늘 말을 걸어왔다. 목이 마른 소리들이다. 허기진 이야기들이 손길을 타고 전해졌다.

육손이 아들을 찾아 수십 년을 떠돌다 보니, 모아 놓은 돈은 모조리 스님들께 보시한 셈이 되었다. 이제 남은 것이라고는 달랑 여자라는 이름의 맨몸뚱이 하나. 그래도 후회는 없다. 꽃난이는 아들이 큰스님이 되어, 자기같이 지지리도 박복한 중생들을 구제하고 있을 것이라고 확신했다.

꽃난이는 악착같이 돈을 벌었다. 아들을 만날 생각을 하면 더 열심히 살아야 할 것 같았다. 그러던 어느 해 겨울, 공양간 앞 수돗가에서 미끄러지고 말았다. 허리를 다친 이후로 장사도, 식당 설거지도, 혼자 밥을 끓여 먹기도 힘들어졌다. 악착같이 살아야 한다고 결심은 했지만 날이 갈수록 몸은 허물어졌고, 육손이 아들 스님을 만난다는 기약도 희미해져만 갔다. 문득문득 이승의 끈을 놓으면 모든 게 쉬어질 것 같은 유혹….

그런데 희한했다. 죽음을 떠올릴 때면 그 옛날 스무 살 시절, 태어

나 처음 본 영화장면도 함께 떠올랐다. 아주 생생했다. 박노식 주연의
'마도로스 박'이라는 영화. 가수 백년설이 감칠나게 불렀던 그 영화의
주제가가 왜 그렇게 좋았든지, 박노식만 보면 왜 그렇게 또 가슴은 벌
렁대든지. 자신의 인생에서 가장 설레던, 떨어진 콩만 봐도 웃음이 터
지던 시절이었다.

그 노래 때문에 정을 주게 된 것이 마도로스 박 씨였다. 박카스를
팔며 자신의 몸 위로 수많은 남정네가 지나갔건만, 유독 '마도로스 박'
을 잘 불렀던 박칠복은 달라 보였다.

    망각의 항구에 무르녹은 수박등
    달빛 젖은 돛대에 마도로스 박이다 ♩♪
    저 섬을 돌아가면 수평 천 리 몇 굽이
    기타를 퉁기면서 아~ 휘파람 분다 ♬

마도로스 박이 수없이 불러 주었던 노래 가사 중에 수박등이라는
대목만 나오면 조바심이 났다. 사월초파일이 다가올수록 수박등이 연
등으로 들렸다.

죽기 전에 육손이를 단 한 번만이라도 보고 싶었지만, 그것은 부처
님 가피 없이는 이루어질 수 없는 일이었다.

아무리 그렇다 해도 죽기 전에 아들은 한 번 만나야 했다. 종묘에서

박카스를 팔아서라도 살아남아 아들 얼굴을 봐야 했다.

정성을 다하면 부처님이 이 몹쓸 에미의 심정을 헤아려 주지 않을까? 그 옛날 어느 가난한 할망구도 구걸해서 번 돈으로 부처님에게 등불을 올렸다 하지 않던가. 그 지극한 정성의 등불만은 끝내 꺼지지 않았다는 이야기는 들을 때마다 마음이 짠했다.

꽃난이는 세상 끈을 놓고 싶다는 생각이 들 때마다 이십대 시절에 보았던 '마도로스 박'을 떠올리며 견디기로 마음 먹었다. 육손이 아들과 헤어졌을 때부터 세상은 사는 게 아니고 견디는 것이었다. 아들을 볼 때까지는 끝내 견뎌보리라 다짐했다.

꽃난이는 반드시 할 일이 있다는 생각에 마음이 바빠졌다. 돈을 벌어야 했다. 띄엄띄엄 나갔던 종묘공원에 매일같이 출근했다. 연꽃 색의 진분홍 옷을 꺼내 입고, 분을 두텁게 발랐다. 몸뚱이 값은 2만 원 선에서 정해졌다. 소주에 오이나 누룽지 안주면 1만 원은 충분히 받을 수 있으니 가방에 챙겨 넣어야했다. 서비스도 색달라야 했다. 잊지 않고 중국산 짝퉁 비아그라를 준비한다.

"날 '육손네'라고 부르면 아주 입을 찢어 놓을 거야! 앞으로 '마리야'라고 불러! 그렇게 안 부르면 쳐다도 안 볼 테니까!"

동료 할머니들은 꽃난이가 돈에 미치더니, 이제 머리까지 돌기 시작했다고 수군거렸다. 꽃난이는 아랑곳하지 않았다. 오히려 얼굴에 미소가 돌았다.

부처님 이야기를 죽도록 좋아했던 육손이 아들은 분명 부처님 같은 큰스님이 되었을 것이다. 그렇다면 자신은 부처를 낳은 마야부인이며, 예수를 낳은 마리아와 같은 반열이라는 계산이다. 거룩한 육손이 아들은 부처와 예수보다 존귀한 존재이니, 자신은 마야와 마리아보다 위대한, 마야와 마리아를 합쳐놓은 '마리야'라는 존칭을 받아 마땅했다.

종묘공원 뒤쪽, '마리야'가 2만 원짜리 몸뚱이를 7천 원짜리 여관에 눕힌다. 허기진 남정네들은 하나같이 마리야에게 보챘다. 실컷 이야기나 하자는 사람, 씻겨달라는 사람, 손잡고 그냥 같이 누워나 있자는 사람, 그냥 안고만 자자는 사람, 씨근덕거리며 아직 남자임을 확인하려는 사람까지 모두 몸으로 말을 걸어왔다. 목이 마른 육손이들이다. 마야와 마리아보다 위대한 '마리야'는 '무연고 변사자'가 되어 차가운 맨땅에 등을 붙이기 전, 아직 온기가 있는 이부자리 위에 등을 붙이고 그들을 맞이한다.

마리야는 100,000원짜리 가족연등표에 육손 스님의 이름과 생년월일을 꾹꾹 눌러썼다. 가족연등에는 '육손 스님 의식풍족(衣食豐足)'이라고 썼고, 300,000원짜리 사업성취발원등에는 '육손 스님 도업성취(道業成就)'라는 글자를 써넣었다.

절 마당 한가운데로 바람이 불었다. 육손 스님의 의식풍족과 도업 성취가 기운차게 흔들렸다. 보름 후면 자신도 육손 스님을 위한 발원등을 들고, 동국대에서 동대문으로 종로5가를 거쳐 종로3가로, 그리고 종묘공원 앞을 지나가는 연등 물결이 되리라. 생각만 해도 눈물이 솟았다.

마도로스 박은 '마도로스 박'을 마리야에게 마지막으로 불러 주고 자리를 털고 일어났다. 홀로 깨어있는 TV에서는 부처님 오신 날을 맞이하여 연등행렬을 중계하고 있었다. 하늘에서는 꽃가루가 뿌려졌고, 8차선 도로는 온통 연등으로 물들었다. 환상적인 무지개색의 불빛들은 춤을 추었고, 사람들은 함박웃음을 터트렸다. 연등행렬 장면은 장엄했다.
　TV 화면에서 이제 막, 흰 코끼리를 탄 육손 스님이 종묘공원 앞을 지나가고 있었다.

불목하니

60년을 넘게 절에서만 일꾼 노릇을 했기에 공양물은 물론 절집 일에 관한한
달인이라고 불러도 좋았다. 심지어는 스님들의 얼굴만 보아도 공부가 된 스님인지 아닌지,
머지않아 여신도와 스캔들이 날 스님인지 아닌지도 척 꿰고 있었다.

민 거사는 절의 온갖 잡일을 도맡아 한다. 일흔다섯 살 나이에 키도 작고 주름도 자글자글 했기에 누가 보든 만만하고, 다루기 쉬운 수월내기처럼 보인다. 하지만 그가 40킬로그램짜리 공양물을 떡 주무르듯이 다루는 것을 본 사람들은 감탄하지 않을 수 없다. 그도 그럴 것이 그는 60년을 넘게 절에서만 일꾼 노릇을 했기에 공양물은 물론 절집 일에 관한한 달인이라고 불러도 좋았다. 심지어는 스님들의 얼굴만 보아도 공부가 된 스님인지 아닌지, 머지않아 여신도와 스캔들이 날 스님인지 아닌지도 척 꿰고 있었다. 하지만 그는 그런 말을 입 밖에 내어 본 적은 없다. 자신의 위치를 누구보다 잘 알고 있었기 때문이었다. 절 일에 관한한 웬만한 큰스님 저리 가라 할 정도였지만, 그냥 그는 쓰레기장을 지키는 일꾼으로 만족했다.

하루 종일 박스를 줍고, 쌀 창고와 공양물 창고를 지켜야 했으며, 절에서 나오는 산더미 같은 쓰레기를 하나하나 분리수거해야 했다. 게다가 불교용품점에서 대기 중인 부처님에게 올릴 쌀가마니며 생수, 국수까지 모두 그가 이고 지고하여 불단에 올려야 한다. 삭신이 녹아내릴 만한 어마어마한 양의 일이었다. 아침이면 도량석을 도는 스님보다 일찍 일어나야 했고, 저녁이면 경내에서 가장 늦게 잤다. 그런 세월이 60년, 숙명이었다.

그런 그도 부처님 앞에, 뻔히 알면서도 짓는 죄가 있었다. 신도들이 부처님 전에 올렸던 새하얀 백설기! 백설기에 대해서만큼은 참을 수 없는 욕심을 내었고, 뒤로 빼돌리는 짓을 멈추지 못했다. 빼돌려진 백설기는 주변 여기저기에 실컷 나누어 주는 일에 쓰였다. 공양떡을 관리하는 여신도들에게 타박을 듣고, 원주 스님에게 고발하겠다고 협박을 당해도 소용없었다.

고물도 없이 멥쌀가루로만 하얗게 쪄낸 흔하디흔하고 값도 싼, 하지만 티 없이 깨끗하고 신성하여 부처님 전에 올린다는 떡, 백설기!

이십대 시절의 민 거사. 산속 암자에서 불목하니로 있을 때였다. 산속에서만 살았기에 순진하기가 아이 같았고, 수백 미터 떨어진 곳에서 산으로 올라오는 여자의 냄새도 귀신같이 맡을 만큼 혈기왕성한 청춘이었다.

그녀가 나타난 것은 그 즈음, 스님이 만행(萬行) 중이라 홀로 절을 지키고 있던 때였다.

"저… 여기서 기도를 좀 해도 되나요?"

검정색 면 티에 긴 생머리를 늘어트린 여자였다. 민 거사는 입이 열리지 않았다. 그저 얼굴은 화끈거리고, 가슴은 울렁거렸다. 그녀는 민 거사의 대답을 들을 마음도 없다는 듯, 툇마루에 앉았다. 기도는 뒷전이고, 마당에서 시나브로 밝음이 사라지는 것만 뚫어져라 바라보았다. 자신의 발밑까지 어둠이 찰랑대자, 민 거사를 바라보았다. '여기서 자고 갈래요'를 이미 결정한 눈빛이었다.

첫 번째 밤이었다.

그녀와 허술한 벽 하나를 사이에 두고 누웠지만, 이것은 사람이 할 짓이 아니었다. 귀는 함지박 만하게 열렸고, 코는 벌름 거려졌으며, 입은 갈라진 논바닥이었다. 벽 하나를 사이에 두었지만, 여자와 이렇게 누워 본 것은 처음이었다. 정확히 말해 여자라는 존재를 의식하며 누워 본 것은 난생처음이었다. 황토벽은 그물의 그물코보다 성겼다. 그녀의 눈꺼풀 깜박이는 소리가 귀청을 때렸고, 비린 살내음은 코를 찔렀다. 자리끼를 아무리 마셔도 물은 목구멍으로 스며들지 않았다. 울렁거리는 가슴을 주체할 수 없었다. 민 거사는 끝내 토하고 말았다. 그녀에게 들킬세라 이불로 입을 틀어막았다. 꾸엑꾸엑, 여자의 살 비린내를 토해내는 소리만이 흥건히 젖어버린 이불을 파고들었다.

다음 날, 민 거사는 부처님 앞에 무릎을 꿇고 앉았다. 왠지 모를 두려움으로 참회를 하고 또 참회를 했다. 그녀와는 공양도 도저히 마주 앉아 할 수 없었다. 작은 소반만 그녀의 방으로 밀어 넣었다.

두 번째 밤이었다.

민 거사는 일찌감치 공양간에 거적을 깔고 누웠다. 춥기는 오살나게 추웠지만 차라리 살 것 같았다. 어려서 엄마에게 쫓겨나 부엌 바닥에서 잠을 자야 했던 때를 떠올렸다. 그때는 왜 그렇게 서럽고 억울했던지. 하지만 지금은 서럽지 않다. 다만 굼실굼실 달뜨는 마음을 주체할 수 없을 뿐이다. 어디선가 쥐새끼가 갉는 소리가 들렸다. 그러다가 다시 공양간 문 앞에서 수런수런 말소리가 들리는 듯했다. 영가(靈駕)의 장난이었다.

민 거사는 잠이 오지 않았다. 처음에는 잠시 열기가 식어지는 듯하더니, 다시 알 수 없는 무엇인가가 맹렬히 솟구쳤다. 잠재울 수 없었다. 겁이 났다. 그녀와 물리적으로 거리를 둔다고 해서 해결 될 일이 아니었다. 오히려 첫 번째 밤보다 더 지독하게 괴로웠다. 첫 번째 밤이 몸뚱이의 모든 감각이 요동쳤던 밤이었다면, 두 번째 밤은 온갖 상상이 난도질하는 밤이었다. 혹시 그녀가 먼저 공양간의 문을 열지는 않을지,

혹시 그녀도 자신 때문에 그리움의 구토를 하고 있지는 않는지, 혹시 자신도 모르게 그녀에게 미친 행동을 하는 것은 아닌지….

도저히 참을 수 없었던 민 거사는 벌떡 일어섰다. 별이 쏟아지는 마당 한켠에 서서 오줌부터 내갈겼다. 그녀의 방문 앞으로 한 걸음에 달려갔다.

"아침이 밝는 대로 당장 나가요! 나가!"

"왜… 요… 제가 뭐 잘못했나요? 절의 주인은 부처님 아닌가요? 부처님이 불러서 내 발이 여기까지 온 거거든요!"

부처님이라는 말이 입에 오르자 순진한 민 거사는 너무도 난처했다.

"당신이 안 나가면 내가 죽어!"

민 거사는 발악 같은 고함을 질렀다.

그녀의 웃음소리가 터진 건 그때였다. 아주 못 참겠다는 웃음이었다.

다음 날, 공양간에 앉아서 웅크린 채 잠이 든 민 거사는 눈을 뜨자마자, 그녀 방문 앞에 댓돌부터 살폈다. 운동화가 그대로였다. 간밤에 날 선 고함 소리에도 아랑곳없이 그녀는 꼼짝도 하지 않았다. 아침이 되어도 태평해 보이는 그녀를 본 민 거사는 오히려 묘한 안도감을 느꼈다. 그러나 해 놓은 말이 있는지라 공양을 먼저 갖다 줄 수는 없는 노릇이었다. 공양도 줄 수 없으니 빨리 나가주라는 일종의 압력이었다.

세 번째 밤이었다.

민 거사는 그녀가 아무것도 먹지 않은 것이 아무래도 걱정이 되었다. 민 거사도 온종일 공양을 하는 둥 마는 둥이었다. 서로 마주치지는 않았지만 한숨 소리 하나에도 신경이 쓰였다.

하늘에 달이 절 마당을 비췄다. 흠 없이 원만한 보름달이었다. 달을 보던 민 거사는 너무 야박하게 그녀를 대한 것 같아 자책감이 들었다. 게다가 이곳은 부처님 집이 아니던가.

민 거사는 공양간 시렁 한 귀퉁이에 몰래 꼼쳐 둔 별식을 꺼내들었다. 그러나 선뜻 발이 떨어지지 않았다. 몇 발자국 걷다가 다시 돌아오기를 몇 번. 민 거사는 망상을 털어내기라도 하듯 세찬 도리질을 하다가 냅다 그녀의 방 앞으로 뛰어갔다. '쫌 보입시다!'를 외치고 방문을 벌컥 열어젖혔다. 민 거사는 얼어붙은 듯 그 자리에 서서 입을 벌렸다. 할 말을 잊었다.

어슴푸레한 방 공기 사이를 뚫고 보이는 하얀 이빨에 물린 새하얀 백설기!

밝음이라고는 없는 공간에 무섭도록 흰!

"부처님 전에 올려져 있던 건데… 배가 너무 고파서….'

"……."

민 거사는 '흰'색이 이토록 공포스러운 색인지 처음 알았다.

"백설기 도둑질했다고… 또 쫓아내시겠네."

민 거사는 꾸역꾸역 '흰'색을 씹어 삼키는 여자를 보고 아귀를 떠올렸다.

그날 밤 두 사람은 산짐승이 우는 소리로, 가장 깊은 속에 있던 서로의 속울음을, 온몸으로 토해냈다.

삼 년 후, 한 아이가 민 거사가 기거하던 암자에 버려졌다. 계곡에서는 한 여자의 시신이 발견됐다. 민 거사는 계곡으로 내려가 보지 않았다. 그녀가 누구이건 궁금하지 않았다. 만약에 그녀였다면 그녀는 이미 삼 년 전에 죽었어야 할 목숨이었다. 민 거사와 사흘 밤을 보내면서 생명이 삼 년 더 연장되었을 뿐.

민 거사는 아이를 데리고 이 절 저 절로 떠돌았다. 불목하니 일이라면 서너 사람 몫은 거뜬히 해치웠다. 민 거사는 어느 절에서든 인기였다.

아이는 커가면서 민 거사 흉내를 냈다. 공양미를 작은 등에 실어 업고 법당으로 나르기도 하고, 시키지 않아도 쓰레기 줍는 짓만 했다. 짐을 진 아이를 발견할 때마다 민 거사는 등짝을 후려치고, 뺨을 때렸다.

"커서 뭐가 될라 그래!"

"아부지 같은 사람!"

"내가 왜 니 아버지야! 증거 있어?"

"아니면 그럼…, 민 거사 같은 사람….."

"이왕 같은 값이면 스님이 돼야지. 뼛골 빠지는 일꾼은 돼서 뭐하게 이 미련한 놈아!"

"난 빡빡 대가리는 절대 안 될거야!"

아이는 민 거사와 똑같이 목장갑으로 바지의 먼지를 털어내는 시늉을 하며, 고개를 절레절레 흔들었다. 민 거사는 아이를 보면 속이 터졌다. 게다가 이놈은 다른 떡은 다 먹어도 백설기만은 끔찍이 싫어했다.

민 거사는 오늘도 초하룻날이라 발에 불이 났다. 이미 쓰레기는 담장을 넘어 흘러넘치고 있었다. 민 거사는 쓰레기를 발로 밟아 부피를 줄이려고 애를 쓰고 있었다.

"정월 초하루, 설날인데 일 년 중에 하루는 쉬셔야지요?"

돌아보니 한 스님이 빙글빙글 민 거사를 보고 웃는다.

"아이고, 귀한 스님네가 더러운 쓰레기장에는 어인 일이십니까요!"

"백설기 좀 얻어먹으러 왔습지요!"

"백설기라… 스님 드릴 백설기는 없는디요…."

어느새 스님은 팔을 걷고 쓰레기더미로 달려들었다. 익숙한 솜씨로 빈 병과 폐지를 분리해냈다.

"하이고… 여즉 어릴 때 버릇을 못 버리셨네. 어쩐디야…."

스님은 민 거사가 보란 듯이 백설기를 입이 터지게 한 입 베어 물었

다. 작은 키에 주름이 자글자글한 민 거사가 백설기를 우물거리는 스님
의 입을 슬쩍 슬쩍 훔쳐본다. 입가에 핑 도는 민 거사의 활기(活氣). 쓰
레기봉투를 묶던 민 거사의 옹이 박힌 손마디에 힘이 들어간다.

　두 사람의 등 뒤로, 쓰레기장에 떨어진 멥쌀을 쪼기 위해, 배고픈
참새들이 몰려들었다.

죽일 놈의 첫사랑

죽일 놈의 첫사랑,
방뚝철

춘복 씨가 방뚝철에게 미소를 보내면 방뚝철은 꼭 춘복의 뒤태를 살폈다.
혹시 꼬리가 아홉 개 달린 여우에게 홀리고 있는 건 아닌가 해서다.
그녀는 과분한 여자였다.

김춘복 할매의 가슴에서 벼락이 쳤다. 오줌은 질금질금 마렵고, 눈앞은 노랬다. 예순여덟의 나이에 이 무슨 조홧속이란 말인가. 방뚝철이를 보게 된 것이다. 방뚝철! 전라남도 승주군 상사면 도월리의 방뚝철. 산골 촌년 춘복 씨의 월남치마를 설레게 했던 그 남자. 춘복 씨는 죽기 전에 방뚝철이를 꼭 한번은 보리라고 생각했지만, 이런 장소에서 그런 몰골로 볼 줄은 꿈에도 몰랐다. 인생은 언제나 된똥 맞은 난장이다.

춘복 씨는 남편인 김학철 옹의 옆 침대에 누워 눈을 감고 있는 방뚝철의 얼굴을 힐끔힐끔 훔쳐보았다. 이마에 '석 삼(三)' 자 밭고랑 주름만 빼면 옛날 모습 그대로였다. 하기사 춘복 씨 나이보다 다섯 살이나 적으니 마음만 먹으면 장가도 갈 나이였다. 춘복 씨는 방뚝철을 보고 가슴이 콩닥거리는 자신을 발견하고는 당황스러웠다. 그 떨림은 45년 전 그때 그대로였다. 심장은 낡았지만 끓는 피는 온몸을 휘감아 돌았다.

방뚝철은 춘복 씨를 보고도 아무렇지 않게 남아있던 침대 하나에 몸을 뉘였다. 춘복 씨를 못 알아보는 게 틀림없었다. 그도 그럴 것이 방뚝철을 못 본 세월만큼이나 몸무게가 늘었으니 그럴 수밖에 없을 터였다.

춘복 씨는 꿈만 같은 일이 벌어진 지금, 방뚝철에게 궁금한 게 한두 가지가 아니었다. 기분 같아서는 방뚝철의 솥뚜껑 같은 손을 잡고, 주먹만 한 눈물을 쏟으며, 3박4일 동안 숟가락 숫자까지 물어보고 싶었다. 하지만 방뚝철의 바로 옆 침대에 누워, 밥상에 놓인 젓가락 무늬만 달라도 불벼락을 내리치는 김학철 옹 때문에 언감생심이다.

춘복 씨가 방뚝철을 금방 알아볼 수 있었던 것은 잘린 손가락 때문이었다. 방뚝철의 집은 도월리 최고의 만석꾼이었다. 방뚝철은 동네 처녀들 알기를 우습게 알았고, 여기저기 희롱을 일삼고는 했다. 그런데 유독 춘복 씨에게 만큼은 고양이 앞에 쥐가 되어 춘복 씨의 눈을 똑바로 쳐다보지도 못했다. 춘복 씨의 아버지는 은근히 방뚝철이가 춘복 씨에게 덜컥 애기씨라도 하나 심어 주길 바랐다. 근근이 입에 풀칠하기도 힘든 세상에 말만한 딸년의 입이라도 하나 줄이는 게 어디냐 싶어서였다. 아버지는 춘복 씨에게 타이르고는 했다.

“사내놈들은 들깨 한 말만 들 힘만 있어도 올라 타려들고, 빈방에

다듬잇돌만 있어도 껴안고 잘려는 족속들이다.”

“…….”

“여자 팔자는 서방이 도둑이면 마누라는 저절로 도둑년 되는 벱이
야. 이녁이 누울 자린지 설 자린지만 잘 알믄 밥은 묵고 살 수 있다.”

“…….”

“뚝철이가 니한테는 뚝심있게 달려 들던디, 니는 어쩌냐? 서방하
고 그릇은 손때 먹일 탓인게 잘 고쳐가면서 쓰면 어떠겠냐? 일 년 농사
에도 절기가 있듯이 여자도 값나갈 때를 놓치면 똥값 된다.”

“그럼… 뚝철이 앞에서 미친척하고 콱 누워 뻐릴까요? 아부지?”

“저런… 말뽄새하고는… 쯧쯧쯧.”

춘복의 초롱초롱한 눈을 보고는 아버지가 혀를 찼다. 점잖은 아버
지의 말이 이어졌다.

“춘복아 니는… 말 많이 하지 말그라… 니는 자연 그대로 순진하게
사는 아인게, 여우는 못돼도, 입 열어서 애써 곰 될 필요는 없다. 니는
말 안하고 있을 때가 젤로 값나가 보여. 알긋냐?”

아버지의 그 말씀 이후로 춘복 씨는 남자 앞에서 말을 잃었다. 그저
멀뚱한 표정을 짓거나 무관심의 태도로 일관했다. 후하게 마음을 쓸 때
는 입꼬리만 살짝 들어 올려주는 미소면 족했다. 이런 태도를 견지한
이후로 춘복 씨는 남자들 앞에서 값나가는 여자가 되었다. 지나고 보니
아버지가 딸에게 전수해 준 남자 다루는 법의 제1조는 바로 ‘여자는 빼

는 맛이야!'라는 가르침이었다.

방뚝철은 별 말도 없이 자신을 '소 닭 보듯 하는' 춘복 씨에게 빠져 끝내 자신의 아버지와 전쟁을 벌였다. 방뚝철의 아버지는 아들의 마음을 돌리기 위해 군대에 보내려했다. 그러나 방뚝철도 만만치 않았다. 뚝철은 춘복 씨와 결혼 전에는 군대를 가지 않겠다며, 오른손 검지를 작두로 싹둑 절단해 버렸다. 춘복 씨가 그 소식을 들었을 때는 정지에서 알타리무를 썰고 있을 때였다. 고의인지, 실수인지는 모르지만 그날 춘복이도 도마 위에서 손가락을 썰고 말았다. 피가 뚝뚝 떨어지는 상처에 춘복은 아까징끼도 바르지 않았고, 광목을 쳐 매지도 않았다. 그 소식을 들은 뚝철은 자기 때문에 춘복이 자해를 한 거라며, 중상인 자신의 상처보다 춘복의 상처에 더 괴로워했다. 하지만 춘복은 담담하게 말했다. 뚝철이 때문은 아니고 그냥 농사 일이 싫어서, 손에 물 묻히는 게 지긋지긋해서 그런 거라고 강변했다.

어찌됐든 열혈남녀의 손가락 사건에도 방뚝철의 아버지는 흔들림이 없었다. 아들의 손가락 두 마디 쯤에 굴하지 않았다. 끝내 공부를 핑계로 아들을 일본으로 보내 버렸다. 그리고 춘복의 아버지에게는 돈을 찔러주며 고향에서 떠나주기를 부탁했다.

춘복 씨는 자기를 하늘처럼 좋아해 주던 방뚝철을 영영 못 보게 되어 가슴이 아팠다.

방뚝철이 일본으로 가기 전날 밤, 어렵게 두 사람은 만났다. 성황

당 전각 앞에서였다. 새파란 월남치마를 입은 춘복 씨와 짧은 검지 손
가락을 가진 방뚝철은 서로 마주 보고 할 말을 잊었다. 방뚝철은 춘복
씨의 새파란 월남치마 위로 눈물을 뚝뚝 떨구었다.

그날 밤, 성황당 전각 안에서는 파란 파도소리가 거칠게 철썩였다.
춘복은 방뚝철이 자기같이 못난 여자를 좋아해 줬다는 게 너무 고맙고
미안해서, 온몸을 갈래갈래 풀어 헤쳐 주었다. 뚝심 하나로 자신을 좋
아해 준 뚝철이가 마음껏 헤엄치도록 파도를 만들어 주었다. 그날 밤
이후로 춘복은 예순여덟 나이가 되도록, 남자 앞에서 그토록 푸
른 바다가 되어 본 기억이 없다.

"시장하시면 과일 드시겠어요?"

춘복 씨의 상냥한 말투에 김학철 옹이 다시 한 번 춘복 씨의 얼굴을
찬찬히 들여다본다.

"……."

"이 여편네가 요즘 왜이래? 죽을 때가 됐나?"

남편인 김학철 옹은 춘복 씨의 변한 모습이 아무래도 낯설다. 병원
비 걱정으로 날마다 신세타령만 하더니 언제부턴가 돈 애기가 일절 없
어졌다. 게다가 쓰는 말까지 고상한 귀부인이 되셨다. 여하튼 차가운
철수세미 같던 여편네가 고상한 마나님이 되셨으니 김학철 옹은 싫지
않았다.

　　김학철 옹은 늘 춘복 씨를 반편이로 취급했었다. 우유부단해서 결
단력 없지, 기억력은 닭대가리지, 입 열면 틀에 안 맞는 말이나 하고 천
연덕스럽지, 사시사철 구멍 난 속옷 입고 희생자처럼 늠름해하지, 애
교 좀 부려 보라고 하면 매국노나 되라고 한 것처럼 펄쩍뛰지…. 우라
질 놈의 고집머리만 센 여자였다.

　　김학철 옹과 춘복 씨의 결혼생활은 교사와 제자처럼 춘복 씨는 교
정되어야 할 대상이었다. 하지만 옆에 누워 있는 방뚝철은 달랐다. 달
라도 너무 달랐다. 뚝철은 춘복 씨를 문희와 남정임 이상으로 완전무결
하게 생각했다. 함부로 다가갈 수도 만져볼 수도 없는 꿈 같은 여자였
다. 춘복이라는 여자는 늘 푸근하게 원만한데다, 지나간 일은 다시 되
새김하는 일이 없다. 게다가 해맑고 천진했다. 어떤 상황에서든 남을
먼저 배려하고, 입 뿌리까지 무거운 지혜로운 여자였다. 춘복 씨가 방
뚝철에게 미소를 보내면 방뚝철은 꼭 춘복의 뒤태를 살폈다. 혹시 꼬리
가 아홉 개 달린 여우에게 홀리고 있는 건 아닌가 해서다. 그녀는 과분
한 여자였다.

　　춘복 씨는 방뚝철이 2인용 병실에 들어온 이후로 어느 남자가 진짜
내 남자인지 헷갈렸다. 밉거나 곱거나 아이 셋을 한 몸이 되어 낳고 키
운 김학철 옹과의 끊어낼 수 없는 속정과 자신을 여자이게 해 준, 대한
민국이라는 하늘 아래 방뚝철이 있으므로 해서 자신의 값어치가 한정
없이 올라 갈 수 있게 해 준 옛정. 똑같이 대장암으로 멍든 두 남자를

보면 야릇한 회한이 몰려온다.

"저… 간호사한테 리모컨 건전지 좀 바꿔달라고 해 주세요."

"죄송하지만 생고구마 하나만 깎아 주시겠어요?"

"베개 하나만 가져다 주실래요?"

"양말 한 켤레만 사다 주세요."

방뚝철은 여전히 춘복 씨를 못 알아보고, 이것저것 눈치 없는 부탁을 한다. 방뚝철이 입원한 후로 방뚝철을 찾아오는 문병객은 단 한 사람도 없었다. 춘복 씨는 궁금했다. 마누라는 있는지, 자식은 몇인지, 그러나 방뚝철은 예전처럼 춘복 씨와 눈도 한번 마주치지 않았다. 다만 김학철 옹과는 대장암 환자 동지로서 두런두런 정담을 나누고는 했다.

춘복 씨는 방뚝철이 자신을 못 알아보는 것에 대해 서운한 마음도 있었지만, 오히려 안도의 한숨을 쉬었다. 늙고 쭈그러져 이제는 형편없어진 자신을 알아보는 남자의 실망감, 그런 실망한 표정을 바라보아야 하는 형편없어진 여자의 심정은 또 어떻겠는가. 춘복 씨는 방뚝철이 이런저런 부탁을 할 때마다 파도처럼 넘실대며 해결해 주었다. 남편인 김학철 옹 또한 싹싹하게 구는 대장암 후배에게 아는 소리를 해 주는 것에 대해 신나했다.

춘복 씨는 자신을 못 알아보는 방뚝철이지만, 그가 옆에 있으면 자식들의 전화도 더 신나게 받았고, 풍족한 삶을 사는 귀부인처럼 행동했다. 왠지 그래야 방뚝철에 대한 예의인 것 같았다. 미국에 간 큰아들의 얼굴을 본 지도 벌써 10년이 넘었고, 유부남에게 빠져 애 딸린 남자에게 시집가서 매운 맛을 보고 있는 딸과 폭력으로 교도소에 있는 막내아들까지도 방뚝철 앞에서는 효자 효녀가 되었다. 남편이 뻔히 듣고 있는데도 방뚝철 앞에서 태연하게 거짓말을 잘하는 춘복 씨를 보고 있노라면 김학철 옹은 기가 막혔다. 마누라가 완전히 다른 여자로 보였다.

방뚝철이 입원한 후로 춘복 씨는 오래 묵혀 두었던 월남치마를 꺼내 자주 입었다. 후크를 떼어내고 고무줄을 넣으니 입을 만했다.

햇살이 따갑던 어느 날이었다.

방뚝철이 수술실로 실려 가며 처음으로 춘복 씨의 눈을 똑바로 쳐다보며 말했다.

"월남치마 색이 많이 바랬어요. 원래는 밤에 보아도 새파랬는데…."

순간, 춘복 씨는 퇴행성관절염으로 퉁퉁 부은 다리가 휘청했다. 이게 대체 무슨 말이란 말인가.

햇볕은 여전히 따사로웠지만 그날 이후로 침대의 주인은 다시 돌아오지 않았다. 김학철 옹이 아직 살아남은 자의 행복감으로 아는 소리를 했다.

"원래 대장암은 진단 받으면 반 이상이 말기야. 그 사람도 돈만 많으면 뭐하누…."

"……."

"근데 그 사람이 서울 사람이라는데 왜 좋은 병원들 놔두고 촌구석 병원까지 왔을꼬…. 하기사 뭔가 달라도 다른 놈이니까 그렇게 돈도 많이 벌었겠지…."

방뚝철이 없는 하얀 침대 위에서는 흰 파도가 쉼 없이 휘몰아쳤다. 춘복 씨의 귀에 파도 소리가 너무도 크게 들렸다.

삭발

살을 에며 무슨 말을 하고 싶은 걸까. 남자는 여자의 가슴을 눈으로 더듬어 보았다.
역시 그녀의 가슴 또한 어느 피어싱 기구도 감당 못할 만큼 큰 구멍이 뚫려 있었다.
속이 텅 빈 허방. 탕자가 탕자를 알아 본 것이다.

'머리 깎고 절에나 들어가야겠다.'

남자가 틈만 나면 내뱉는 말이다. 세월이 갈수록 세상은 심드렁해
졌고, 살아갈만한 이유를 찾지 못했다. 한마디로 모든 것이 허무했고,
용을 쓰고 살아봐야 허탈감만 더했다. 일로 얻는 성취감도 민들레 홀씨
처럼 가벼운 한 순간일 뿐이었다.

어느 날 남자는 자신의 가슴을 만져보았다. 뻥 뚫린 가슴속으로 손
이 쑥, 하고 미끄러져 들어갔다. 화들짝 놀란 남자는 돌이켜 생각해 보
았다. 이 구멍은 언제부터 뚫려 있었을까? 엄마의 자궁 속에서 산부인
과 형광등을 처음 보았을 때부터였을까? 아니면 고교 시절, 거대한 산

같았던 부모님도 한낱 가여운 중생일 뿐이라는 사실을 깨달았을 때부터였을까? 그렇지 않으면 첫 직장의 첫 출근 날, 첫 지각을 한 그날 부터였을까? 도무지 알 수 없는 불길한 구멍이었다.

뻥 뚫린 칙칙한 공간에서는 시도 때도 없이 알 수 없는 불안과 갈증이 스멀스멀 솟아났다. 언제까지 이렇게 헐떡이며 살아야 하나. 주위에서는 노총각 나이에 여자랑 잠 한번 못 자 보면 그런 증상이 생긴다고도 했고, 또 우울증이 있어서 그런다고도 했다.

우울증, 분석이 안 되는 병은 모조리 우울증 탓이다. 세상의 고뇌를 잠시라도 짊어지는 순간, 이마에는 우울증이라는 주홍글씨를 쏜살같이 찍어버리는 세상이다. 세상에 지친 남자는 이마에 뻘건 글자를 찍은 채로 마포대교를 터덜터덜 걸어서 지나갈 때가 많았다. 그럴 때면 분위기가 심상치 않아 보였는지, 정의로운 시민들의 참견에 의해 몽롱해지는 정신을 차리기도 했고, 때로는 재미있는 이벤트 관람을 위해 은근히 등을 떠미는 눈빛을 느끼기도 했다.

어느 날이었다. 투신을 방지할 목적으로 다리 난간에 새겨진 '오늘 하루 어땠어?' '보고 싶은 사람' '맛있는 거 먹으러 안 갈래요?'라는 위로의 글들을 지나고, 생명의 전화까지 막 지나려던 참이었다. 마포대교가 남자를 불러 세웠다. 남자는 난간으로 바짝 다가섰다. 황사로 칵테일 된 한강이었다. 황토 빛 물살을 넋 놓고 들여다보았다.

마포대교는 죽으려하는 자들에게는 명당이었다. 1위면 사족을 못 쓰는 대한민국에서 투신 1위를 달리는 다리였다. 2위와 격차를 크게 벌인 자살대교였다. 그런데 한강물이 더러웠다. 황사로 인해 똥물 색 물이 넘실거렸다.

넋을 놓고 한강물을 들여다보던 남자는 지저분한 물에서 피어나지만, 더러움에 물들지 않는 연꽃이 떠올랐다. 저 아래로 몸을 던져, 심청이처럼 인생 역전이 된 모습으로 다시 태어나면 얼마나 좋을까. 하지만 용왕님이 자기 같은 놈을 연꽃에 태워 다시 돌려보내 줄 리가 만무했다. 저 똥물에 떨어지는 즉시, 물들어 버릴 게 뻔했다.

남자는 사실 세상에 물들지 않으려고 발버둥 치며 살았다. 융통성이라는 이름으로 물이 들어가면서는 남들보다 덜 물들어 보려고 안간힘을 썼다. 급기야 완전히 물들고 나서는 어느새 거기에 맞는 논리를 찾느라, 번들거리는 자신을 발견했다.

이건 아니었다. 태어난 이유가 고작 편 가르고, 짓밟고, 속이고, 혼자 잘 먹고 잘 살기 위해 아등바등 하는 일밖에 없다니. 구멍은 커져 갔고, 모든 것이 허무했다. 출근길 마포대교가 다르게 보였다. 살아 갈 이유를 잃었다. 어차피 죽음이란 것도 '의미'라는 상징을 걷어내면, 작은 한숨에도 흔들리는 코끝의 솜털에 불과했다.

남자는 심호흡을 했다. 마포대교 난간을 붙들고 다리 한쪽을 황사로 물든 한강물 쪽으로 내밀었다. 똥물이 돼버린 자신의 인생, 똥물과 연꽃… 연꽃… 연등… 연잎 밥… 부처님 오신 날이 꼬리를 물고 떠올랐다.

그래, 아무리 갈 때 가더라도 이 몸뚱이를 마지막 순간까지 똥물에 물들게 하기는 싫었다. 이 세상에서 그나마 덜 물든 곳이 있다면 두 발로 디뎌보리라. 그때 가서 속절없이 판단하리라. 그때면 황사는 걷혀 있을 것이고, 마포대교는 다시 날 부를 것이다. 그때 진실로 몸을 섞어 응답해 주리라!

"여러분은 지금 이 순간부터 정식 출가자와 똑같은 일정과 교육을 받게 됩니다."

정식 출가를 뒤로 미룬 채, 일단 33일간의 산사체험에 뛰어든 남자. 하지만 첫날부터 일정은 고난의 행군이었다. 입산의 가부를 결정 짓는 갈마(羯磨)를 통과해야 했고, 속세에서 입던 옷과 스마트폰을 포함한 문명의 이기들은 모두 압수당했으며, 튀는 행동을 하면 퇴방 조치에 순응하겠다는 서약을 해야 했다. 이제는 스님들과 똑같이 새벽 3시 30분에 기상하여 발우로 공양하고, 간경하고, 참선정진하며, 울력과 함께 매일매일 하루의 유언장까지 써야 했다.

'옴 살바 못자 못지 사다야 사바하, 옴 살바 못자 못지 사다야 사바하⋯'

참회진언이 흐르는 가운데 남자는 삭발을 했다. 삭도가 머리를 지나칠 때마다 따끔따끔한 통증과 함께 피가 흘렀다. 그간 억눌렸던 시간에 비례해 간의 기가 울결되어, 두피 위에 뾰족하게 엠보싱 염증들이 생겨난 것이다. 쌀알만 한 작은 화산이 된 염증들이 터져나갔다. 반질반질해진 머리통에 선혈이 낭자했지만 시큰시큰한 쾌감이 몰려왔다.

물을 받아 놓은 대야에 떨어지던 자신의 무명초를 보며, 남자는 헤죽헤죽 미소를 띠었다. 속이 시원했다. 그런데 그것도 잠시, 슬쩍 고개를 돌리다 옆자리에서 삭발을 하던 여자 예비행자를 본 남자는 충격으로 얼굴이 굳어졌다. 여 행자의 머리에서 물 대야 위로 붉은 가시덤불 같은 불꽃이 뚝뚝 떨어져 내렸다.

붉게 물들인 긴 머리와 입술, 귀에는 피어싱을 여러 개 했고, 목덜미 위로는 분홍빛 문신이 비쳤다. 흡사 사천왕이 무릎을 꿇고 앉아 있는 것 같았다. 그것을 본 남자는 묘하게도 가슴이 뛰었다. 자신의 억눌린 기운은 머리카락 사이에 몰래 숨어 있었지만, 붉은 머리 여자는 피어싱 기구인 라블렛과 투볼링으로 일부러 얼굴에 엠보싱을 만들었다. 터진 입으로는 더는 형용할 수 없기에, 몸뚱이를 뚫어가며 무슨 말인가를 하고 있었다.

살을 에며 무슨 말을 하고 싶은 걸까. 남자는 여자의 가슴을 눈으로 더듬어 보았다. 역시 그녀의 가슴 또한 어느 피어싱 기구도 감당 못할 만큼 큰 구멍이 뚫려 있었다. 속이 텅 빈 허방. 탕자가 탕자를 알아 본 것이다.

어느새 삭발을 마친 여자가 자신의 낙지머리를 쑥스럽게 쓰다듬으며, 남자의 가슴을 뚫어질 듯 응시했다. 남자는 깜박이는 여자의 눈꺼풀보다 빠르게 가슴이 퉁퉁퉁 뛰었다. 오랜만에 느껴보는 설렘이었다.

절의 새벽은 청량한 도량석 목탁 소리로 시작된다. 남자는 잠에서 깨어나자마자 그녀부터 떠올렸다. 후끈한 온기가 돈다. 여자의 목덜미에 새겨진 꽃문양 문신은 연꽃의 향을 풍겼고, 금속 피어싱은 냉정한 사천왕의 결기를 내뿜었으며, 여자의 붉은 머리는 경면주사(鏡面朱砂)로 쓴 부적의 향기를 풍겼다.

얼음장 같은 찬바람이 숭숭 들어오는 대웅전에서 새벽예불을 마치고, 후원에서 발우공양을 할 때였다. 감색 행자복을 입은 여자의 몸에서는 이제 붉은 머리도, 얼굴을 수놓았던 투블링도, 문신도 볼 수 없었다. 도발적 외침은 모두 지워지고, 머리카락 잘린 삼손처럼 지극히 평범한 한 명의 중생으로 돌아와 있었다. 이곳은 그랬다. 사회적 지위도, 외모도, 개성적인 성격도 모두 내려놓아야 하는 곳이었다. 자신을 확장시켜 돋보이고 싶은 모든 에고의 유혹을 잠재워야 했다.

감나무에 매달린 오종종한 감들처럼 감색의 행자복을 입은 예비행자들은 행동까지 통일해야 했다. 말은 묵언에 가까워야 했고 걸을 때는 두 손을 앞에 모으고, 기러기 행렬처럼 앞사람을 따라 걷는 안행(雁行)을 했다. 주위를 두리번거리거나, 웃어서도 안 된다. 스님을 만나면 제

자리에 멈춰 서서 자리를 양보해 드리고, 눈을 쳐다보고 이야기해서도 안 된다. 이외에도 수많은 법도들이 있으나 무엇보다 곤혹스러운 것은 발우공양이었다. 모든 소리는 묵음이 되어야 했고, 공양 후 발우를 닦고 버린 퇴수물 통에 고춧가루 하나, 밥알 한 알이라도 발견되면 벌칙으로 퇴수 통에 물을 모조리 나눠마셔야 했다. 그러나 계율이 엄격할수록 터져 나오는 환희심도 그에 비례했다.

남자는 여자의 일거수일투족을 쫓기 시작했다. 법상 위에 강사 스님의 말보다 문신이 숨어 있는 그녀의 목덜미에 눈이 갔고, 좌대에 앉아 계신 부처님의 염화미소보다 사천왕 같은 표정의 그녀가 웃는 모습을 보고 싶었다.

남자의 머릿속에서 그녀가 떠나지 않았다. 그녀는 마구니였다. 그녀를 본 순간부터 부처님은 구만 리 바깥에 앉아 계셨고, 찬불가는 그녀를 향한 절절한 세레나데로 들렸다. 시간이 흐를수록 그녀를 쫓는 남자의 가슴은 '살 맛 난다'라는 생생한 생동감이 밀려왔다. 이게 얼마만인가.

지도 스님이 소임을 정해 줄 때였다. 절 안에 불을 끄고 켜는 명등(明燈), 화장실 청소 담당인 정통(淨桶), 차를 끓이고 과일을 내놓는 다각(茶角) 등 여러 가지 소임 중에 여자는 부리나케 대웅전 청소 소임을 자청했다. 이를 놓치지 않고 남자 또한 빠르게 손을 들었다.

대웅전에서 본 여자는 기품이 있었다. 절에 들어오기 전 외모와는

딴판이었다. 사물을 또렷이 보는 태도는 지혜로워 보였고, 한 걸음 한 걸음 떼어놓듯 조심스럽게 걷는 태도에는 정숙한 품위가 흘렀다. 남자는 그녀와 같이 청소를 하게 된 것이 너무도 기뻤다.

그러나 그런 기쁨은 오래가지 않았다. 한강 남자가 경면주사 여자의 비밀을 안 것은 같이 대웅전 청소를 하면서부터였다. 그렇게 아름답게 보였던 그녀의 자태가 알고 보니 그녀에게는 치명적인 약점 때문이었다.

그녀는 항상 청소는 뒷전이고, 틈만 나면 대웅전 한 편에 있는 감로탱화 앞에 붙어 서서 떠날 줄 몰랐다. 여자가 당돌한 목소리로 남자를 불렀다.

"저… 부탁이 있는데요."

남자는 가슴이 뛰었다. 분명, 자신에게 먼저 말을 건 것이다.

"이 탱화를 훔쳐 주시겠어요? 흠집 하나 없이요."

남자는 무슨 말인지 파악이 안 됐다. 어리둥절했다. 훔쳐달라고? 탱화를?

"저는 이 탱화를 실컷 볼 욕심으로 여기 들어왔어요. 삭발까지 한 이유지요."

차분하게 말을 이어가는 여자와 달리 남자는 무슨 말인지 몰라 벙벙했다.

"어느 날 아무런 예고도 없이 녹내장이라는 게 오더군요. 세상이 자꾸 좁게만 보이더니 이제는 눈이 멀 수도 있다는 거예요. 빛을 완전히 잃어버리면… 후회할 일이 생길 것 같아서 머리부터 깎았지요. 저는 이것과 똑같은 탱화를 꼭 한번 그려야 하거든요."

이건 또 무슨 발원인가! 눈이 멀어간다니? 아뿔싸, 그녀가 남자를 그렇게 유심히 쳐다 본 이유였다. 그리고 기품 있는 발걸음 또한 넘어지지 않기 위해서였다. 남자는 당황했지만 여자의 초롱초롱한 눈을 보며 다시 물었다.

"정말 탱화를… 훔쳐… 달라고요?"

"저는 사실 불교가 뭔지도 몰라요. 알고 싶지도 않고요. 당신은 뭐든 잘 훔치지 않나요?"

"네? 내가 뭐 도둑놈처럼 보입니까?"

"온종일 저만 훔쳐보고 있지 않았나요?"

한강 남자는 눈은 멀어가도 남자의 시선을 느끼는 여자의 육감이 새삼 놀라웠다. 여자들은 수많은 남자의 눈빛 중에서도 자신을 특별한 눈으로 쳐다보는 눈빛만은 귀신처럼 구별했다. 그 능력은 남자가 가질 수 없는, 조물주가 준 여자만의 특혜였다.

"그렇다면 제 소원도 들어 주시겠어요?"

한강 남자가 경면주사 여자의 녹내장 눈을 또렷이 쳐다보며 말했다.

"탱화만 제 손에 전해 줄 수만 있다면…."

탱화에 온통 신경이 쏠린 경면주사 여자는 남자의 말에는 별 관심이 없어 보였다.

"안아 보고 싶어요.… 당신."

"후훗… 고전적인 거래 방식이네요?"

"당신의 문신이 제 눈에는 살 냄새 나는 탱화로 보이거든요. 제 몸에도 살아있는 탱화를 둘러보고 싶군요."

"후후…."

"그것 아세요? 제 눈에는 당신 몸이 법당으로 보인다는 거. 붉은 향초 같은 머리에 법고 두드릴 수 있는 가슴, 빡빡머리 목탁도 치고, 살 탱화도 감상하고… 녹음 짙은 일주문 숲길도 제 맨발로 한 걸음 한 걸음 걸어도 보고…."

"제가 법당? 제 몸이 그렇게 버라이어티한 줄 몰랐네요. 그런데 법당 안은 계율이 있는 곳이지 그렇게 마음껏 쏘다니는 곳이 아닌데요? 탱화에 대한 말은 없던 것으로 하죠."

여자는 남자에게 주었던 시선을 냉정하게 거두고, 탱화를 손으로 더듬기 시작했다. 여자들의 깊은 곳에서는 안다. 앞에 선 남자가 짜디 짠 눈물의 씨앗이 될 수컷 종자인지, 자신이 아름다운 여자임을 평생 자각시켜 줄 남자인지를.

"사바세계는 이제 저와 인연이 다 된 줄 알았지요. 그런데 당신의 붉은 머리털을 보고부터는 정말… 갑자기… 무언가가 막 피어올라 와요. 아주 묘한 것이… 아주 묘해요."

탱화의 질감을 더듬던 여자의 손이 우뚝 멈추었다.

남자는 견디기가 힘들었다. 지금에 비하면 한강에 뛰어들려 했던 시절은 차라리 호사였다. 남자의 뻥 뚫려 있던 가슴은 경면주사 여자 생각으로 꽉 차고 넘쳐서 터질 것만 같았다.

초발심자경문 수업 시간에 공부한 『계초심학인문』은 불교에 입문한 초심 학인이 알아야 할 내용이지만, 한강 남자의 귀에는 사랑에 입문한 초보 연애자가 알아야 할 귀감으로 들렸다. 그녀를 잊고자 펼쳐 본 『발심수행장』은 경면주사 여자와 사랑하기로 발심한 그 사랑의 중요성과 방법에 대한 절절한 사자후였다.

한강 남자는 더 이상 주저하지 않기로 했다. '우물쭈물하다가 내 이럴 줄 알았다.'라는 버나드 쇼의 충고와 '나에게 닥치는 모든 사건은 온전한 경험을 하라고 오는 것이기에, 저지르고 실천해야 한다.'를 강조한 강사 스님의 말씀대로 살아보기로 결심했다.

오전부터 내리던 비는 밤이 깊도록 그칠 줄 몰랐다. 예비행자들이 주로 수행하는 곳인 문수전에서는 남 행자들의 3천배 프로그램이 한창이었다. 벌써 몇 시간째 절만 한 남자는 주저앉고 싶을 만큼 몸뚱이가 힘들었다. 그런데도 머릿속에는 한 생각뿐이었다. 여자가 먼저 탱화에 손대기 전에 자신이 먼저 실행에 옮겨야겠다는 조바심이었다. 남자는 해우소를 가는 척하며 문수전을 빠져나왔다.

　남자는 떨리는 마음으로 대웅전을 향해 발걸음을 옮겼다. 어라? 야밤에는 채워져 있던 대웅전의 자물통이 열려 있었다. 달빛이 은은하게 내려앉은 법당 안은 군데군데 밤빛이 비추었지만 어두웠다. 남자는 더듬더듬 손길로 짚어가며 법당 안에 설치된 열감지기로 향했다. 이미 수없이 위치를 확인해 둔 터라 어렵지 않게 찾을 수 있었다. 낡은 열감지기를 살피던 남자가 피식 웃음을 터뜨렸다. 껌이었다. 열감지기에 껌이 붙어 있었다. 이것은 필시 그녀의 짓이었다. 열감지기가 작동하지 못하게 하는 기술을 그녀에게 말해줬던 기억이 떠올랐다.

　법당 안을 자세히 보니 성물(聖物)들의 실루엣이 희미하게 눈에 들어왔다. 성물들은 온통 어지러이 흩어져 있었다. 그녀의 짓임이 더욱 확연해졌다. 시력이 멀어져가는 그녀가 이리저리 부딪쳐 비틀거리고, 넘어진 흔적이었다. 모르는 사람이 보면 막가는 간 큰 도둑이 한바탕 한풀이를 하고 간 현장이었다.

　"나와 보세요… 눈에 뵈는 것이 없는 도둑년님."

　밤빛 어스름한 법당 안 어디에선가 풋~ 덜 익은 매실 같은 웃음이 터져 나왔다.

　"여기… 요."

　숨어 있던 그녀가 바닥을 두드렸다. 마룻바닥은 퉁퉁퉁 한강 남자의 가슴 박동 소리를 냈다. 그녀는 불단 아래에 숨어 있었다. 태연한 척

했지만 그녀는 많이 떨고 있었다.

"간 큰 전문털이범보다 한 수 위이신데?"

"간절하면 무서울 게 뭐 있나요!"

여자의 말이 끝나자마자 한강 남자는 경면주사 여자를 힘껏 껴안았다. 여자는 화들짝 놀라 남자의 몸을 밀쳐내고, 칼을 들이댔다. 탱화를 절단하기 위한 칼이었다. 금빛 도금한 부처님 몸에서 반사된 빛이 칼날을 비추었다. 남자의 얼굴도 금빛으로 도금되었다.

"이제 탱화 작업 들어갈까요? 제 머릿속은 오직 어떻게 하면 당신을 안아볼까 하는 생각뿐이어서요. 좀 급했지요?"

남자가 맹랑한 미소를 띠며 여자에게 말했다.

"당신같이 뿌리 내리지 못하고 떠다니던 사람이 또 하나 있었어요!"

칼을 든 여자가 남자의 얼굴을 쏘아보며 또박또박 말을 이었다.

"저 감로탱화(甘露幀畫) 아래 내가 결혼하려고 했던 남자의 영정사진이 있었지요. 중학교 때 몸을 섞고 결혼을 약속한… 지지리도 오래 사귀었고, 멀미가 나도록 많이 싸웠던 연인 사이였어요."

남자는 경면주사 여자의 손에 든 칼날을 잡았다. 여자는 칼자루를 놓고 어느새 감로탱화만을 뚫어지게 바라보고 있었다. 희미하게 제목이 윤회라고 쓰인 탱화였다. 화면에는 그다지 고통스러워 보이지 않는 표정의 중생들이 화탕지옥에서 발버둥치고 있었다. 개그콘서트에 출연한 관객처럼 심드렁한 중생연기였다. 남자는 탱화의 어느 지점에 칼을 꽂아야 할지 잠시 머뭇거렸다.

"그 남자의 아버지가 이 절에 딸린 암자에서 무섭도록 수행하던 스님이셨고요. 저와 결혼 날짜를 잡아놓고 마지막으로 아버지께 인사드리러 간다고… 그 겨울 산을 기어이 혼자 오르겠다고 고집을 부리더니… 얼굴도 기억 못하는 아버지를 왜 꼭 그때 만나야 했는지…."

한강 남자는 탱화의 왼쪽 모서리 제목 쪽에 푹, 칼날을 깊게 심었다.

"눈은 쌓여가고… 길을 잃고 온 산을 헤매다… 얼마나 추웠는지… 땡땡 얼어 죽은 몸뚱이 위로 앙상한 나뭇가지가 덮여 있었어요. 돌 틈에 몸도 겨우 우겨 넣었던 것 같고… 그렇게 추워 떨다… 시퍼렇게 얼은 얼굴로 저를 떠나더군요. 수행력 높으신 아버지는 아직도… 그 사실을… 모른다지요."

남자는 탱화의 몸뚱이를 윤기나게 미끄러져 가는 칼날이, 마치 얼음판 위를 지치는 스케이트 날 같다고 생각했다.

"겨울 햇볕이 쨍쨍하던 어느 날 저 탱화 아래에서 검은 휘장을 두른 그 남자가 배시시 웃고 있더군요. 그 남자를 마지막으로 본 후로, 더 이상 그 남자의 얼굴은 기억이 나지 않아요. 다만 저 탱화만 끈질기게 제 머릿속에 들러붙어 떠나질 않아요. 정말 아무 일도 못하겠어요."

남자는 탱화를 둘둘 말아 여자의 감색 옷소매 사이에 끼워 넣어 주었다.

"끝났습니다, 도둑질. 우리는 이제 공범입니다."

●

"이 탱화를 반드시 제 손으로 다시 한 번 그려야 그 남자가 저를 놔주던지, 제가 그 남자를 놓을 수…."

남자의 입이 여자의 입을 막았다. 여자의 눈은 여전히 감로탱화가 걸렸던 자리를 떠나지 않았다.

남자는 여자의 손을 잡아끌었다. 두 사람은 탱화 하나만을 몸에 지닌 채 산사의 담을 뛰어 넘었다. 어느새 비는 그쳤지만 산문 밖은 온통 질척이는 흙길이었다. 찌그덕 찌그덕, 두 사람은 발에 진흙뻘을 묻혀가며 하염없이 걸었다. 두 사람의 등 뒤로 삐뚤빼뚤한 발자국이 미행처럼 따라붙었다.

마포대교 인근은 여의도 윤중로의 화려한 벚꽃축제로 유명하다. 눈꽃처럼 화려한 벚꽃이 낙화하듯 마포대교는 사람 꽃이 가장 많이 지는 곳이다. 한강 남자는 경면주사 여자와 함께 마포대교 해넘이 전망대에 앉았다. 멀리서 희디 흰 요트들이 넘실거렸다.

"황사가 다 걷혔네?"

한강물을 내려다보던 남자가 서운한 듯 중얼거렸다.

"가슴에 구멍 뚫린 사람끼리 어때요? 외롭지 않게!"

여자의 눈짓은 맑아진 한강물을 가리켰다. 함께 벚꽃이 돼보자는 제안이었다. 남자는 섬뜩했다. 그때였다. 여자가 갑자기 다리 난간으로 뛰었다. 화들짝 놀란 남자 또한 여자를 잡으려고 뛰어나갔다. 휘리

릭~ 한강으로 한 장의 벚꽃이 몸을 날렸다. 그녀의 남자 영혼이 하늘을 날았다.

"이제 다 그린 셈이에요!"

허공을 그은 것은 여자가 한강으로 던져 버린 탱화였다.

"어어어~ 태에엥화!"

남자가 탱화를 잡으려 대교 난간 밖으로 몸을 튕겼다. 기우뚱, 황사 없는 맑은 한강이 눈앞으로 확 다가왔다. 순간, 떨어지려던 남자가 난간 안쪽의 여자의 옷자락을 와락 움켜쥐었다.

"아이씨! 옷 늘어나요. 이거 놔요!"

여자는 살려고 자신의 옷을 붙잡고 발버둥치는 남자의 표정을 보고, 일부러 남자의 손을 떼어 버리려는 시늉을 했다. 남자는 여자의 옷을 황급히 움켜쥐었다.

"아니 이 여자가 미쳤나! 내가 죽을 뻔했잖아!"

남자가 고함을 질렀다.

시력을 잃어가던 여자의 눈에 저 멀리 한강물 위로 떠가는 탱화가 보였다. 화탕지옥에서 중생 연기를 하고 있는 탱화 속 인물들이 낱낱이 눈에 들어왔다.

초코파이

그녀는 어떤 게 진짜 자신의 모습인지 모른다. 설혹 참모습이라고 굳게 믿는
'참모습'을 세워보아 봤자 모래성 같은 신기루임을 안다. 하루하루 햇살과 바람에
온몸을 맡기는 낙엽처럼 그저 떠다닐 뿐이다. 오직 저항 없는 흐름뿐….

그녀는 하루에 세 번 변한다. 어떤 것이 자신의 진짜 모습인지 알
수 없다. 굳이 자기의 모습을 알고 싶지도 않다. 그런 짓거리는 하나마
나한, 부질없는, 맹물 같은 판단이자 감옥이 되기 때문이다. 어차피 삶
이란 시냇가에 떠다니는 낙엽처럼 그냥 흐를 뿐이다. 자신이 어떻게 살
겠다는 구체적인 계획은 그야말로 자신만의 '계획'일 뿐, 구비 구비,
불쑥 불쑥 희한하게 돌아가는 인생길은 늘 경이롭고 당황스럽다.

이혼을 하고 혼자 사는 여자가 된 이후로, 삶이란 남을 꺾고 굴복시
키는 절복(折伏)보다는 섭수(攝受)의 영역이라는 사실을 새삼 깨우쳤다.
다가오는 모든 인연들에 대해서는 온전히 인정하고 받아들이기로, 저

항하며 사는 짓은 중생심만 더욱 치성하게 할 뿐이라는 각성.

새벽 4시 30분, 자명종 세 대가 그악스럽게 몸부림치면 그녀는 눈을 뜬다. 하루의 시작은 기도다. 잠시 엎드려 잠꼬대 같은 기도를 한다. 그리고는 뜨신 물에 밥을 말아 먹거나, 우유 한 잔에 초코파이를 씹으며 출근을 준비한다. 칼바람을 맞으며 20분을 걸어 집 근처 마을버스 차고지에 도착해서, 돈 통을 들고 운전석에 앉으면 5시 30분.

그녀는 마을버스 기사다. 시간당 5천 원을 버는 계약직 파트타임 운전사이지만 오전 벌이치고는 쏠쏠하다. 6시에 첫차가 출발한다. 그녀는 이 시간부터 '씩씩'이라는 화두를 염한다. 동료 남자 운전사들과 거친 손님들을 대하려면 담대해야 한다. 씩씩해야 한다. 그렇지 않고서는 버텨낼 수가 없다.

"차 기사, 돈 버느라 고생이 많소~"

늘 첫차의 첫 손님으로 퇴근하는 아파트 경비원 심 씨가 안부 인사를 한다. 밤새 경비실에서 몰래 홀짝거린 술에 꽤 취한 목소리다.

"저 차씨가 아니라니까요."

"긍게 왜 이름은 놔두고라도 성씨도 안 갈키 줘. 운전기사니까 그냥 차 기사지 뭐야!"

밤새 비좁은 경비실에서 홀로 지새느라 말이 고팠던 심 씨. 그의 농담에 차 기사는, '오케이 차 기사가 오라이 합니다요!'를 크게 외친다.

아침 여섯 시, 새벽 첫차는 주로 밤샘 일을 한 올빼미들 차지다. 편의점 아르바이트생, 대리 운전기사, 토스트 노점인, 술 덜 깬 청춘, 빌딩 청소미화원, 경비원들이다. 대략 일곱 시 전후로는 진격의 직장인들로 붐빈다. 사소한 일도 시비를 잘 따지고, 합리와 효율로 무장한 직장인들 탓에 '차 기사'의 속이 뒤집어지는 시간이기도 하다. 여덟 시 즈음이면 초·중·고 아이들이 꾸역꾸역 몸을 싣는다. 무엇을 물어보든 한마디 이상을 하지 않는, 안이비설신의(眼耳鼻舌身意) 육근(六根)이 아니라 안이비설신의폰(phone)까지 칠근(七根)을 가진, 스마트한 아이들이다. '명문대 입학의 역사적 사명을 띠고 이 땅에 태어난' 엄지족들을 학교라는 이름의 인력선별공장에 이동시키고 나면 한시름을 놓는다.

하루 다섯 탕, 한 탕에 한 시간씩 5시간을 운전하면 오전 일은 마무리 된다. 중간 중간 주어지는 5분 남짓의 대기 시간은 늘 모자란다. 때로는 1분 안에 생리적인 현상과 허기진 배를 채워야 한다. 초코파이를 입에 물고 운전하기 일쑤다. '차 기사'라는 이름으로 운전할 때는 씩씩하게 딱 부러지는 똑순이가 되어야 했다.

오전 11시경에 마을버스 운전을 마치면 또 다른 변신을 한다. 걸어서 10분 거리에 있는 아동복 매장으로 이동, 그곳에서는 점원 겸 사장님이 된다. 매장 임대료가 저렴한 2층에 자리한 세 평짜리 매장이었지만, 소아과 병원을 끼고 있어 매상이 짭짤했다. 자신은 초코파이 두어 개로 점심을 대충 때우고 일부러 소아과 점심시간에 맞추어 가게 문을 연다. 부모들이 병원 점심시간에 걸려 진료 시간만 무료하게 기다리기보다는 아동복을 구매할 확률이 크기 때문이다.

"아휴~ 또 초코파이! 돈 벌어 어디다 쓰려고 맨날 초코파이만 드세요?"

병원에 오가는 애기 엄마들이 한마디씩 타박을 한다.

"초코파이 다이어트라고 몰라요? 몸매 관리지 뭐~"

그녀가 환하게 웃어 보인다.

"초코파이에 든 마시멜로는 지구를 두 바퀴 돌아야 빠진대요. 그냥 드시고 싶으면 아이들의 정(精)이나 많이 드세요. 쿠쿠쿠~"

아이들은 그녀를 '초코 아줌마'라고 부르며 잘 따랐다. 아이들에게 초코파이를 잘 나누어 줄 뿐 아니라, 초코파이 박스가 좁은 매장에 항상 쌓여있기 때문이었다.

초코파이를 주다보니 엄마들은 소아과 병원을 안 가려는 아이들에게 '초코 아줌마한테 초코파이 먹으러 가자'고 꼬셔서 병원엘 데려온다. 또 병원에서 사라진 아이들은 십중팔구 초코 아줌마 매장 앞에 서 있을 때가 많다. 아이들은 한결같이 초코파이를 요구하는 애절한 눈빛을 하고 있다. 초코 아줌마는 엄마들의 눈치가 보여 딴청을 피지만 아이들은 열렬한 눈빛으로 초코 아줌마를 쫓는다. 하지만 아이들은 이내 엄마에게 체포되어 병원으로 끌려 들어간다. 끌려가는 그 짧은 순간에도 아이들은 갖은 발악을 하며 초코 아줌마에게 하나만 더 달라는 추파를 던진다. 미안해진 초코 아줌마는 이제 초코파이에 대한 정(精)을 뗄

때라고 늘 생각만 한다.

'초코 아줌마'의 매장 문 닫는 시간은 소아과 병원과 동일하다. 저녁 7시경에 문을 닫으면, 초코 아줌마는 간단한 요기를 하고 스타일 바꾸기에 들어간다. 마을버스 '차 기사'의 무뚝뚝한 유니폼도 아니고, '초코 아줌마'의 초코초코한 깜찍 의상도 아니다. 그렇다고 정장이나 캐주얼도 아니고, 정숙이나 함부로 스타일도 아니다.

그녀는 지하철로 두 정거장 떨어진 곳에 있는 '아는 언니'가 경영하는 '오천만 노래방'으로 출근한다. 그녀의 이름은 '앨리스'다. 앨리스는 보도방 소속이 아니다. 노래방 소속의 전임이다. 보도방은 손님의 콜이 있을 때마다 달려가야 한다. 콜을 받고 이동시켜 주는 보도방의 스타렉스는 권력이다. 실장님에게 잘 보여야 편하고 비싼 손님을 받을 수 있기 때문이다.

앨리스는 어느새 이상한 도시에 어울리는 요상한 노래방 도우미 패션 스타일과 쫌 부끄러움을 탈 줄 아는, 호기심 때문에 잠깐 나와 보는, 초보 미씨로 탈바꿈한다.

출근을 하면 앨리스는 항상 오천만 노래방의 특실로 들어간다. 그 방에서는 어김없이 열창이 터져 나온다.

부처님은 어디에 계실까?
저 높은 산에 계실까 저 넓은 바다에 계실까

아는 언니의 노래방에 전임이 된 이유다. 이곳에서는 찬불가를 마음껏 연습할 수 있었다. 앨리스는 '싯다르타 합창단'의 단원이다. 매주 목요일 오전 두 시간은 합창 연습에 나가야 한다. 하지만 마을버스 운전 때문에 매주 나갈 수는 없다. 그렇다고 음성공양 포교사로서 부처님 노래를 포기하는 것은 죽기보다 싫었다. 보수가 턱없이 적어짐에도 파트타임 기사를 선택한 이유다. 다른 단원들과 함께 연습하지 못한 주는 오천만 노래방에서 만회했다. 다른 단원들보다 열 배, 스무 배, 목이 터져라 찬불가를 부르고 또 부른다.

때로는 창밖으로 새어나간 '거룩한 부처'니 '진리의 깃발'이니 '온 우주의 주인'이니 하는 노랫말에 알레르기를 일으킨 취객들에게 항의도 받는다. 노래방이 절 구석이냐고, 자기들이 지금 땡중이 된 기분이 든다고, 당장 토가 나올 것 같은 이 기분 나쁜 곳을 때려 부수겠다는 협박을 받는다. 격한 항의가 있을 때마다 앨리스는 오히려 그날 노래방의 매상을 더 올리기 위해 노력한다. 그래야 눈치를 덜 보고 노래 연습을 할 수 있기 때문이다.

"앨리스야, 8번 방 좀 들어가 봐."

아는 언니는 골치 아픈 손님이 있을 때면 아예 대놓고 앨리스를 부른다. 능력을 믿는다. 거의 노래방 매니저 역할을 하는 앨리스는 곧잘 해결사 노릇을 한다. 앨리스는 어떤 손님이건 마을버스를 운전하듯 이렇게 저렇게 드라이빙 한다. 때로는 부드럽게 밟아 주는 액셀로, 때로는 세찬 급브레이크로. 급박해지면 초코파이를 손에 꽉 쥐어주는 '초코 아줌마'로 변신한다.

그녀는 어떤 게 진짜 자신의 모습인지 모른다. 설혹 참모습이라고 굳게 믿는 '참모습'을 세워보아 봤자 모래성 같은 신기루임을 안다. 하루하루 햇살과 바람에 온몸을 맡기는 낙엽처럼 그저 떠다닐 뿐이다. 오직 저항 없는 흐름뿐….

새벽 2시. 앨리스는 퇴근 준비를 한다. 잠시라도 눈을 붙여야 내일 아침 똑순이 '차 기사'가 될 수 있다. 그녀는 배가 고프다. 앨리스는 오천만 노래방 특실에 홀로 앉아 초코파이 봉지를 뜯는다. 초코파이를 뜯을 때면 낮이고 밤이고 어김없이 떠오르는 별 하나, 남남이 된 남편의 어머니가 키우고 있을 여덟 살 딸아이. 말릴수록 더욱 밥 대신 초코파이만 먹으려고 했던 아이. 엉덩이를 팡팡 때려도 눈물을 뚝뚝 흘리며 초코파이를 입에서 놓지 않던 아이.

'왜 그렇게 아이에게… 초코파이를 먹지 못하게 했을까?'

초코파이를 입에 반쯤 물고 그녀는 생각한다.

차 기사이자 초코 아줌마이자 앨리스인 그녀가 노래를 낮게 허밍했다. 찰나도 떠나지 않는, 떠날 수도 없는 궁금한 노랫말이었다.

부처님은 어디에 계실까? ♫♩

부처님은 어디에 계실까? ♪♩

곧, 머지않아 그녀를 집까지 실어다 줄 첫차가 올 것이다.

몽(夢)

산해진미보다도, 아들보다도, 더 황홀한 베개였다. 춘몽화(春夢華) 보살은 어디를 가든 이 베개만은 꼭 챙겼다. 염주나무의 열매를 베개 속에 넣고, 베갯잇을 새파란 쪽빛으로 물들인 염주 베개. 이 베개를 베고 자면 어느 여왕도 부럽지 않았다.

비록 꿈속이었지만 현실에서 골치 아픈 일들을 모조리 해결시켜 주었다. 끔찍하게 아프던 이가 어느새 짱짱한 이빨이 되어 갈비를 우두둑 물어뜯을 수 있었고, 수술비로 쓸 목돈이 다급히 필요하면 꼭 그만큼의 돈이 쏟아졌다. 잠을 깨면 삭막한 현실이지만, 베개를 베고 자는 동안만큼은 달콤한 홍시를 입에 굴리고 사는 격이었다.

한때는 베개를 끼고 사는 자신을 책망하고 혐오했었다. 베개는 현실을 바꾸지 못하기 때문이다. 하지만 이루지 못할, 해결되지 못할 일들을 꿈속에서나마 속 시원히 해결하는 그 짜릿한 맛은, 경험해 보지 않고는 절대 알 수 없다. 황홀한 쾌감이었다.

"하루 두 시간도 못 잔다고?"

"스님, 자꾸 아픈 데만 늘어가고, 억장 무너지는 일이 하도 많아서 텔레비전 드라마에서 주인공이 하는 이야기 빼놓고, 사람들 이야기는 다 귀 막아 버렸어요."

귀 막는 시늉을 하는 춘몽화 보살 앞에 베개 하나가 던져졌다. 불몽(不夢) 스님이 손수 만든 염주 베개였다.

사찰에는 아주 오래된 노거수(老巨樹)인 염주나무가 있었다. 인간에게 하늘의 복음(福音)을 전해 줄 수 있는 주름 많은 나무였다. 그런데 사찰 공사를 하던 불도저가 후진하다 노거수를 깔아버렸다. 베개는 바로 그 나무에서 얻은 염주 열매로 만들어진 것이다.

"잘혔네. 더럽고 아니꼬운 꼴들은 안 보고 안 들으면 그만이야. 고거나 딱 베고 자면 해탈 열반이 따로 없을 것이여!"

"아이구, 스님! 중창불사 할 때도 기왓장 값으로 19만 원밖에 못 올렸는데, 이렇게 좋은 선물을 다 주시고…."

"기와불사 할 때, 보살 아들 이름은 기왓장에 잘 써놨지?"

"그럼요. 우리 털뱅이, 박비몽(朴非夢)이 이름을 큼지막하게 쓰고 '대학 합격 원만 성취!'라고 발원했습니다."

박비몽은 춘몽화 보살이 아이 갖기를 포기할 즈음에 아슬아슬하게 생긴 유일한 혈육, 아들이었다. 남편은 아이가 세 살 때, 법원의 명령으로 보내온 두 달 치 양육비 96만 4천 원을 끝으로 아비의 역할을 끝냈다.

"고구마 다 익었는지 젓가락으로 좀 찔러봐!"

19평, 드림아파트 안방에서 베개를 베고 누워 있는 춘몽화의 눈에 졸음이 쏟아졌다.

"푹 안 들어가! 한 반쯤?"

내일이면 대학 합격자 발표가 나는, 한의학과만 세 번째 도전하는 아들, 박비몽의 대답이었다.

누런 황금빛 속살을 감추고 있는 고구마에서 연기가 폴폴 피어올랐다. 춘몽화는 달달한 고구마 향내에 침이 고였다. 잠을 털어내느라 애써 도리질을 해가며 몸을 일으켜 앉았다.

"비몽아, 너도 긴장되지? 아마 이번에는 확실하게 합격할 거야! 무릎에 피멍이 들도록 엄마가 백일기도했는데 부처님도 무심치 않겠지! 그치?"

"엄마가 백일기도 안 한 해가 있었나? 그럼 그때 부처님들은 다 뭐

하고들 계셨대?"

"그때는 부처님 마음을 잘 몰랐고, 지금은 쬐끔 안다니까? 으이그, 하여튼 이번엔 달라!"

춘몽화는 밤을 꼬박 새웠다. 고등학교 3년, 거기다 또 재수에 삼수까지 합계 5년. 온몸에 진액이 다 졸아붙는 시간이었다. 돈 문제, 아들 문제로 딱 죽어 버리고 싶었을 때도 여러 번 있었다. 그럴 때마다 곁에는 미우나 고우나 묵묵부답 부처님뿐이었다. 부처님 아니었으면 홀랑 미쳐버렸지 싶은 세월이었다.

얼핏 잠결에 아들의 단말마가 들린 것 같다. 소리에 놀란 춘몽화가 아들, 박비몽의 방으로 뛰어 들어갔다. 밝은 아침 햇살 사이로 아들은 어깨에는 배낭을 메고, 빈손을 춘몽화 앞에 내밀었다.

"엄마, 나 오늘은 돈 받을 자격 있어! 돈 좀 줘!"

아들 표정을 보니 합격이었다. 다리에 힘이 탁 풀렸다. 아무도 모른다. 여자 혼자 몸으로 거친 돌멩이를 물 말아 씹어 삼키는 심정으로 아이를 키운 세월을. 한의사 아들. 이제 의사 아들을 둔 엄마가 된다. 오줌이 마렵다. 아무나 붙잡고 소리쳐 주고 싶다. 박비몽 만세! 구세주 아들 만세!

"나 오늘 못 들어와! 이제 여행 떠나도 되는 거지? 허락하는 거지?"

말릴 수 없었다. 그 긴 세월을 쉬는 날 하루 없이 책상 감옥에 갇혀 있던 녀석이었다. 오히려 충분한 용돈을 주지 못해 미안할 뿐이었다.

삐리리링~

휴대폰 액정을 보니 아들이다. 여자 친구와 여행을 가겠다고 큰소리치고 금방 나간 녀석이었다.

"엄마, 그냥 빨리 몸만 내려와요!"

열린 자동차 창문으로 바람이 쏟아져 들어왔다.

춘몽화의 머리카락이 신들린 무녀의 옷자락처럼 나부꼈다. 춘몽화는 신이 났다. 처음 떠나 보는 아들과의 여행이었다.

"엄마 놀라게 해 주려고 뻥 좀 쳤지, 히히히. 오래전부터 합격하면 제일 먼저 엄마랑 여행을 가려고 했었어! 그동안 나 때문에 엄마가 고생 좀 했지?"

"그래, 아주 아주 쫌~ 했다."

착한 놈, 이쁜 놈, 대견한 놈. 춘몽화는 아들 박비몽을 쳐다만 봐도 입이 헤벌쭉 벌어졌다.

춘몽화와 아들이 한달음에 달려 간 곳은 불몽 스님의 절이었다. 춘몽화는 한시라도 빨리 불몽 스님에게 아들을 보여 드리고 싶었다. 잘생긴 아들의 인물 자랑도 하고 싶었고, 대학생이 되는 아들에게 아버지를 대신하여 스님의 좋은 말씀도 듣게 하고 싶었다. 아들도 불몽 스님이 감사했다. 엄마가 베개를 선물로 받은 뒤로 우울증 약을 딱 끊었다. 대단한 효과였다. 모든 게 스님 덕분이었다.

"이 염주나무는 명부전(冥府殿) 땅 밑을 떠받들고 있던 것이라 아주 힘이 좋아. 그 전에 불도저 사고를 당한 놈보다 훨씬 더 신령하지."

불몽 스님은 명부전 지붕을 덮은 실한 염주 열매를 바라보았다. 불도저의 뒷걸음에 당한 염주나무에서 조금 떨어진 곳이었다. 연리지(連理枝)처럼 늘 세월을 함께했던 또 다른 염주나무였다. 춘몽화와 아들은 불도저의 횡액을 피해 운 좋게 살아남은 염주나무가 더없이 신령스럽게 보였다. 아들만큼이나 늠름해 보이는 명부전표 염주나무를 본 춘몽화는 침을 꿀꺽 삼켰다.

"지금 베고 있는 것도 좋긴 한데요. 효험이 자고 있을 때만 잠깐이라… 좀…."

"그랴 그랴, 그래서 말인데 명부전 염주나무 열매로 베개 속을 채우면, 꿈속의 일들이 눈 뜬 세상에도 그대로 이루어지게 돼. 그게 명부전 시왕(十王)들 조홧속이지."

춘몽화는 가슴이 벌렁거렸다. 오지게 좋은 꿈속 세상이 현실에서까지 이루어진다면야 더는 바랄 게 없는 일이었다. 그간 사경에 염불에 기도에, 열렬하게 치성 드린 사실을 부처님도 감지하시고, 가피를 내려 주신 게 아닌가 하는 생각이 들었다.

"그런데 기와불사 할 때 저 아이 이름은 잘 써놨지?"

"그럼요! 또박또박 아주 잘 보이게요!"

불몽 스님은 춘몽화의 말에 고개를 크게 끄덕였다.

"어서 올라가 봐!"

불몽 스님이 박비몽에게 염주나무에 올라갈 것을 재촉했다. 살아남은 마지막 한 그루였다. 이 나무 역시 하늘의 복된 소식을 충분히 전해 줄 수 있을 만큼 주름 많은 노거수였다.

"엄마만 좋아진다면야 염주나무가 아니라 썩은 동아줄이라도 잡고 오르겠습니다!"

아들은 호기롭게 외치고 나무를 타고 올라갔다. 신바람 난 원숭이였다.

"더~ 더~ 쫌만 더~ 그래 딱 한 걸음만 더~"

불몽 스님의 소리가 점점 더 커졌다.

순간, 우지끈! 나무 부러지는 소리가 춘몽화의 귀를 때렸다. 둔탁하게 묵중한 소리가 불길했다. 염주나무 아래 바위 밑으로 처박힌 아들의 모습이 보였다. 그림 같았다. 차마 눈을 뜨고 볼 수가 없었다. 처참하게 머리가 깨진 모습이 다큐에서나 본 화면 같았다.

춘몽화는 주저앉았다. 넋이 낼름낼름 나갔다가 들어왔다. 오줌이 새어나오고, 눈과 귀, 코에서는 온통 윙 소리만 얼얼하게 맴돌았다.

그냥 여자 친구랑 가라고 했더라면, 이곳으로 데려오지 않았더라면, 불몽 스님이 베개를 안 만들었더라면, 자신이 나무에 올라가는 아들을 말렸더라면, 원래 있던 베개로 만족했더라면, 차라리 아들이 대학에 불합격했더라면… 찰나의 순간에도 후회는 수천 가지였다. 되돌릴 수 없었다. 아무나 붙잡고 이게 꿈이냐고, 현실이냐고 소리쳐 물어보고 싶었다.

박비몽 이게 꿈이니? 박비몽 너 죽은 거 맞니?

고약한 냄새였다. 숯덩이가 타는 냄새였다. 벌써 아들을 화장시키는 건가? 춘몽화는 눈을 게슴츠레 떴다. 희뿌연 연기가 자욱했다. 눈을 부릅뜬 춘몽화가 방을 뛰쳐나갔다. 가스레인지 위에서 냄비가 타고 있었다. 고구마 냄비였다. 춘몽화는 쏜살같이 달려 아들 방의 문을 활짝 열었다. 그곳에 아들의 뒤통수가 살아있었다. 머리에 헤드셋을 한 채로 게임에 푹 빠져있는 아들.

"엄마가 깜빡 졸았네? 고구마 익었는지 젓가락으로 좀 찔러보라고 했잖아!"

춘몽화는 자신도 모르게 고함을 질렀다. 아들은 놀라지도 않고 능글맞게 거실로 나와 젓가락으로 숯 검댕이 고구마를 푹푹 쑤셨다.

"엄마, 아주 푹 들어가는데? 아주 기막히게 자알~ 익었수!"

"……."

푸슬푸슬 허탈한 웃음이 새어나왔다. 살아있다. 저 놈이. 저 신령스러운 물건이.

"엄마, 나 내일 시험 합격하면, 7박 8일 롤 게임만 해도 되죠?"

춘몽화는 변하지 않은 일상에 안도의 가슴을 쓸어내렸다. 그리고는 지지배배 지저귀는 아들의 말을 뒤로한 채, 베란다 문을 활짝 열었다.

염주 베개가 밤하늘을 날았다. 방생이었다. 하지만 베개는 얼마 날지 못하고, 키 큰 나뭇가지에 걸렸다. 베개가 걸리면서 기왓장 부딪치는 소리를 냈다. 춘몽화는 나뭇가지에 걸린 기왓장을 보았다. 불몽 스님의 절에 기와 불사한 그 기왓장이었다. 기왓장에는 흰 붓으로 '박비몽, 대학 합격 원만 성취!'라고 쓰여 있었다.

합격자 발표 날 아침, 나뭇가지에 기왓장처럼 걸린 베개를 아파트 경비가 장대를 들고 이리저리 쑤셔보고 있었다. 어떻게 해서든 베개를 꺼내 베어 보려는 경비의 안달 난 눈빛이 붉었다.

절 한번 못해 본 여자

'착하게 살라고 말 몬하것다' 는 말씀을 하고 난 그 다음 날, 아버지는 돌아가셨다.
시커멓게 탄 채로 발견되었다. 장작 속에 그대로 얼굴과 가슴을 묻어 버리신 채로….

여자는 부처님께 절을 해 본 적이 단 한 번도 없었다. 법당에서 부처님께 절을 하려고만 하면, 알 수 없는 부끄러움이 몰려왔다. 얼굴이 확확 달아올랐다. 아무리 용기를 내도, 무릎을 꿇는 순간 고개가 숙여지지 않았다. 머리를 법당 바닥에 붙이면 깊고 깊은 지옥 속 수렁으로 빠져버릴 것만 같았다. 바닥 모를 두려움이었다.

여자의 이런 고통을 아무도 모른다. 법당에서 풍기는 향 내음은 너무도 아련하고, 절 처마의 풍경소리는 청아했다. 하지만 부처님만 바라보면 무섭고, 떨리고, 도망가고 싶었다. 그러나 멀리 달아나지도 못하고, 다시 기웃거리며 주춤주춤 다가서는 촌색시의 첫날밤 같은 '두려운 하얀 입'이었다.

여자는 부러웠다. 산악회 모임 회원들이 산행 중에 절이 나타나면 다짜고짜 들어가 부처님께 넙죽넙죽 절부터 하는 모습이…. 어쩌면 저렇게 걸림 없이 몸을 낮추고, 서원을 세우고, 참회를 잘하는 걸까. 여자는 삼배를 해 보는 것이 소원이었다. 아이 둘을 낳느라 민둥산만큼 볼품없어진 엉덩이를 하늘로 한껏 쳐들고, 테니스 엘보인지 미싱사의 직업병인 오바로꾸 엘보인지 모르게 아픈 팔이지만, 두 팔꿈치 법당 바닥에 딱 붙이고, 짱구라고 놀림 받던 툭 튀어나온 이마, 부처님 전에 조아려 보는 게 원이라면 원이었다. 남들에게는 그리도 쉬운 것이 여자에게는 바리데기가 황천강을 건너는 일처럼 암담하고 숨 막혔다.

"절이 참회하는 데에는 가장 좋은 수행법이야. 하심(下心)하는 마음으로 부처님께 매달리면 부처님 가피가 흘러넘칠 걸?"

산악회 회원인 다람쥐 여사가 늘 여자에게 절을 권하면서 하는 말이다.

참회… 가피… 나는 뭘 잘못했다고 빌어야 하지? 나같이 복 없는 년도 가피를 받을 수 있을까? 이보다 더 나빠질 게 또 있을까? 절을 권할 때마다 여자의 머릿속에 떠도는 말들이다. 절, 하면 문득 목울대에 걸리는 게 하나 있다. 머리를 조아려야 할, 가피를 애타게 기다려야 할 이유, 둘째 아이. 둘째 녀석은 말을 하지 않는다. 병원에서는 함묵증이라고 진단했다. 함묵증… 어린 것이 무슨 마음이 다칠 일이 있다고 말문을 닫은 것일까.

　아이는 학교에서 돌아오면 등이고 팔이고 온몸에 생채기를 내온다. 아이들에게 괴롭힘을 당해 상처를 내오는 것임을 짐작하지만, 아무리 물어도 묵묵부답이다. 차라리 엄마를 원망하고 큰 소리로 대들면 마음이라도 편하련만, 속으로 속으로만 움츠러드는 녀석을 보면 억장이 무너진다. 욕을 하고, 때려도 보고, 정신과도 수없이 들락거렸지만, 녀석의 굳게 닫힌 입은 열리질 않았다.

　가까스로 먹이를 물어오느라 죽을 둥 살 둥 하는 남편을 보면, 여자가 기댈 어깨가 보이지 않는다. 여자는 둘째 아이의 침묵이 길어질수록, 알 수 없는 죄의식에 사로잡혔다. 여자의 목에 걸려 있는 날카로운 얼음가시는 커져만 갔다.

　"자기야, 석탄일 전날에 철야로 하는, 절 불공드리러 가자. 둘째 아이 기도도 좀 하구!"

　다람쥐 여사가 여자의 손을 잡았다. 여자는 절을 죽어도 못한다고 말할 수가 없었다. 다 큰 어른이 절을 할 수 없다고 하면 남들이 얼마나 웃을 일인가. 게다가 둘째 아이의 함묵증도 엄마를 닮아서 생긴 정신병이라고 수군댈 게 뻔했다. 두려웠다.

　사실 여자는 아이에게 말을 하라고 할 자격이 없다. 그 쉬운 '절'도 못하는데… 그 쉬운 '말'을 아이에게 어떻게 강요하겠는가. 세상 모든 사람이 평범하게 하는 일들이 우리 모자에게는 왜 이리 제일 힘든 일이 되어 버렸을까. 여자는 하늘이 원망스러웠다. 아무나 붙잡고 물어보고 싶었다. 이런 것이 전생에 지은 죄인 거냐고. 원래 사는 게 이런 거냐고.

여자의 아버지는 장작 때는 것을 세상에 그 무엇보다 좋아했다. 누가 돈을 가져다 주는 것보다 장작을 실어다 주는 걸 더 기뻐했다. 늘 끼니 걱정을 해야 했던 어머니 옆에서 아버지는 장작 걱정만 태산이었다.

시골 부뚜막에 쪼그려 앉아 있는 사람은 어머니가 아니고 늘 아버지였다. 아버지는 활활 타오르는 장작 속에 나무를 넣고 또 넣었다. 그 불을 보면서 염불을 했다. 알아들을 수 없는 부처님 말씀이 부엌 허공에 늘 떠돌아다녔다. 아버지는 무엇을 태웠던 걸까? 무엇을 태우고 싶었던 것일까?

"애야… 난 니그들한테 착하게 살라고 몬하겄다."

"왜요 아부지?"

"착하게 살라카면 나멩키로 되까봐 무서버 말 몬하겄다."

부처님 반 토막 같은 사람이라는 소리를 들었던 아버지였다. 그 말씀을 할 때 아버지의 얼굴은 불길로 벌겋게 물들어 있었다. '착하게 살라고 말 몬하것다'는 말씀을 하고 난 그 다음 날, 아버지는 돌아가셨다. 시커멓게 탄 채로 발견되었다. 장작 속에 그대로 얼굴과 가슴을 묻어 버리신 채로…. 어느 순간 정신을 잃고 장작 속으로 엎어진 것이다. 마치 하기 싫은 절을 억지로 하고 있는 모습이었다. '나멩키로 되까봐 무서버'라는 말씀은 마지막 유언이 되었다. 불타는 장작 속으로 들어가신 아버지는 사고사였을까. 등신불처럼 소신(燒身)공양을 한 것일까.

여자는 아직도 엉거주춤 절하는 자세로 돌아가신 아버지의 타다 만 몸을 기억한다. 아버지의 시신은 집 뒤꼍에서 마저 화장하여 뿌려 드렸다. 봄볕 흐드러진 햇살 속의 새하얀 뼛가루는 웅얼웅얼 무능력한 염불 소리를 내며 바람 길을 따라갔다. 오래 배를 곯은 어린 자식들은 뼛가루를 보고 미숫가루를 떠올리며 입맛을 다셨다.

여자는 서울로 올라와 가사 도우미를 시작으로 골프장 캐디를 거쳐, 공단의 공장에서 지어 놓은 야간 고등학교를 가까스로 마쳤다. 그러던 어느 날이었다. 수업 중 보게 된 부처의 고행 사진은 여자의 숨을 턱 막히게 했다. 앙상하게 말랐던 아버지의 타다 만 시신과 부처의 고행 사진은 너무도 흡사했다. 부처님 얼굴 위로 아버지가 겹쳐졌다. 그 이후부터 법당의 부처님만 보면 두렵고 무섭고 떨리기 시작했다. 배가 고픈 자식들에게 염불 소리만 먹이셨던 아버지. 불경 읽는 소리를 귀신 우는 소리보다 더 듣기 싫게 만들었던 아버지. 부처님 반 토막 같다던 아버지가 너무 원망스러웠다. 남자도 아니고, 아버지도 아니고, 건강한 사람도 되지 못한 한심한 아버지였다. 그런 아버지 같은 사람에게 사람들은 절을 하고 돈을 갖다 바친다. 절 법당마다 앉아 있는 아버지.

절 법당에 앉아 계신 아버지는 돈이라도 많이 버시는데, 장작만 때다 가신 아버지는 죽어서도 딸년이 고개 한번 못 숙이게 만들어 버리셨다.

여자는 석탄일이 다가올수록 갈등이 심해졌다. 절을 할 생각만 해도 가슴이 울렁거리고 얼굴이 달아올랐다. 하지만 목에 걸린 얼음가시의 통증은 둘째 아이를 생각하게 했다. 혹시 절을 하면 손자의 말문을 트이게 해 주시지는 않을까? 하는 기대도 스멀스멀 일어났다. 여자는 오래된 궤짝의 한 귀퉁이에서 낡은 주머니를 꺼냈다. 탯줄 주머니였다. 탯줄 떨어진 것을 소지하면 오래 산다는 속설 때문에 아버지가 따로 빼 놓으신 것이다. 짙은 밤색으로, 눌린 마른 오징어 눈 같은 탯줄을 보면 징그러웠다. 다행히 탯줄을 싸놓은 예쁜 복주머니 때문에 그나마 소중해 보였다. 탯줄까지 신경 써 주신 것을 보면 여자를 낳고 기뻐하셨을 아버지의 모습이 보였다. 그러나 아버지가 돌아가신 후, 여자는 그 탯줄 주머니를 단 한 번도 열어보거나 가까이하지 않았다.

그때였다. 둘째 아이가 하교할 때쯤이라 창밖을 내다보던 여자의 눈에 불이 일었다. 아버지가 태우던 장작보다 더 맹렬한 불꽃이었다. 창밖의 둘째 아이는 다른 아이들의 가방 서너 개를 대신 들고 오느라 낑낑대고 있었다. 여자의 귓속에는 들렸다. 둘째 아이의 굳게 닫힌 입에서 흘러나오는 무능력한 염불 소리가! 여자는 쏜살같이 뛰쳐나갔다. 다른 아이들의 가방을 저 멀리 힘껏 내던져 버렸다. 여자는 하늘을 향해 고함을 질렀다.

"착하게 살지 말랬지! 진짜 착하게 사는 건 네 힘이 셀 때 착할 수 있는 거야! 이 바보새끼야!"

놀란 둘째 아이는 울음을 터뜨렸다. 여자는 아이의 손목을 낚아채고 성큼성큼 걸었다. 한 손에는 둘째의 손을, 또 한 손은 주머니에 든 탯줄 주머니를 움켜쥔 채.

법당 안은 부처님 오신 날 매달 연꽃등으로 수놓아져 극락의 풍경이 따로 없었다. 연꽃등 너머 단상 위에는 장작 때기를 그렇게 좋아하시던 아버지가 앉아 계셨다. 여자는 둘째 아이의 손을 잡아끌어 무릎을 꿇게 했다. 여자는 말했다.

"저기 앉아 계신 분이 너희 할아버지야. 엄마는 별로 안 좋아했지만 어쩌면 너는 좋아할 수도 있잖아!"

"……."

어릴 적 여자의 나이가 된 둘째 아이는 아무래도 못 믿겠다는 눈치다.

"진짜 네 할아버지니까 절해야지. 너도 늘 궁금해 했잖아. 할아버지…."

아이의 눈빛이 할아버지에게 고정되었다. 할아버지의 새똥 머리부터 알 수 없는 손가락 사인까지 아이는 꼼꼼히 눈으로 만져본다. 여자는 천천히 일어서서 아버지에게 절하기 시작했다. 무릎이 후들후들 떨렸다. 얼음가시가 목구멍을 마구 들쑤신다. 하지만 여자는 누가 뭐라고 하던 하늘로 엉덩이를 높이 치켜들고, 오바로꾸 엘보의 통증을 참으며 엉거주춤 고개를 바닥으로 꺾었다. 아버지가 장작불과 한몸이 되어 절하던 그 자세 그대로….

여자는 법당 바닥에 머리를 붙이고 일어날 줄 몰랐다. 말문을 닫아버린 아이가 보란 듯이.

엄마의 등이 꿀럭꿀럭 들썩였다. 아이도 할아버지에게 머리를 조아리고, 곁눈으로는 엄마를 연신 힐끔거렸다.

어디선가 힘없는 염불 소리와 타닥타닥 장작 타들어가는 소리가 들렸다. 여자는 장작불 한가운데로 탯줄 주머니를 던졌다. 부처님 아버지의 딸인 여자의 소신(燒身)공양이었다. 탯줄에 불이 붙으며 화르륵 불꽃을 일으켰다. 엉덩이를 높이 들고, 머리를 법당 바닥에 넙죽 처박은 여자의 목이 따듯해졌다.

연꽃등처럼 밝은 장작불이 호르륵 호르륵, 여자와 아이의 얼굴 앞에서 타올랐다.

괘활
괘활이로다

정치인이 3천만 원을 뒷돈으로 받았다면 꼬박 1년 하고도 4개월을 피 흘리며 벌어야 할 일당,
다니던 절에서 일당 안 받고 하루 종일 일해 준 공양간 봉사는 부처님에게 7만 원을
시주한 셈…. 가치가 의심스러울 땐, 일당으로 따져보면 진가가 드러난다. 세상은 일당이다.

Q 씨는 빙글빙글 웃고 있는 붉은 돼지 저금통을 뚫어져라 쳐다보았다. 저렇게 돈으로 밥을 먹고, 돈으로 국을 끓여 먹으면 얼마나 좋을까 싶다. 저 돼지는 무슨 복을 타고 났는지 똥도 황금으로 쌀 것 같다.

Q 씨는 요즘 숨을 쉬고는 있지만 살아도 산 것 같지가 않았다. Q 씨에게는 봄바람이 미웠다. 봄바람이 불면 만물은 생동하고, 지출은 많아지는 법이다.

Q 씨가 무상계(無常戒)를 고요하게 염송하던 어느 날이었다. Q 씨는 자신의 인생이 돈 맛을 보고 히죽히죽 웃고 있는 플라스틱 돼지만도 못하다는 생각이 들었다.

저 떨어지는 낙엽처럼 그렇게 살아 버린 내 인생을

잃어 버린 것이 아닐까 늦어 버린 것이 아닐까

흘러 버린 세월을 찾을 수만 있다면 얼마나 좋을까 좋을까

난 참 바보처럼 살았군요.

난 참 바보처럼 살았군요.

'난 참 바보처럼 살았군요'라는 노래가 입에서 처량하게 흘러 나왔다. 갑자기 살아온 세월이 혼자만 눈을 감고 산 것은 아닐까 하는 불안감이 엄습했다. 몇 날 며칠을 자학과 불면에 시달렸다. '난 참 바보처럼 살았군요'라는 노래가 입에 붙어 시도 때도 없이 흥얼거리던 어느날, 부인이 Q 씨를 불러 세웠다.

"당신, 그 노래 10년 전에도 심각하게 불렀거든? 그래서 여기까지 왔거든? 부탁인데, 이제 그만 부르면 안 돼? 더는 못 들어 주겠어!"

Q 씨는 울컥 화가 치밀었으나, '바보'처럼 참기로 했다. 대신 지금부터라도 더 이상 바보처럼 살지 않겠다고 결심했다. 직장을 잃은 지가 언제였던가. 일단은 체면을 내려 놓고 돈부터 악착같이 벌어 볼 참이다. 마누라에게도 '아직은 죽지 않았다'는 본때를 보여 주고 말리라.

그러나 오호통재라! 피맺힌 결심도 잠시, 그 누가 아침이면 고개 숙인 남자를, 변변한 기술도 없는 초라한 가장을 쉬이 받아주겠는가. 정부가? 지방자치단체가? 변변치 않은 주위 인맥이? 그저 비빌 언덕

이라고는 벼룩시장의 벼룩 등짝밖에는 없는 처지였다. 신문을 아무리 뒤져도 나이에 걸리고, 너무 적은 월급에 걸리고, 경력에 걸렸다. 가까스로 찾아 낸 것이 건설 근로자, 일용직 잡부, 막노동이라 불리는 노가다였다.

일당 7만 원 잡부.

그래도 59층짜리 8개 동을 짓는 주상복합 대형 건축물인지라 비가 오나 눈이 오나 매일매일 일이 있어 행운이라고 생각했다.

Q 씨의 하루 시작은 새벽 5시. 눈을 뜨면 딱 한 가지만 화두처럼 생각한다. 7만 원… 7만 원… 7만 원… 오로지 7만 원….

다음 날은 합이 14만 원, 그 다음 날은 21만 원, 그 다다음 날은 28만 원, 그 다다다음 날은 합이 35만 원… 오매, 오매 이 무서운 일당의 힘! 작업반장의 쌍욕에도 불어나는 돈만 셈하면, 히죽 쪼개는 돼지 저금통의 얼굴이 된다. 부러워 마지않던 돈 밥 먹는 남자가 된 것이다.

Q 씨는 버스비 천 원을 아낄 요량으로 새벽이면 삐걱대는 자전거의 페달을 밟아 현장에 나간다. 하루 7만 원짜리 값어치를 하는 몸뚱이로 돈을 버니, 모든 것이 7만 원 일당으로 환산된다.

손님 대접 때문에 장을 봐도 돼지고기 두 근 3만 원을 포함, 이것저것 더하면 하루 일당이 훌쩍 계산대 화면에 찍힌다. 제기랄, 이럴 수는 없는 일이다. 하루 등골이 쑥 빠지게 일한 품삯 전액을, 기껏해야 대형

마트 카트의 삼분지 일도 차지 않는 형편없는 똥값으로 없애버린단 말
인가.

그 옛날 천연두를 '손님마마'라고 불렀다. 피죽도 못 먹던 시절이
라 손님이 오면 대접해 줄 것이 없어 천연두만큼 무서웠던 것이다. Q
씨에게도 손님은 천연두다. 가끔 개업이다 결혼식이다 하여 연락이 오
면, 조류 독감 소식만큼이나 부담이었다. 오매 내 일당! 오지랖 넓게
사는 것도 먹고 살만할 때의 휴머니즘이지, 가계 빚 1,000조 시대의 위
태한 생존자들에게는 매일이 골고다 언덕길이다.

공사현장은 아침 일곱 시에 작업을 시작한다. 50킬로의 석고보드와
수십 킬로의 철골 자재를 호이스트로 50층 이상까지 실어 나르는 양중
(揚重)을 하고, 스타트·런너 등의 철골을 절단기로 절단하여 아파트 실
내 공간의 뼈대를 세운다. 불꽃 튀기며 잘려나가는 철골들, 그 철골들
을 세워 틈과 틈 사이에 유리섬유로 된 암면을 끼워 넣는다. 암면은 석
면에 비유되는 공업제품이다. 철골 프레임에 끼워진 석고보드의 크기에
맞추어, 앞면과 뒷면에도 암면을 재단하여 절단하고, 채워 넣는다. 쇳
가루의 매캐한 냄새는 코를 찌르고 유리가루는 아지랑이처럼 눈알과 얼
굴로 달려든다. Q 씨는 밤이면 밤마다 눈썹이 최루탄을 맞은 것처럼 붓
고 가렵다. 얼굴은 붉은 꽃이 된다. 이럴 때면 Q 씨는 약국의 약 대신에
특효약인 일당을 떠올린다. 금세 히죽대는 돼지 저금통이 된다.

작업장의 바닥은 위험천만한 지뢰밭을 방불케 한다. 아무리 조심을 해도 사흘 걸러 하루씩 피를 본다. Q 씨에게 돈은 곧 피였다. 피를 보면 장기판의 오도 가도 못하는 외통수가 떠오른다. 세상은 기세 좋게 연이어 장군을 불러 대는데, 정작 가진 것이라고는 학연·지연이라는 차 떼고, 경력이라는 포 떼고, 마와 상은 꽁꽁 묶여 있고, 후진도 용납 않는 쫄(卒)때기 몇 개 가지고 버티는 형국이다. 쫄이나마 함부로 전진하다가는 길목을 지키고 있는 인계철선(引繼鐵線)에 걸려 '개죽음' 당하기 십상이고, 후진은 곧 죽음이니, 갈 곳 없는 '게걸음'으로 간 길 또 가고, 왔던 길 다시 갈밖에. 결말은 뻔하지만, 그나마 몇 번 불러 보지 못할 '멍군'이기에 공갈빵 같은 심정으로 으르렁대본다.

피를 흘려가며 돈을 버는 Q 씨. 그가 달라지니 가족들은 황당해했다. 모든 것을 7만 원 일당으로 환산하여 세상을 보는 버릇이 생긴 Q 씨였다.

"아빠, 인터넷으로 새학기 참고서 샀걸랑. 결제해 줘 5만 원!"

"뭐시라? 5만 원! 새벽부터 하루 종일 피 봐야 만질 수 있는 돈이네. 임마, 너 목숨 걸고 공부해야 돼!"

일용직 잡부가 되니 자식들이 죽자고 공부해야 할 이유가 더욱 절실해진다. 피와 바꾼 돈으로 공부를 시키는데 자식이 게임이나 하고 게으름을 피운다면, 조선 영조(英祖)의 심정으로 정녕 아들을 뒤주에 가둬

버리고 말리라.

부모님의 생신 때도 여지없다. 제값 다 받는 1만 2천 원짜리 케이크와 30%로 세일한 1만 5천 원짜리 케이크 앞에서 한참을 셈하는 Q 씨. 예전 같으면 세일한 케이크를 덥석 물었겠지만 일용직 잡부가 되니, 3천 원이 더 싼 1만 2천 원짜리 케이크로 낙찰을 본다. 그것도 눈 질끈 감고, 아주 큰 효도하는 셈 치고.

아내가 18만 원짜리 옷을 고르면 근 3일의 피 같은 일당, 아이의 병원비 30만 원은 4일 하고도 3시간의 일당. 인터넷 새로 깔고 사은품으로 받은 20만 원은 공짜로 번 3일간의 일당.

정치인이 3천만 원을 뒷돈으로 받았다면 꼬박 1년 하고도 4개월을 피 흘리며 벌어야 할 일당, 다니던 절에서 일당 안 받고 하루 종일 일해 준 공양간 봉사는 부처님에게 7만 원을 시주한 셈⋯. 가치가 의심스러울 땐, 일당으로 따져보면 진가가 드러난다. 세상은 일당이다.

남들은 Q 씨가 날이 갈수록 쪼잔해져 간다고 놀려댔지만 Q 씨는 코털하나 미동하지 않았다. 그간 돈에 대해 얼마나 관념적으로 생각했던가. 돈에 대해 얼마나 많은 엄벌을 내리며 독야청청 맑은 듯 행동해 왔던가. 가족들 앞에서 주저 없이 큰돈을 팍팍 쓰면, 그것이 사내답고 통 큰 남자의 행동이라고 착각하며 가당찮은 호연지기를 뿜어댔던가.

아! 돈님, 돈님 그간 그대의 얼굴에 똥칠해서 미안합니다. 깐깐했던 세종대왕 어르신, 세 가지 반찬을 넘지 않았던 검소 이황, 반찬도 거의 없이 세 끼도 못 먹었던 청빈 율곡, 소박했던 신사임당 할머니, 12척의 배로도 알뜰살뜰하게 싸워주신 이순신 선배님. 모든 '화폐'의 스타 모델님들 정말 죄송합니다.

Q 씨는 '내가 곧 일당'이라는 자부심이 '내가 곧 부처'라는 말 만큼이나 황홀했다. 시퍼렇게 살아있는 몸이 움직이면 더운밥이 만들어졌다. 아침이면 몸 마디마디가 아리고 손은 곰보빵처럼 부어오르지만, 아련한 자부심이 밀려왔다. 마음만은 쾌활쾌활이었다. 이제야 '난 참 바보처럼 살았군요'가 아니라 '난 참 7만 원을 우습게 알고 살았더군요'라는 자각심이 밀려왔다.

뼛속까지 시리게 한다는 봄바람 부는 새벽, 낡은 자전거의 페달을 밟을 때마다 발바닥 밑에서는 돼지 멱따는 소리가 들린다.

삐그덕~ 삐그덕~

Q 씨는 그 소리가 황금 돼지의 웃음소리라고 믿는다.

천국의 계단

남자는 하루에도 수없이 써야 하는 표정가면을 보면 애벌레가 된 기분이다.
아직 오를 계단이 많이 남아있다는 것을 증명하기 때문이다. 원하는 것은 무엇이든
얻을 수 있는 성공천국에 거의 가 닿은 자는 표정가면이 그다지 많이 필요치 않다.

남자는 눈을 떴다. 기상 예약시간에 맞추어 놓은 TV가 켜지며,
〈Stairway to heaven〉을 울부짖었기 때문이었다.

빛나는 것은 모두 금이라고 믿는 소녀가 있습니다.

그녀는 천국으로 가는 계단을 사려고 하지요.

그녀는 천국에 가기만 하면 백화점이 문을 닫았을지라도,

그녀가 구하고 싶은 것은 모두 다 구할 수 있다고 알고 있어요.

우우~ 쉬스 바잉 어 스테어웨이 투 해븐

레드 제플린의 천국의 계단을 시그널 음악으로, 앵커가 '굿모닝 6시 뉴스' 타이틀을 기름진 목소리로 속삭였다. 하루의 시작이다. 창밖은 미세먼지에 황사까지 겹쳐 희뿌연 연무로 가득 차 있었다. 앵커는 국민 열 명 중 세 명이 미세먼지 질환을 앓고 있으며, 조기 사망과 암 유발을 일으킨다는 탐사보도를 한다.

남자는 서둘러 지하창고로 내려갔다.

창고의 나무 벽면에는 종류별로 수많은 머리가 걸려 있었다. 모두 표정이 제각각인 얼굴들이다. 얼굴들 밑에는 기쁨, 슬픔, 분노, 사랑, 후흑(厚黑)이라고 쓰인 큰 항목이 표기되어 있고, 그 항목들 아래로 다시 세부 목록들이 나뉘어 있었다.

그 얼굴들은 각양각색의 표정가면들이다.

기쁨이라는 항목 밑, 웃음 목록에는 '자유스러운 영혼의 쾌활한 폭소(爆笑)' '용서를 바라는 비굴한 교소(巧笑)' '접대용 언소(言笑)' '상대를 긴장하게 하는 냉소(冷笑)' 등 종류별로 맞춤식 표정이 있었다. 남자는 두어 장의 웃음가면을 고르고 빠르게 다른 항목으로 옮겨 갔다. 분노 항목에는 '기선 제압용 폭분(暴憤, 폭풍 분노)' '유리한 협상을 위한 기분(技憤, 기교 분노)' 등과, 슬픔이라는 항목의 눈물 목록에는 '감격하여 흘리는 감루(感淚)' '리더가 고상하게 흘리는 용루(龍淚)' '남자가 흘리는 마지막 한 방울 절루(絕淚)' '여자의 가슴을 파고드는 별의 눈물(星淚)' 등등이 감정별로 구비되어 있다. 남자는 출근 시간에 쫓겨 막 창고를 나가려는 순간, 소개팅 약속이 떠올랐다. 남자는 특별한 표정가면 몇 장을 더 챙겨 뒷주머니에 꽂았다.

남자는 늘 감정을 숨기는 데 익숙했다. 자신의 속마음이 상대방에게 읽히는 순간, 그것은 알몸이 되는 것이다. 표정 통제! 남자가 직장인으로서, 장남으로서, 사내로서, 여러 모임의 리더로서 첫손에 꼽는 생존 지능이다.

남자는 집 대문을 나서는 순간부터 표정을 노출시키지 않는다. 무방비 상태의 얼빠진 표정을 들킨다는 것은 치욕이다. 남자는 공익광고에서나 볼 수 있는 '유능한 샐러리맨의 미소' 가면을 빠르게 쓰고 동네 아주머니들과 인사를 나눈다. 물론 '노총각이지만 그것은 순전히 1등급의 독특한 상품 가치'를 가지고 있기 때문이라는 아우라가 기본으로 깔린다. 동네 아주머니들이 언제 처형이 될지 장모님이 될지 모를 일이다. 밑천이 크게 들지 않는 한 모든 것은 관리의 차원이다.

남자는 회사를 가기 위해 고속도로를 타고 요금 징수원이 있는 톨게이트를 지나칠 때마다 움찔, 유혹에 빠진다. 무표정한 얼굴로 "안녕하세요"를 외치는 그녀들에게 오늘 하루도 좋은 날이라는 의미의 '일일시호일(日日是好日) 쾌활가면'을 선물하고 싶은 욕구가 치밀어 오르기 때문이다. 여러 장도 필요 없이 쾌활 표정가면 한 장이면 하루 종일 표정 통제에 무슨 걱정이 있으랴 싶다.

남자는 회사에서 더더욱 철저히 표정가면을 매만진다. 회사에서는 조용필의 부르짖음처럼 '아아~ 웃고 있어도 눈물이 나는' 상황이 끊임없이 펼쳐지기 때문이다.

누구에게든 노출이 덜 될수록 유리하다. 표정도 경쟁력이라는 사실을 잠시도 잊지 않는다. 상대는 나의 표정과 몸짓에서 감정을 읽는다. 읽힌다는 것은 들고 있는 패를 자진해서 보여주는 꼴이다.

판단을 유보하는 기다림은 처세의 묘수다. 시비에서 벗어나 보신(保身)의 확률이 높아진다. 섣불리 잘못을 인정하고, 말이 앞서 나가 잘못을 인정하는 순간, 모든 게 드러난다. 드러나면 지는 거다. 무방비로 망나니에게 목을 내맡기는 격이다. 그럴 수는 없다. 기다림을 위해서는 표정을 통제해야 한다. 때로는 말보다 표정에서 더 많은 것을 들킬 수 있기 때문이다.

남자는 상사가 부르면 최소한 서너 장의 표정가면을 준비한다. '존경의 미소를 머금은 함소(含笑) 가면' '욕을 해도 달게 받겠다는 환소(歡笑) 가면' '천하의 불쌍한 놈이 흘리는 소리 없는 눈물 무성루(無聲淚) 가면'. 이 가면들이 더는 통하지 않아 똥줄이 탈 때, 마지막 응급처방으로 쓰는 '포커페이스 가면'을 히든으로 준비한다.

남자는 하루에도 수없이 써야 하는 표정가면을 보면 애벌레가 된 기분이다. 아직 오를 계단이 많이 남아있다는 것을 증명하기 때문이다. 원하는 것은 무엇이든 얻을 수 있는 성공천국에 거의 가 닿은 자는 표정가면이 그다지 많이 필요치 않다. 그저 권력자로서 찡그린 표정가면 한 장을 쓰고 앉아 있으면, 그 표정에 겁먹은, 숨차게 계단을 오르던 애벌레들이 알아서 변검(變臉, 얼굴 가면을 바꾸는 공연) 쇼를 펼치기 때문이다. 그럴 때면 자신의 애벌레 시절을 회상하며 '충성심을 예약하는 용서'나 '과시용 넓은 가슴'의 표정가면으로 바꾸어 주면 될 뿐이다.

진실로 성공하여 나비가 되고 싶은 애벌레, 천국의 계단을 한창 오르고 있는 애벌레는 예민한 촉수의 안테나를 여러 개 세우고, 표정가면을 최대한 많이 이용해야 살아남을 수 있다.

표정가면이 늘 만능은 아니었다. 지금은 많이 회복되었지만, 남자는 지난겨울 감정마비에 빠진 적이 있었다. 표정가면을 너무 많이 사용한 부작용이었다. 그때는 엉뚱한 표정가면을 선택해 상갓집에 가서 파안대소한다거나, 친구의 결혼식 사회를 봐주는 자리에서 '통곡의 곡루(哭淚) 가면'을 사용해 하객들을 황당케 했다. 어느 것이 가져야 할 감정인지 혼돈을 느꼈다. 그러다 보니 아무리 참혹한 상황이나 험한 말을 들어도 원래 다 그런 것 아냐? 라는 느낌만 들 뿐 반응할 수 없었다. 발기하지 않은 감정. 식어버린 심장이었다. 홀로 있을 때 그 증상이 더욱 심해졌다.

그렇다고 특별한 능력과 적재적소의 유연함을 가져다 준 표정가면을 불태워 버릴 수도 없었다. 그래서 시작한 것이 연애였다. 사랑하게 되면 심장에 다시 피가 돌지 않을까 하는 기대였다. 물론 사랑도 표정 가면을 사용해야 효과가 좋았다.

표정가면은 사약의 성분이었던 비소였다. 천국의 계단을 오를 때 효과는 극대화되지만 자주 사용하게 되면 천천히 죽어가는 독극물.

남자는 최소한의 표정가면만 사용하기로 마음먹고 소개팅 자리에 나갔다. 여자는 무척이나 아름다웠다. 피부는 눈부시게 희고, 눈은 컸으며, 오렌지색 입술은 생기발랄했다. 순수하고 지적으로 보였다. 남자는 저 밑바닥에서 스멀거리며 일어서는 감정을 느꼈다. 오랜만에 느껴보는 파동이었다. 남자는 그렇다고 여자에게 먼저 자신의 패를 내보일 수는 없었다. 호감이 갈수록 패는 숨겨야 한다. 남자는 빠르게 '엘리트의 순진한 미소 가면'으로 여자의 경계를 풀었다. 여자 또한 청순한 미소로 화답했다.

남자는 여자를 읽기 시작했다. 사람은 누구나 자신의 이야기를 좋아한다. 자신을 알아주는 사람, 자신의 포인트를 꼭 집어 센스 있는 멘트로 칭찬해 주는 사람. 남자는 여자의 눈을 칭찬했다.

"큰 눈의 세련된 분위기가 흰 셔츠와 아주 잘 어울리시는군요."

남자는 '다정다감하면서도 자유 영혼의 향기 가면' '귀엽고 사랑스러운 모성자극 가면' 만을 사용했다. '터프한 스포츠맨의 따뜻한 가슴 가면'을 구사하려 했으나 애써 참았다. 여자 또한 남자의 노력에 예의

있는 매너를 보여 주었다. 하지만 남자는 불안했다. 표정가면의 사용을 줄이자 금단 증상처럼 눈빛을 둘 만한 곳을 찾기 어려웠다. 마치 넥타이를 하고 파자마만 입은 기분이 들었다. 남자는 금단증상을 잊으려고 그녀와 마신 칵테일 몇 잔에 대취하고 말았다. 마음을 풀어놓아 버린 방심이었다.

원 나이트 스탠드.

남자는 눈을 떴다. 〈Stairway to heaven〉이 잠을 깨우지 않아도 자신도 모르게 눈이 부릅떠졌다. 무엇인가 살기가 느껴지는 낯선 기운이 잠을 깨운 것이다.

으아악! 남자는 소리를 질렀다. 낯선 여자와 함께 침대에 누워있었기 때문이었다. 처음에는 어제 저녁 소개팅을 했던 그녀가 아닌가 싶었다. 하지만 분명 옆에 누워있는 그녀는 그녀가 아니었다. 혹시나 해서 찬찬히 아주 꼼꼼히 살폈지만 결단코 너무 달랐다. 어디 먼 별나라에서 나온 것 같은 생전 처음 본 여자였다. 남자는 신문에서 본 꽃뱀사건 같은 괜한 시비에 휘말릴까 싶어 숨죽여 일어났다. 옷을 집어 들고 팬티만 대충 걸친 채 까치발로 호텔 방을 빠져나가고 있었다. 서너 발자국 걸었을까?

"자기야!"

여자가 깬 것이다. 남자는 다시 한 번 비명을 지르며 무조건 호텔방

문을 열어젖혔다.

"복수 씨!"

남자의 맨발이 우뚝 멈추어 섰다. 분명 그것은 남자의 이름이었다. 그렇다면 저 여자는….

남자의 가슴은 뒤집어질듯 소용돌이쳤다. 엄청난 감정 파동이었다. 남자의 숨길 수 없는 표정이 일그러졌다. 어떻게 해 볼 수 없는 표정이었다. 그녀를 두려운 눈으로 마주보았다. 목소리만 그녀였다! 그녀는 표정가면 만큼이나 두꺼운 가면을 벗은 것이다. 마스카라와 오렌지 립스틱, 짙은 입체 화장의 가면을 벗은 그녀의 맨 얼굴.

그녀는 여러 모습을 가진 키메라였다. 머리는 사자, 몸뚱이는 양, 꼬리는 뱀의 모양을 한, 하나의 생명체 안에 유전 형질이 서로 다른 세포가 함께 존재하는, 정체를 알 수 없는 여자였다.

화장으로 자신을 가리고 화장 속에 꼭꼭 숨어버린 그녀는 자신이 화장을 하는 것인지, 화장이 자신을 창조하는 것인지 알 수가 없다. 화장에 따라 매번 성격까지 달라졌다. 화장 가면을 하지 않고는 단 한 발자국도 밖으로 나가려 하지 않는 그녀.

그녀는 천국의 계단 어디쯤에서 만난, 자신을 똑 닮은 키메라 남자를 사랑하게 될 것만 같았다.

저 푸른 초원 위에
그림 같은 집

고스톱을 치더라도 동생이 처음 패를 딱 받아들고 죽지 않고 '고'를 부르면,
뒤 순번들은 모두 서로 죽으려고 발버둥을 치고는 했다. 동생이 '고' 면 그 패는 진실로
위대한 패였기 때문이었다. 동생은 절대 개폼과 헛뻥으로 인생을 살지 않았다.

"생태 농업이고 뭐고 간에, 네 앞길을 생각해야지!"

"사람과 동물은 죄다 퍼다 쓰기만 하고, 식물만이 유일하게 새로운
것을 만든다니까요! 나무나 풀은요 쓸모없는 게 하나도 없어요. 꽃은
벌한테 꿀을 만들게 하고, 열매를 맺어 주린 배를 채워주고요. 가지가
부러지면 땔감이 되고, 썩으면 땅을 살려주지요. 그런데 인간들 보세
요. 풀에도 독초가 있고 벌레에도 독충이 있듯이 인간이 지구에 딱 그
모양이에요."

지구를 지키려는 독수리 오형제 중에서도 악질 독종에 속하는 동
생. 이놈의 정의감과 순수성은 거의 병적인 수준이다. 대한민국 최고

의 명문대를 나와 한때는 집안과 온 동네의 자랑이었다. 집안의 기대는 하늘을 찔렀다. 동생과 함께 같은 대학에 입학했던 나머지 한 친구는 지금은 청와대에서 일한다. 4천 9백만 국민을 좌지우지하는 정책을 주무른다.

이에 반해 동생은 앞길이 보장된 전도유망한 회사를 그만두고 생태 농업을 하겠단다. 자기 땅도 아닌 타인의 땅을 7년간 임대해 농사를 짓겠다는 야심을 가지고 있다. 물론 본인에겐 '야심'이고, 다른 가족에게는 잘되든 못되든 '한심한 개꿈'으로 비칠 뿐이지만 말이다.

동생은 씨앗을 심은 땅에 살충제, 제초제, 화학비료, 비닐덮개를 사용하지 않는다. 땅 힘을 돋우는 거름도 직접 만든다. 동생은 전통농법에 입각한 농사를 짓고, 거기에 걸맞은 공동체를 만드는 꿈을 꾼다.

대한민국 젊은이의 이 아름다운 기개가 너무도 자랑스럽지 않은가? 삶이란 이런 것 아니겠는가? 하지만, 그 젊은이가 내 동생이 아니었다면 참으로 아름다울 뻔했다. 아름답긴 한데 감동의 눈물 대신 핏발이 서는 건 무슨 조홧속일까. 아버지도 속이 탄다. 기대를 너무 한 탓인지, 너무 사랑을 준 탓인지, 대놓고 반대는 못 하면서 찬물만 꾸역꾸역 들이키실 뿐 묵묵부답이다.

어려서부터 동생이 하는 일에 단 한 번도 반대를 해 보시지 않은 아버지였다. 늘 옳은 말, 바른말만 하던 동생이었기에 그 불도저 같은 의지와 뜻을 의심할 수도 없다. 고스톱을 치더라도 동생이 처음 패를 딱 받아들고 죽지 않고 '고'를 부르면, 뒤 순번들은 모두 서로 죽으려고 발버둥을 치고는 했다. 동생이 '고'면 그 패는 진실로 위대한 패였기 때문이었다. 동생은 절대 개폼과 헛뺑으로 인생을 살지 않았다.

한번은 병원에서 막 퇴원한 아버지에게 내가 덕담 삼아 한마디 했다.

"아버지, 생각보다 얼굴이 좋으신데요. 아직 창창하게 젊으신가 봐요."

그 말이 끝나자마자 동생은 침울한 표정으로 내 말을 바로잡았다.

"아버지, 눈두덩이가 새까만 걸로 봐서 어혈로 인해 혈액순환이 안 되고 있어요. 염분도 줄이시고 콜레스테롤이나 카페인이 든 음식은 절대 드시면 안 돼요. 연어가 좋긴 한데 좀 비싸고요. 중완과 단전, 족삼리에 뜸을 뜨세요. 그게 싸게 먹혀요. 그리고 아버지, 죽음이 이제 남의 일이 아니에요. 내일이 죽는 날이다 생각하시고 죽음에 대해 공부도 좀 하세요."

갓 퇴원한 초췌한 아버지에게 동생의 그 솔직하고 먹물 뚝뚝 흐르는 말은 내 숨을 턱 막히게 했다. 아버지를 힐끔 보니 고개를 작게 끄덕이고 계셨다. 나의 기름진 덕담보다는 동생의 주책없는 직언이 더 낫다는 표정이었다. 둘 만의 공감을 내 어찌 끼어들 수 있겠는가. 그런 동생이 농사를 짓겠다고 하니 아버지의 심정은 어떠하겠는가.

남진을 좋아했던 아버지 덕분에 동생은 어려서부터 남진 노래가 장기였다.

> 저 푸른 초원 위에 그림 같은 집을 짓고 한 백년 살고 싶어.
> 봄이면 씨앗 뿌려 여름이면 꽃이 피네.
> 가을이면 풍년 되어 겨울이면 행복하네 ♬♪

집안의 대소사에서 동생은 빠짐없이 '님과 함께'를 불러 재꼈다. 가족 및 친척 일동들은 찔끔찔끔 눈물까지 흘려가며 환호했다. 그 맛을 기억하는 것일까? 씨앗 뿌리면 병충해 없이 꽃 피고 새 울며, 쌀 시장이 완전 개방되어도 쌀 수매가격은 짭짤하고, 게다가 얼렁뚱땅 행복하기까지 한 세상을 실현하려 하고 있다. 농부에게도 군말 없이 시집오는 '님과 함께' 오랫동안 행복하게 살 수 있는, 그런 세상의 유기농 농부라면 군소리 없이 목 놓아 함께 노래 불러 줄 수 있으리라.

동생은 누런 재생지로 만든 초대장을 내밀었다.

'콘크리트 숲 속에서 돈 전쟁에 지친 전사들이여.

봄볕 물든 도시를 경작하라!

도시농부 시농제(始農祭) 및 무저선(無底船) 농장 개장식'

무저선(無底船)은 밑이 없는 배라는 뜻의 동생의 닉네임이다. 밑 빠진 독에도 태연하게 물을 채우려 들 녀석이니 잘 어울린다.

개장식에 참가하니 동생과 도시농부들이 풍물꾼들과 어울려 덩실덩실 춤을 추고 있었다. 신명나는 길 놀이였다. 고사상에는 각 지방에서 구한 토종 씨앗들과 작년 한 해 추수했던 씨앗들이 정갈하게 놓였다. 지방틀에는 농사에서 가장 중요시되는 지수화풍(地水火風) 네 글자를 모시고, 실제 돼지머리 대신 황금 돼지 저금통을 풍년 기원의 상징으로 올려놓았다.

동생의 얼굴에도 황금빛 미소가 떠나지 않는다. 자기 땅도 아닌 아주 싼값에 임대한 땅 5천 평에 원대한 꿈을 싣고 설레는 나날을 보내고 있다. 그간 원주민과의 마찰로 까맣게 타들어 간 얼굴에 흰 이빨만 유난히 도드라져 보였다.

동생은 입은 여러 개이고 귀는 없는 인간들보다, 입은 없고 귀만 있는 풀과 나무를 좋아한다. 그중에서도 연잎과 토란잎을 어려서부터 특히 좋아했다. 연잎과 토란잎은 소나기가 와도, 양동이로 물을 들이부어도 절대 받아들이지 않는다. 어떠한 물도 물방울로 도르르 말아 밑으로 굴려 버릴 줄 안다. 꺾이지 않는 이상, 연잎과 토란잎은 근묵자흑(近墨者黑) 하지 않는다. 동생은 그 모습이 좋다고 했다. 하지만 세상은 근묵자흑 하고 근주자적(近朱者赤) 할 줄 알아야 인생의 참맛을 아는 것이라고 말해 주고 싶었지만, 그냥 눌린 돼지머리 고기를 잘근잘근 씹는 것으로 대신했다.

생태 뒷간을 들어갔다 온 마누라가 안색이 안 좋다.

"도저히 못 보겠어…."

나는 마누라가 그리 고상하게 자랐다고 생각하며 살지 않았다. 아이들도 순풍순풍 잘 낳은 여자가 뒷간을, 그것도 생태인데, 겁을 내다니 이해가 되지 않았다. 하지만, 직접 들어가 보니 마누라를 충분히 이해할 수 있었다.

"나도 못 보겠어… 히휴…."

동생은 전통농법이라 똥, 오줌이 무척 귀하다고 했다. 전통농법을 시작하면서부터 동생은 우리 집에 큰 오줌통을 가져다 놓았다. 오줌통 입구에 절반으로 절단한 페트병을 꽂아놓고 거기다 정확한 슛을 쏘라는 거였다. 쉽지 않았다. 나이는 먹고 아랫도리는 날이 갈수록 힘이 빠져 오줌은 두어 갈래로 갈라져 나오고, 마무리는 발밑으로 똑똑 떨어뜨리는 처지에 그 주둥이도 조막만 한 페트병에 어떻게 슛을 쏘라는 건지…. '생태 오줌통' 앞에만 서면 새삼 남자로서의 패배감이 파도처럼 밀려온다. 전통이고 지랄이고 못된 놈의 동생새끼라는 울화가 콱!

농장의 생태 뒷간은 여자는 보통 물 뜨는 파란 바가지에 튀지 않게 기술적으로 오줌을 받아 모아야 하고, 변은 돌멩이 두 개를 간신히 밟고 앉아 절단된 플라스틱 통에 황송하게 받아 왕겨나 톱밥 통에 던져 넣어야 했다. 그냥 거저인 '생태'는 없다. 도시 시스템에 익을 대로 익은 도시농부들의 고군분투가 눈물겹다. 텔레비전 속에 '생태'는 아름답지만 몸으로 직접 때우는 생태는 '인내'라는 꼬리표를 주렁주렁 달아야 한다.

동생은 초보 도시농부들에게 시종 웃음 섞인 얼굴로 토종씨앗을 설명하고 '씨앗 나눔'이라는 행사를 진행한다.

콩, 율무, 땅콩 같은 큰 씨앗은 날짐승의 먹이가 되기 쉽고, 아주 작은 씨앗일수록 살아남는다고 했던가. 아주 작은 씨앗일수록 땅에 심는 게 아니고, 사람들 가슴속에 사뿐히 내려앉아 어느 사이에 새싹을 틔운다고 했다. 아주 작고 보잘 것 없는 씨앗의 이름, 희망.

동생은 스스로 꽹과리를 들고 신명에 불을 지핀다. 동생이 회사 출근하던 시절에 볼 수 없었던 '생기로움'이다.

나는 가족과 고스톱을 칠 때 특기가 '못 먹어도 고'였다. 그래서 가족들은 내가 '고'를 하면 아무도 무서워하지 않았다. 면피용 피 여섯 장을 느긋하게 채워나갔다. 그런데 동생이 '고'를 외치면 모두 화들짝 놀라 피 여섯 장을 챙기는데 호떡집에 불난 형국이었다. 왜 나의 '못 먹어도 고'와 동생의 '고'는 차이가 나는 걸까. 좋은 두뇌에 대한 막연한 두려움일까. 아니면 '기름기 하나 없는 바보스러운 우직함'의 진동일까?

도무지 사람들 속을 알 수가 없네….

만 배, 정하다

말로는 모든 게 쉽습니다. 그러나 내 몸이 힘들면 쉬웠던 말들이 쑥 들어가게 됩니다.
육신이 얼마나 무서운 살덩이인지, 또 조복 받기에 따라서 얼마나 훌륭한 법당인지,
아시게 될 겁니다.

남자는 변하고 싶었다.

아내의 방귀 소리는 나날이 커지고, 딸들의 욕실 점유 시간도 눈에
띄게 길어져 갈수록, 남자는 외로워졌다. 주위는 다들 독립군처럼 맹
렬해지고, 똑똑해져 가는데 남자는 오히려 소심해져만 갔다. 세상은
심드렁했고, 모든 게 그 밥에 그 나물이었다. 그나마 희망의 끈을 놓지
않고 살 수 있던 것은 순전히 절 수행 덕분이었다. 틈날 때마다 108배
를 하며 중생심을 자각했다. 하심(下心)했다. 하심은 생각으로 하는 것
이 아니라, 자각하여 중생심이 사라지면 그곳에 하심이, 깨달음의 성
품이, 숨 쉬고 있었다.

절이라도 하지 않았다면, 하심을 궁구하지 않았다면, 무명(無明) 속에서 몸부림을 쳤을 것이다. 중생심은 쇠 힘줄보다 끈질기고, 밥만큼이나 친숙하고, 바오밥 나무처럼 뿌리 깊었다. 남자는 천변만화(千變萬化)하는 중생심을 이기려하지 않는다. 싸우려하지 않는다. 새로운 변화의 씨앗은 중생심의 바다 한가운데 있다. 언제나 거기서 싹틀 준비를 하고 있다. 중생심을 깔고 앉으리라. 그것과 함께 놀아버리리라.

변화는 이곳에서 저곳으로 도약해서 달라지는 것이 아니라, 구름 걷히면 드러나는 바로 그 자리, 그곳에서 늘 숨 쉬고 있는 푸른 하늘을 믿는 것으로부터 시작된다. 중생심과 더덩실 춤을 추더라도, 곧 그 구름을 자각케 할 수 있는 믿음. 부처님과 똑같은 깨달음의 성품을 가지고 있다는 믿음. 그 믿음을 키우는 수행만이 살 길이었다.

평생 절 수행으로 일관한 어느 보살님의 권유로 1만 배에 도전하기로 마음을 내었다. 1만 배, 아만을 무릎 꿇려 스스로 드러나는 하심(下心).

"육신을 조복 받는 일은 중요합니다. 말로는 모든 게 쉽습니다. 그러나 내 몸이 힘들면 쉬웠던 말들이 쑥 들어가게 됩니다. 육신이 얼마나 무서운 살덩이인지, 또 조복 받기에 따라서 얼마나 훌륭한 법당인지, 아시게 될 겁니다."

하루 24시간 이내에 1만 배 회향. 남자의 중대 결단에 드센 마누라와 말 같은 딸들이 거세게 말렸다.

"당신에게 뭐 하나 제대로 못한다는 말은 취소할게요. 병원비가 더

든단 말이에요!"

"아빠, 사람은 곱게 늙어야 한다는 것 아시죠? 사실 108배도 아무나 하는 거 아니거든요? 그런데 하루 안에 1만 배는 우리더러 자살방조를 하라는 말과 같단 말이에요!"

남자는 눈을 감고 지긋이 듣고 있다가 한마디 했다.

"나는 요즘 세상이 참 고맙다. 특히나 네 엄마와 우리 딸들에게. 가족들이 아니었으면 1만 배는 꿈도 못 꾸었을 거야. 내가 수행할 수 있게 도와주는 역경(逆境)의 마구니들이니까."

12월 31일 밤 12시. 불교의 우주관에서 유래된 33천, 33번의 제야의 종소리가 타종되었다. 새날이 밝음과 동시에 남자의 절은 시작되었다. 절을 할 때마다 「예불대참회문」에 나오는 부처님 명호를 한 분씩 불렀다. 그러다 보면 100배까지 일 순배가 돌았다. 대자대비민중생, 대희대사제함식… 지심귀명례 보광불, 지심귀명례 보명불… 지심귀명례 법계장신아미타불까지.

1배 흥분, 의기 양양. 지극한 정성으로 한 배, 한 배 신심이 피어난다. 부처님 찬탄합니다.

300배 부드러운 몸, 맑은 기도. 아직 체력적으로나 정신적으로나 건강하다는 확신이 선다. 파란 하늘에 뿌리 없이 떠도는 구름 같은 중생심을 자각한다. 일체중생 실유불성(一切衆生 悉有佛性)에 대한 믿음을 궁구한다. 진심으로 불러 보는 부처님의 명호들.

1,000배 머리에 열기. 뻐근한 다리에 흐르는 땀. 이렇게 앞으로도 10번을 더 해야 하나? 쉽지 않겠다는 불안이 몰려든다. 부처님, 당신을 못 만났더라면 내 삶은 생각만 해도 끔찍합니다. 귀의불 귀의법 귀의승.

2,800배 몸 전체를 둔중한 망치로 맞은 듯한 통증, 몸살이다. 특히 허리의 고통. 점점 절의 속도가 느려진다. 성철 스님을 친견하려거든 3천 배를 해야 했다던데, 성철 스님 저 좀 봐주소.

3,400배 오전 6시. 땀은 비 오듯 쏟아져 좌복 위에 깔아놓은 수건을 적신다. 요구르트를 마시고 창문을 열려 했으나, 풍한(風寒)의 사기가 침범할 듯하여 포기한다. 토하려는 듯 속이 울렁거려 녹차로 달랜다. 그래도 먹어야 한다. 먹어야 무릎을 꿇고 오체투지를 할 수 있다. 김칫국에 모래알 같은 밥알을 말아 밥그릇을 들고, 고개를 꺾어 목구멍으로 쏟아붓는다. 밥알이 목구멍을 구른다. 간신히 넘어간다.

3,600배 누구를 위한 기도가 불가능하다. 부처님도, 내 서원도, 가족도 아득히 남이 되어 간다. 허리의 통증은 끊어지는 것 같고, 절의 속도는 점점 더 느려진다. 손으로 겨우 바닥을 짚고 환자처럼 일어난다.

4,100배 햇살이 눈부시다. 얼굴이 따갑다. 초콜릿을 씹어 삼킨다. 발바닥 안쪽에 통증이 심하다. 생각지도 못한 통증들이 여기저기서 아우성이다. 통증은 온몸으로 돌아다니며 알아달라고 보챈다.

●

4,600배 무심인지 몽롱인지 모를 멍청한 상태다. 부처님 명호는 더는 할 수 없다. 겨우 절을 세는 숫자만 살아남았다. 탈수가 심해 오이와 꿀물을 마신다. 3,400배에 먹은 음식들이 먹은 대로 방귀가 되었다. 포기의 유혹이 강하다. 이번에는 5천배만 할까 하는, 그것도 어디냐는, 타협의 속삭임이 뺨을 비추는 햇살처럼 감미롭다.

5,000배 오전 10시 35분. 말 그대로 아무 생각 없다. 부처님은 나와 상관없어진 지 오래다. 오롯한 통증. 내가 지금 뭐 하고 있지? 이런다고 수행이 되나? 이거 헛짓 아냐? 번뜩이는 중생심, 날랜 유혹은 맹렬하게 또….

5,200배 오전 11시, 점심시간. 팔과 무릎이 까졌다. 좌복도 소용없다. 아내에게 「능엄신주」를 읽어달라고 부탁한다. 너무 힘들 때면 누군가가 옆에서 염불을 해 주거나, 조금이라도 절을 함께 해 주면 고비를 넘기기가 수월해진다. 녹차를 연거푸 석 잔을 마시고, 다시 김칫국에 밥을 말아 훌훌 삼킨다.

스타타가토스니삼 시타타파트람 아파라지탐 프라퉁기람 다라니 나맣 사르바붇다보디사트베뱧 나모샂타남 사먉삼붇다 코티남….

5,800배 발가락에 물집이 잡혔다. 이번에는 일어날 때 짚는 손바닥에 통증이 심하다. 이제는 머릿속이 제어가 안 된다. 별의별 생각이

다 튀어나와 휘젓는다. 생각지도 못한 기억, 상상하지 못한 얼굴들, 마구 들이댄다. 의식이 반쯤만 깨어있는 상태. 고통을 잊기 위해 신음 같은 노래를 불러 본다.

6,100배 맨몸으로 자동차에 부딪힌 것 같은 통증. 그래도 눈은 감긴다. 무지 졸리다. 아무 데고 도망가고 싶다. 여기서 튀어 나가면 이 고통에서 해방된다. 왜, 이 한 평도 안 되는 좌복을 못 벗어나는 거지? 알 수 없다. 내 안의 무엇인가가 뛰어 나가려 하지 않는다. 독해지자고 허벅지를 비틀어 꼬집는다. 여기서 포기하면 변할 수 없다. 타협하면 죽는다.

6,800배 신기하게도 맨 처음 시작할 때 5백 배 만큼이나 수월하게 했다. 거짓말 같다. 몸뚱이에게 희롱당하는 기분이다. 절 수행에도 마라톤처럼 런너스 하이(runner's high)가 있는 것인가?

7,100배 오후 5시. 마지막 저녁 식사. 시간이 없다. 먹는 시간도 아깝다. 아무래도 밤 12시까지 마쳐야 하는 1만 배는 실패할 것 같은 예감. 절의 속도가 더 느려졌다. 몸을 조복 받긴 틀렸다. 아무래도 8천 배에서 끝내야 하지 않을까. 너무 힘겹다. 이 몸 상태로 계속 하다가는 근골 문제로 후회할 일이 생길 것 같다.

8,100배 오후 7시 45분. 꼬박 20여 시간 동안 밥 먹는 시간도 아껴 가며 절만 했다. 곧 쓰러질 것 같은데, 포기할 것 같은데, 모든 힘이 다 고갈된 것 같은데, 무엇에 의해서인지는 몰라도 몇백 배씩은 잠깐씩 어

떤 맑은 힘이 도와준다. 귀신이 장난치는 기분이다. 신기하다고밖에 말할 수 없다. 하지만 얼마 안가 또 무너진다. 화장실을 걸어갈 수 없다. 엉덩이를 질질 끌고 가서 기둥을 붙들고 화장실 문턱을 넘는다.

8,400배 얼굴에는 땀으로 인한 소금이 하얗게 끼었다. 입맛이 전혀 없다. 밥알은 부담스럽다. 멀건 죽을 꾸역꾸역 마신다. 징하다, 징해. 7천 배 이전에 힘들다고 한 것은 엄살 같다. 성공하거나 말거나 감각이 없다. 그냥 도망가고만 싶다. 무슨 몸이 이렇게 거추장스럽고, 무거운 흉물 덩어리인지, 버려 버리고 싶다. 내 몸… 내 몸뚱이… 몸뚱이… 벗어버릴 수만 있다면.

9,000배 좌복 위에 절하는 '나'는 없다. 이상한 시공간이다. 절하는 나도 내가 아닌 다른 사람이다. 신열에 들뜨고 비몽사몽이라 그런 것인가. 알 수 없다. 앞으로 1,000배가 남았다. 부처도 없고, 가족도 없고, 서원도 없다. 오로지 몸과의 싸움뿐. 호흡 소리뿐. 내가 몸을 가진 존재라는 것을 절실히 느낀다. 하지만 몸은 도와줄 마음이 전혀 없다. 시간이 없다. 이대로라면 실패할 것 같다. 내내 불가능할 것 같은 기분.

10,000배 밤 11시 45분, 23시간 45분. 주저앉았다. 기특하다. 얼굴에 붙은 소금을 쓸어내 본다. 기다시피 해서 오줌을 싸고 온다. 허탈하다. 무엇을 하긴 한 건지, 왜 했던 건지, 몸은 조복 받아진 것인지, 온통 알 수 없다. 부처님의 머리털 하나, 불성의 씨앗 한 쪼가리 만져지

지 않는다. 오직 몸뚱이에 대한 집착뿐. 오직 한 생각, 자고 싶다뿐.

죽일 놈의 첫사랑

　남자는 깊은 잠이 들었다. 부인과 딸이 남자를 흔들어 보았다. 살아있다. 남자는 15시간 동안 꿈쩍 않고 잠만 잤다. 다음 날 늦은 오후, 남자가 일어났다. 걸음이 걸어지지 않았다. 용을 쓰고 걸으면 겨우 돌배기가 하는 엉거주춤 걸음마였다.

　남자는 뜨거운 커피 한잔을 마셨다. 이제 다시는 이런 무모한 절은 하지 않으리라 다짐한다. 하지만 남자는 피할 수 없는 사실도 안다. 다시 예전처럼 걷고 싶다면, 빨리 출근하여 밥벌이하려면, 바로 지금, 3천배부터 해야 한다는 사실을.

　절로 걷지 못하게 된 다리, 절로써만 풀 수 있다는 사실을.

땡볕에 절인

가가소소 산방은 죽음을 앞둔 사람들이 머물다 황천(黃泉)으로, 때로는 기사회생하여
속세로 돌아가는 간이역쯤 되는 곳이다. '가가소소' 는 마음껏 웃으면서 마음을 비우라는
의미다. 울기에는 너무 가슴이 아파 차라리 웃어야 하는 가가소소!

"나 정말… 꾸득 꾸득하게 말린 개고기 껍질 먹고 싶다."

여자는 장독대 항아리 뚜껑 위, 땡볕에 말린 껍데기가 먹고 싶었다. 퉁퉁 불은 지렁이처럼 생긴 개불도 오도독 씹고 싶었고, 눈물이 쏙 빠지게 매운 불타는 닭발에, 벌건 고추기름이 둥둥 뜬, 펄펄 끓는 내장탕은 또 왜 그리 생각나는지.

의사는 여자를 6개월 시한부로 진단했다. 목에서 시작된 암세포가 척추로, 콩팥과 갈비뼈로 전이되었다. 확진 판결이 난 후로, 여자는 달력을 보지 않는다.

6개월 여자는 자신의 몸이 불쌍했다. TV나 여성잡지의 건강 기사를 하늘처럼 믿었고, 거기에 몸을 억지로 끼워 맞추며 살았다. 몸이 이 지경이 되자 내심 후회가 되었다. 내 몸의 소리는 내가 들었어야 했는데…, 스스로가 주인이었어야 했다.

"나는 격식 있는 최고의 한정식 집에 초대받아 보고 싶어."

6개월 여자의 옆 침대에 누운 여자가 말했다. 옆 침대의 여자는 길면 1개월을 살 수 있다. 두 여자는 실없는 농담을 주고받았다. 서로 킬킬, 헛웃음이 나왔다. 가끔 목이 메어 코맹맹이 소리가 나오기도 했지만, 더는 나올 눈물도 없다.

이곳 가가소소 산방은 죽음을 앞둔 사람들이 머물다 황천(黃泉)으로, 때로는 기사회생하여 속세로 돌아가는 간이역쯤 되는 곳이다. '가가소소'는 마음껏 웃으면서 마음을 비우라는 의미다. 울기에는 너무 가슴이 아파 차라리 웃어야 하는 가가소소!

두 여자는 가족이 있을 때는 목에 가시라도 걸린 사람처럼 아무 말도 못 하고, 눈물만 쏟아내지만, 온전히 두 사람만 있을 때는 가가소소 할 수 있었다. 못할 말이 없었다.

"언니, 난 평생 요조숙녀처럼 살았다? 원래 선머슴 같은 게 내 성격이었거든?"

"그거, 그거 무지 스트레스야!"

1개월 여자가 6개월 여자의 말에 자기 일처럼 발끈했다.

"지금 3년째 동거 중인 남자친구가 내숭 떠는 여자를 좋아해. 진짜 여자 같은 여자 말이야. 그래서 밍밍한 채식이나 하구. 새빨간 핫팬츠 한번 못 입어 봤다니까. 성녀(聖女)처럼 말하고, 먹고, 입고 하는 걸 좋아하더라구! 참 내."

"동생, 이럴 때 욕 한번 해!"

"욕?"

"그 새끼한테 욕 한번 해 봐!"

"내… 남자친구에게?… 그 상노무스키한테? 그 미친 골뱅이 같은 놈한테? 그 내숭 싸가지 밥맛 없는 그 잡놈한테? 앞으로 나 없으면 혼자 잘 먹고, 딴 여자 만나서 시시덕거릴 그 못된 노무 새끼한테? 지금 내 심정을 1억 분의 1도 모를 그 미련 곰탱이 같은 쉐끼한테?"

"너 소질 있다? 왕년에 껌 좀 씹었니?"

"크크크크큭… 크크크… 아하하하… 욕은 첨인데 재밌다… 흐흑."

6개월 여자는 베개로 입을 막았지만, 비틀거리는 웃음이 새어 나왔다.

"아휴, 이 궁상 욕해서 시원해졌으면 됐지… 왜 또 웃다가 눈물이야… 진짜… 왜 그래… 뭐 먹고 싶은데 말해!"

1개월 여자가 6개월 여자를 꼭 안아주며 말했다.

"언니, 나 진짜 진짜 꾸득하게 말린 개 껍데기 먹고 싶다니까. 이왕이면 땡볕에 땡땡하게 말린 걸로?"

"정말 그런 게 먹고 싶어?"

1개월 여자는 6개월 여자가 생뚱맞아 보였다. 소심, 얌전이가 개 껍데기라니….

"난 평생 여자 대접받아 본 적 없어. 아무래도 내 남편은 내가 죽은 뒤에나 볼 수 있을걸? 아마 내가 죽어야만 감옥에서 특별휴가라도 받아 나오겠다 싶지…."

1개월 여자에게 찾아오는 가족이라고는 단 한 명도 없었다. 하지만 늘 누군가를 기다리는지 문소리만 나면 반색을 했다.

"그래두 남편인데 보고 싶지?"

"보고 싶지. 빵에 들어가기 전에 훔친 것들 다 어디다 꼬불쳐 놨는지, 물어보고 싶지!"

"언니, 부자겠다. 히히히…. 뭐 훔치고 할 때 스릴 있었겠다. 그치? 나도 한번 해 보고 싶다!"

"얘가 미쳤니? 스릴은 무슨! 내가 망 봐주고, 바람 잡아 준 죄로 이렇게 몹쓸 병에 걸려서 벌을 받고 있잖아. 다 죄 받고 있는 거야."

"이 세상에 죄 안지고 사는 사람 있나, 뭐?"

"그래도… 후회돼… 나는… 다시 태어나면 동생같이 욕할 필요도 없고, 쫌 고상하게, 삼시 세 끼 따뜻한 밥, 식탁 위에서 먹으며 살고 싶어. 그만 좀 쫓기고…."

"……."

"고급 한정식 집 같은 데 초대도 받아보고 싶어…. 대우 한번 받아 보고 싶어서 그래… 다른 여자들처럼…."

"알았어. 언니! 내가 한정식 예약해 놓고, 언니 초대할게!"

"그래! 그 대신 내 영업 노하우 가르쳐 줄까?"

1개월 여자가 오랜만에 눈빛을 빛내며 다가섰다.

"응! 나 도둑 진짜 무섭거든?"

"작업 딱 들어가면 제일 처음 뒤지는 곳이 어딘 줄 알아?"

"어디? 화장대 서랍?"

"에이, 그런 데는 비싼 거 안 두지. 바로 바로 침대 매트 밑과 장롱이야. 현금은 이불 사이에서 제일 많이 쏟아져. 그리고 화장실 변기 물통을 사람들이 엄청 좋아하거든? 물통 속에 검은 비닐봉지는 백발백중이야. 그건 안 봐도 귀금속이야."

"우리 엄마도 변기에 숨기는데… 와아~"

"그런데 어떤 집은 화장실 천정이나, 싱크대 그릇 속에 넣어 두기도 해. 깜냥에는 열심히 숨기는 거지."

"이야~ 나도 싱크대에 숨기는데. 완전 족집게야."

"이 바닥도 공부 안하면 아웃이야. 항상 연구하고, 개발해야 하거든? 초짜들하고는 다르지. 신출들은 이곳저곳 뒤지느라 집을 아수라장으로 만들어 놓지만, 우리는 딱 몇 곳만 뒤져. 그곳에 없으면 바로 나가

버려."

"그런데 언니… 이 이야기 내 남자친구에게 해 줘. 난 들어도 쓸 데가 없잖아. 귀금속으로 온몸을 두르면 뭘 해… 고작 6개월인데 뭘…."

스스럼없이 나온 6개월 여자의 말에, 1개월 여자의 눈빛이 튀었다.

"그럼 이런 말 하는 나는 뭐 천 년 만 년 도둑질하고 살 것 같니."

1개월 여자의 갑작스러운 고함에 6개월 여자가 자지러지게 놀랬다.

"언니 화났어? 그런 뜻이 아니고…."

"넌 그래도 6개월이잖아. 6개월! 마음만 먹으면 이것저것 정리도 할 수 있는 시간이고. 배부른 소리 그만 좀 해. 넌 와 주는 남자도 있고. 눈물 흘리는 가족도 있고."

갑작스런 1개월 여자의 분노에 6개월 여자는 당황스러웠다. 1개월 여자는 자신의 분에 못이겨 침대며, 집기들을 모두 내던지고 짓밟았다. 초보 도둑의 두려움은 난장판을 만든다. 초보 시한부 인생도 죽음 앞에서 두렵기만 하다. 죽음 앞에서는 영원한 초보일 수밖에 없다.

어느 순간, 죽음 앞에서 의연해진 줄 알았는데, 받아들인 줄 알았는데, 사소한 기억 하나, 사람의 말 하나에도 금방 무너져버리고 만다. 이제는 다시 못 볼 사람들, 다시 못 볼 이 풍경들.

아무리 다짐을 하건만 매일매일 다가오는 새로운 아침은 형벌이다. 죽음 앞에 어른거리는 희망은 잔인하다.

다음 날 오후, 6개월 여자는 엘리베이터 앞에 섰다. 다음 번 항암치료를 위해 집으로 돌아갔다가, 한 달 후 다시 가가소소 산방에 입방할 것이다. 배웅을 나온 1개월 여자가 애써 가벼운 목소리로 입을 열었다.

"지금 가면 한 달 후에 오는 거야?"

"……."

두 사람은 가가소소할 수 없었다.

"이제 못 볼 수도… 있겠네?"

1개월 여자에게는 모든 것이 마지막 인연이었다. 앞서거니 뒤서거니지만 하루라도 더 이 세상에 남아있는 사람이 한없이 부러웠다.

"언니, 내가 오늘 한정식 예약해 놓았거든? 이제 언니만 내가 먹고 싶은 것 준비해 주면 돼."

"땡볕에 절인 껍데기?"

"응, 그거. 그런 게 왜 먹고 싶냐고 했지?"

"그랬지."

"사실 내가 어렸을 때 이름도 모를 병에 걸려 죽을 뻔했거든, 아버지가 나 죽었다고 윗목에 밀쳐놔 버렸었어. 다음 날 묻는다고…."

"……."

"엄마가 고기 한번 실컷 먹이지도 못하고 죽었다고, 부잣집 장독대에서 말리던 개 껍데기를 훔쳐다 내 입에 밀어 넣어 주었어…."

6개월 여자의 목소리가 젖어들었다. 1개월 여자가 고개를 작게 끄덕였다.

"근데 그 바람에 난 눈을 떴어. 아침에 살아난 거지. 엄마가 개 껍데기 먹고 살아났다고 얼마나 좋아하시던지… 근데 나는 징그러워서 울컥 다 토해버렸어."

"……."

"언니, 나… 살고 싶어… 그때 그 한여름 땡볕이 내리쬐던, 그 항아리 위에 누런 개 껍데기를 먹어서라도, 다시 토하면 그것을 다시 주워 먹고서라도 살고 싶어… 다시 살고 싶어. 언니도 그렇지?… 언니 내가 여기 다시 왔을 때, 꼭 여기 있어야 돼 응?"

6개월 여자는 1개월 여자를 끌어안고 오열했다. 1개월 여자가 6개월 여자를 달래며 엘리베이터 안으로 인도했다. 엘리베이터 안의 6개월 여자에게 1개월 여자가 담담하게 입을 열었다.

"나도 어제 중요한 이야기를 빠트렸는데, 너 도둑질 한번 해 보고 싶다고 했지? 근데 빈집털이범 중에는 뚱뚱한 사람 없다? 너 혹시 생각 있으면 살 빼야 돼. 이건 필수야!"

1개월 여자의 말이 채 끝나기도 전에, 엘리베이터 안에 있던 6개월 여자의 눈앞으로, 은산철벽(銀山鐵壁)의 엘리베이터 문이 땡볕을 튀기며 앞을 가로막았다.

돌부처님과
이야기 하는 법

스스로 행복해지기로 결정하자 '남편도 자신만의 방법으로 행복해지려고
노력하는 건 아닐까?' '아이도 자기식대로 행복해지고 싶어서 발버둥 치는 건 아닐까?' 라는
생각이 스쳤다. 자기식대로 좋아지려고. 자기식대로 행복해지려고….

통즉불통(通卽不痛) 불통즉통(不通卽痛)
'통하면 아프지 아니하고, 통하지 않으면 아프다' - 동의보감

365일 술을 끼고 사는 남자와 몸도 마음도 지극히 허약한 여자가 살
았다. 남자는 이혼이나 죽음을 선택할지언정 술을 끊고는 못산다고 했
다. 그런 남자에게 여자는 무릎을 꿇고 사정도 해 보았고, 아이를 데리
고 가출도 해 보았다. 남자 몰래 술 끊는 약을 타기도 했고, 병원에 강제
입원도 시켜 보았다. 그러나 남자에게 여자의 말은 돌부처가 애를 낳는
다는 말로 들릴 뿐이었다. 오히려 남자는 영악해지고, 포악해져 갔다.

술만 마시면 차를 몰고 나가려는 남자. 시력도 낮은데다가 몸도 가누지 못하는 남자가 운전대를 잡으면 여자는 차 앞에 드러눕거나, 눈물로 사정하며 동승했다. 여자는 옆자리에 앉아 죽음의 질주 속에 고통과 불안으로 공포에 떨어야 했다. 머리채를 휘어 잡히고, 아이와 함께 차가운 아파트 계단에서 잠든 적도 여러 번이었다.

남편과 결혼하고 부부가 나란히 누워서 자 본 일은 손에 꼽힐 지경이었다. 남자는 언제나 술에 취해 현관 앞이나 싱크대 앞에 널브러졌다. 남편은 바깥에서는 호인으로 통했지만 집안에서는 살가운 말 한마디 못하는 성격이었다. 남편은 여자에게 먼저 말을 거는 법이 없었다. 여자는 예전에는 그게 자신에게 애정이 없어서라고 느꼈다. 그래서 술을 한잔 하면 말도 걸고, 엉뚱한 행동도 하는, 술 마신 남편이 좋아보였던 적도 있었다. 그런데 그것은 짧은 불꽃놀이에 불과했고, 술은 그를 집어 삼키려 했다.

남자는 전복된 차량에 달랑달랑 거꾸로 물구나무를 선 채로 발견된 적이 있었다. 얼굴은 소주 빈병에 가려져 잘 보이지 않았다. 보조석에 소주를 박스 채 쌓아 두고 나발을 불며 운전을 하다가 차가 전복되자, 물구나무 선 얼굴 쪽으로 소주 빈병이 전부 쏠려 얼굴을 덮어버린 것이다. 음주측정기가 더는 측정이 불가능한 수치까지 올라갔다. 경찰들은 혀를 내둘렀다. 그 도시 역사상 최고의 음주측정 수치 신기록이었기 때문이었다. 남자는 앰뷸런스로 들것에 실려 가면서도 피투성이가 된 얼굴로 외쳤다. 민주투사처럼.

'술은 죽을 때까지 먹어도, 절대 죽지 않아 쌍!'

어느 날부터인가 여자는 정신을 차리고 깊은 물음을 가지기 시작했다.

'친정아버지가 술로 지긋지긋하게 고생을 시켰는데, 겨우 선택한 남자가 이런 남자란 말인가?'

'이 정도에서 저 남자도 내 삶도 포기해야 하지 않을까?'

여자는 나날이 '뭣' 같은 인생에 대해 생각하고 또 생각했다. 마지막 결정을 내려야 할 만큼 힘겨웠다. 소위 더 내려갈 곳도, 피할 곳도 없었다. 바닥을 쳤다고 생각했다. 이혼은 오히려 쉬워 보였다.

그런데 그것이 바닥이 아니었다. 남자가 덜컥 대장암에 걸려 수술을 받아야 했고, 중학생 아이는 가출을 했다. 아이를 찾아 온 도시를 샅샅이 뒤지고 다녔다. 아이 친구들의 도움으로 주유소에 숨어 있던 아이를 겨우 데려올 수 있었다.

집이라는 둑이 터지려 했다. 여기저기 구멍이 숭숭 뚫렸다. 여자는 술 문제보다, 수술비 마련과 아이문제로 가슴이 내려앉았다.

여자는 더는 남편과 아이의 문제를 안고 살 수가 없었다. 누구보다 자신이 먼저 죽을 것만 같았기 때문이었다. 모든 문제들을 움켜쥐고 있

을 수가 없으니 놓아 버릴 수밖에 없었다. 마치 기력이 다한 손에서 스르륵 빠져나가는 모래알 같았다. 툴툴 헛웃음이 나왔다.

남편과 아이가 무슨 말을 하던 이제는 입을 열 수도 없었다. 그럴 힘도 없었고 무엇보다 부질없다는 생각이 들었다. 자신이 철저하게 옳다고 생각해서 했던 너무도 지당한 말들, 바른길로 이끌기 위해 혀가 닳도록 했던 그 애끓는 말들, 그 말들은 다 어디로 갔을까?

여자는 입은 닫았지만 남자와 아이의 말까지 막을 수는 없어 귀는 열어두었다. 남자와 아이는 엄마가 묵묵히 듣기만 한 후로, 자꾸 엄마의 눈치를 살폈다. 이상하고 허전했다. 엄마가 무슨 생각을 하는지 전혀 알 수가 없었다. 옳은 소리도, 싫은 소리도 하지 않는 엄마가 어떨 때는 무섭게도 보이고, 괜히 먼저 말을 걸어보고도 싶어졌다. 엄마는 심연(深淵)이었다.

남자와 아이는 가끔 자신들의 행동을 계면쩍어하기도 하고, 스스로 잘못된 점도 얼핏 언급하기도 했다. 여자는 그런 모습을 보이는 그들이 생소했다. 그래 본 적이 없던 그들의 모습이 낯설었기 때문이었다. 싫지 않았다.

늘 자신이 부족해서 그들이 그럴 것이라는 열등감 또는 그들의 잘못 탓으로 내 인생이 지옥이 되었다는 원망감. 이런 것들로부터 본의 아니게 놓여나자, 이전에는 생각지도 못한 의문들이 생겼다.

‘남자와 아이 때문에 받는 고통에 눈을 둘 필요가 있을까? 지금까지 그렇게 해서 무엇이 달라졌지? 좋아지기는 했나?’

‘왜 나는 지금까지 무엇에 눌려, 웃음 한번 웃지 못했지? 도대체 무엇이 불안한 거지?’

그 후로 여자는 하루에 1시간을 자신을 위한 시간으로 온전히 사용했다. 노래도 좋고, 춤도 좋고, 뒷산도 좋았다. 마음이 편치 않아도 좋았다. 의도적으로, 억지로라도 자신의 상황에서 할 수 있는 최대한의 행복을 만들었다.

남자와 같이 산 이후로 최고의 호강이었다. 남자도, 아이도 아닌 스스로 만든 ‘억지로 행복’이었지만 찰나찰나 가슴이 젖어오는 순간들을 느꼈다.

여자는 남의 도움 없이도 스스로 행복해질 수 있다는 사실을 믿게 되었다. 스스로 행복해지기로 결정하자 ‘남편도 자신만의 방법으로 행복해지려고 노력하는 건 아닐까?’ ‘아이도 자기식대로 행복해지고 싶어서 발버둥 치는 건 아닐까?’라는 생각이 스쳤다.

자기식대로 좋아지려고. 자기식대로 행복해지려고….

여자는 귀만 커져갔다. 입이 아닌 귀가 점점 커져가면서 대장암 수술 후에도 여전히 술만 찾는 남편이 죽일 만치 밉지는 않았다. 저 남자가 없었으면 ‘행복해지는 방법’을 영원히 몰랐을 수도 있었다. 어찌 보면 여자의 지혜를 일깨워 주기 위해, 몸과 마음이 허약했던 여자를 강하게 해 주기 위해, 저런 남편이 필요했을지도 모를 일이었다. 잘 사는 친구들은 작은 일에도 쉽게 고통 받고 사네죽네 하지만, 여자는 어지간한 일에 상처받지 않았고, 조그만 호의에도 너무 감사했다.

여자는 남자를 절대 방치하거나 무시하지 않았다. 그게 남자의 방법인 것을 받아들인 이후부터였다. 남자를 그대로 보아 주니 여자는 여자대로 행복했다. 아이도 이런 상황에서 행복해 하는 여자를 보고 불가사의하다고 불평하면서도 은연중에 여자를 닮아갔다.

부처님과 가섭 존자는 '염화미소'로도 모든 것을 이야기했고, 알아들었다. 여자 또한 불필요한 말은 하지 않아 입은 자꾸 작아져만 갔다. 남자와 아이는 여전히 나름대로 행복해지기 위해 칼날 같은 말로 몸부림쳤다. 그 칼날이 후비고 들어오는 여자의 귀도 나날이 두터워지고 커졌다.

여자는 죽지 못해 사는 것이 아니고, 이제는 그저 그렇게 살만해졌다. 상황이 좋아져서 행복해진 게 아니었다. 행복해지기로 결정하니 상황들도 따라서 좋게 보였을 뿐이다.

여자는 이제 더는 남자와 아이가 자신이 바라는 식으로 변화하기를 원치 않는다. 지금 상황에서 행복해질 수 있는 일에 집중할 뿐이다.

여자는 남자에게 술을 끊으라고 오랜 기간 수없이 옳은 말들을 쏟아냈다. 백 명에게 물으면 이백 명이 여자가 옳다고 했다. 여자가 남

자에게 말을 하면 할수록 남자는 말이 통하지 않는 돌
덩이에 불과했다. 여자가 더 이상 추락할 곳이 없을 지경에 이르
자 남자를 아무 바람 없이 놓아버렸다. 그럴 수밖에 없었다.

　여자가 놓아 버린 뒤에도 남자는 여전히 술을 마셨다. 보란 듯이 더
마셔댔다. 그런데 달라진 것은 여자였다. 여자의 눈이 달라지기 시작
했다. 그 남자가 볼품없는 돌덩이로만 보이지 않았다. 남자를 놓아 버
리자 오히려 남자가 다시 보였다. 여자는 정말 오랜만에 남자에게 말을
걸고 싶어졌다.

　여자는 점점 작아지는 입과 커져만 가는 귀로, 아주 낮게 진심으로,
돌부처님과 이야기하기 시작했다.

3막

착해 보이지 않는다

성은 장이요,
이름은 롱

바깥으로 도는 남편을 대신해 준 것은 장롱이었다. 머리맡에 항상 듬직이 서서
쓸쓸한 방을 함께 지켰다. 그녀에게 있어 장롱은 단순히 가구가 아니었다.
성은 '장(欌)' 이요, 이름은 '롱(籠)' 인 또 다른 자식이었다.

"오동나무 장롱, 젤로 좋은 걸루다가 하나 살라요!"

최끝순 씨는 어렵게 말을 꺼냈다. 남편 문천평 씨는 손가락 끝에 침을 발라 방바닥의 머리카락을 한 올 한 올 찍어 올리던 중이었다.

"또 그놈의 장롱 타령! 아나 장롱이다!"

울화가 송곳처럼 치솟은 문천평 씨는 30분을 모은 머리카락 뭉치를 아내 끝순 씨를 향해 던졌다. 끝순 씨는 무슨 말을 하려다가 입을 앙다물었다. 자신의 팔자처럼 구겨진 머리카락 뭉치가 눈에 들어왔다.

"저 여편네가 요즘 딸년만 만나고 오면 장롱을 뻗쳤싸네!"

문천평 씨는 가만히 따져보았다. 아내의 장롱 타령은 딸년을 만나러 외출만 하고 오면 더 심해졌다.

"공숙이년한테 사달라고 해! 뙨 년이 책임져야지!"

"공숙이가 그런 거 아니랑게요. 그냥 오동나무 장롱에서 꺼낸 이불 위에서 한숨 푹 자봤으면 해서 그런당게요."

최끝순 씨의 소원이었다. 끝순 씨는 오동나무의 돌기나 옹이가 그대로 드러난, 생긴 그대로의 결을 가진 장롱을 가지고 싶었다. 그런 장롱에서 꺼낸 이불 위에 누우면 대갓집 마나님처럼 잠도 잘 오고, 돼지도 꿈에 자주 출현할 것만 같다.

"무슨 욕심은 그렇게 많아가지고. 시간 있으면 책이라도 한 글자 더 읽어보던지. 자기 이름자 하나 똑바로 못 쓰는 주제에!"

남편 문천평 씨는 가수 김세레나 같은 스타일을 좋아했다. 도시적이고 세련된, 하지만 불행하게도 최끝순 씨는 정반대였다. 뚝배기 같은 스타일에 부끄러움은 또 왜 그렇게 많은지. 책은커녕 한글 구사 수준도 유치원생 수준이었다. 칠십 평생에 끝순 씨가 남편에게 가장 많이 들은 말은 '글씨나 똑바로 쓰라'거나, '말이라도 조리 있게 하라'는 타박이었다. 문천평 씨 입장에서는 '마누라의 무식'과의 전쟁이었고, 끝순 씨는 '남편의 무시'와의 전쟁이었다.

끝순 씨는 시집갈 때 꼭 장롱을 해가고 싶었다. 자개장은 언감생심 꿈도 못 꾸었지만, 호마이카 장롱이라도 있었으면 했다. 호마이카 장롱은 가구에 호마이카를 발라 반들반들하게 윤이 나면서도 가격은 자개장보다 훨씬 저렴했다. 하지만 그것마저도 개꿈이었다. 끝순 씨가 해 갈 수 있었던 것은 횃대 보였다. 벽 한쪽을 가로지른 긴 대나무 횃대에 옷을 걸면, 보는 옷을 가려주는 옷장 역할을 해 주었다. 옥양목 횃대보에 손수 수를 놓은 공작이며, 붉은 동백꽃을 보면 위안이 되었다. 친정엄마가 떠올라서였다.

읍내에 나가 횃대 보 자수를 배우느라, 친정올케의 눈치도 어지간히 보아야 했지만, 그때마다 친정엄마가 방패막이를 해 주고는 했다. 친정엄마는 남이 보면 별볼일 없는 끝순 씨의 자수 작품을 언제나 국보 취급해 주었고, 동네방네 자랑을 하고 다녔다.

끝순 씨는 횃대 보를 장롱 삼아 악착같이 세월을 보내며 딸 둘을 키웠다. 허구한 날 김세레나에게 비교 당하느라 남편에게는 감히 호마이카 장롱 이야기는 꺼내보지도 못했다.

끝순 씨가 장롱을 가지고 싶어 몸이 단 것을 안 친정엄마는 안타까웠다. 그러던 중 친정집에서 한 마리밖에 없던 소를 팔자, 그 돈의 일부가 끝순 씨 손에 들어왔다. 그렇게 꿈에 그리던 장롱을 장만하라는 돈이었다. 끝순 씨는 고민했다. 가슴이 떨렸다. 잠이 오지 않았다.

'전세는 7만 원인데, 호마이카 장롱은 5만 원…'

몇 날 며칠을 뜬눈으로 고민하던 끝순 씨는 끝내 장롱을 포기했다.

그 이유는 정말 가지고 싶던, 옹이가 자연스럽게 살아있는 오동나무 장롱을 구할 수 없다는 핑계였다.

가구점에 진열된 오동나무 장롱을 볼 때마다 가장 눈길을 끄는 것은 장롱 몸뚱이에 자리 잡은 돌기나 옹이였다. 어찌 보면 흉측하기도 한 그것을 도려내 버리지 않고, 흉한 상처 그대로, 오히려 개성으로 자태를 뽐내는 것이 왠지 좋았다. 흠 하나 없이 반들반들한 호마이카 장롱은 화장도 진하고, 사내 애간장 녹이는 콧소리를 가진 김세레나만큼이나 매력적이었지만, 오동나무 옹이의 매력을 따라 갈 수는 없었다. 자신의 삶만큼이나 굴곡진 옹이를 그대로 안고 사는 오동나무 몸뚱이에 왠지 정이 갔다. 쓰다듬어 주고 싶었다.

친정엄마가 소를 팔아 마련해 준 돈 중에 일부를 떼어 철제 캐비닛을 장만했다. 아쉽지만 그것이라도 뿌듯했다. 철제 캐비닛을 들여 놓은 날 밤, 끝순 씨는 자다가 일어나서 캐비닛을 만져보았다. 쑥쑥 자라느라 치수가 커져가는 아이들 옷을 캐비닛에 넣었다 꺼냈다 몇 번이나 했는지 모른다. 하지만 옹이도, 돌기도, 결도 없는 차가운 장롱이었다.

결혼해서 지금까지 장롱 대신 써온 것이 횃대와 물푸레나무로 만든 궤짝이었다. 그러다가 비닐로 만든 지퍼 달린 비키니장을 썼고, 호마이카 장롱은 엄두도 내지 못한 채 캐비닛을 썼다.

철제 캐비닛과 인연이 다한 이후로, 자개장이 들어왔다. 남이 버린 것이었다. 문짝이 낡고 헐거워 잘 맞지 않는 것이었지만, 어쨌든 횡재였다. 그러나 세상에는 역시 공짜란 없는 법이었다. 자개장이 들어온 이후로 잠을 잘 수가 없었다. 벼룩 때문이었다. 장롱을 버린 이유가 문짝 때문만은 아니었다. 하지만 꿈에 그리던 자개장을 사수하기 위해, 수건으로 입을 틀어막고, 근 보름 동안을 자개장과 방에 독한 벼룩 약을 쏟아붓듯 뿌려야 했다.

벼룩과 바퀴벌레가 살던, 문짝만 간신히 덧대놓은 자개장도 오래 쓰지는 못했다. 자개장 몸체에 붙어 있던 조개껍데기가 갈라지고 떨어질 즈음, 혼자 살던 딸이 시집가면서 자신이 쓰던 장롱을 친정에 주고 갔다. 알록달록한 하이글로시 장롱이었다. 하이글로시 장롱은 호마이카 장롱이 따라갈 수 없을 만큼 번쩍번쩍 빛이 났다. 눈부신 고광택 장롱이었다.

끝순 씨는 딸에게 오동나무 장롱을 해 주고 싶었지만, 너무 비싼데다가 남편이 완강히 반대하는 바람에 뜻을 이룰 수 없었다. 게다가 결정적으로 딸의 신혼 방에는 이미 콘크리트 벽에 붙박이장이 딱 붙어 있었다. 이제 더는 오동나무든 호마이카든 하이글로시든, 장롱 따위는 필요가 없었다.

마을버스에서 내린 문천평 씨는 표정이 좋지 않았다. 공숙이 적어 준 주소를 구겨 들고, 끝순 씨가 있는 곳을 찾아 나선 것이다. 산비탈을 오르자 가가소소(呵呵笑笑) 산방(山房)이 눈에 들어왔다. 한바탕 할 태세로 문천평 씨는 산방 출입문을 열어젖혔다. 마누라는 공숙이만 만나고 오면 유난히 장롱 타령이 심했다. 문천평 씨는 무슨 꿍꿍이 수작인지 알아내고 말리라 다짐했다.

문천평 씨는 씩씩대며 산방 사무실로 기세 좋게 들어갔다.

"도대체 여기서 장롱을 얼마나 잘 맹글기에 우리 마누라가 미쳐 날뛰는 것이요!"

"기껏 엄마랑 외출하더니, 겨우 이런 데 오는 거였어?"

문천평 씨는 울화가 치밀었다. 그냥 돌아가 버리려다가 가까스로 참고 병실을 찾았다.

"엄마가 아버지에게는 끝까지 말하지 말래서….."

공숙의 말에 문천평 씨는 화가 난 듯 고개를 더 바짝 치켜세웠다.

"여긴… 뭐하러 온대요. 며칠 누워 있다 갈 텐디….."

가가소소 산방에 들어온 지 일주일이 되어가는 끝순 씨는 힘겹게 말을 이었다.

문천평 씨는 기가 막혔다. 딸내 집에서 한 일주일 쉬고 오겠다던 마누라가 말기 암 환자들이나 요양하는 곳에 와 있다는 게 도저히 믿기지 않았다.

"엄마! 아빠가 엄마 퇴원하면 오동나무 장롱 사준대."

아빠가 공숙을 콱 째려보았다. 하지만 속더라도 공숙이 아빠에게 산방의 주소를 가르쳐 준 이유였다. 더 늦기 전에 남편의 돈으로 사준 오동나무 장롱을 써봐야 하지 않겠나 싶었던 것이다.

"증말이다냐…?"

끝순 씨 얼굴에 오랜만에 화색이 돌았다. 평생 경제권 한번 쥐어보지 못하고, 오히려 남편에게 딴 주머니 찼다고 수십 년을 의심만 받고 산 세월이었다. 그 나이까지 장롱 하나 자기 마음대로 사 보지 못한 바보 인생이었다.

바깥으로 도는 남편을 대신해 준 것은 장롱이었다. 머리맡에 항상 듬직이 서서 쓸쓸한 방을 함께 지켰다. 그녀에게 있어 장롱은 단순히 가구가 아니었다. 성은 '장(欌)'이요, 이름은 '롱(籠)'인 또 다른 자식이었다. 장롱이 큰아들이었다.

"평생 그 장롱에서 꺼낸… 이불 한번 못 깔아 볼 줄 알았는디…."

눈앞에서 자신을 스쳐 간 수많은 장롱이 뱅글뱅글 춤을 추었다. 장롱에 새겨져 있던 늙은 소나무에 앉아 있는 학, 원앙새와 뛰노는 노루들, 캐비닛에 잡지 그림을 오려 붙였던 별과 달, 횃대 보에 수놓은 오방색의 공작 날개….

눈을 감고 있는 끝순 씨의 얼굴에 희미한 웃음이 피어났다. 공작의 날개 어디쯤에 나 있는 옹이를 본 모양이다. 배고프고, 무시당하고, 할 말 못하고 산 세월들을 다 말로 할 수 없다. 그런 서러움은 뼈 마디마디 에 고이고 썩어 관절염이 되었다. 옹이로 뿌리내렸다.

끝순 씨는 날개를 퍼덕이며 창틀로 날아든 공작을 보았다. 부끄러움 많던 처녀가 한 땀 한 땀 수를 놓았던 공작의 오방색 날개. 밝은 대낮인데도 끝순 씨의 머리맡에는 별이 뜨고 달이 밝았다.

공작의 날개가 푸드득 거렸다. 끝순 씨는 이내 공작의 등에 올라앉아 하늘로 훨훨 날아올랐다. 창공으로 날아오른 공작이 힘차게 날갯짓을 했다. 퍼덕이는 오방색 날개에서 실이 길게 풀려나가기 시작했다. 처녀 적에 수놓았던 공작의 날개가 청 · 황 · 흑 · 백 · 적 원래의 오색 실로 다시 풀려 하늘을 뒤덮었다.

가가소소 산방에서 그리 멀지 않은 병원의 장례식장은 초라했다.

"저… 관은 무엇으로 할까요? 소나무 관, 느티나무 관, 오동나무 관이 있는데요."

장례지도사의 물음에 문천평 씨가 무겁게 입을 열었다.

"오동나무 관으로 해 줘요. 2단짜리로… 옷장, 이불장이 있는 걸로…."

"네?"

"제일 비싼 오동나무 관에…, 이불 한 장 깔아주고…."

혼자 중얼거리는 그의 말에 장례지도사는 고개를 갸웃거렸다.

"아주 푹 잘 수 있게, 대갓집 마나님같이…."

장례지도사는 뜻 모를 말만 지껄이는 그를 뒤로하고, 최끝순 씨 영정사진 앞에 있는 딸, 공숙에게 다가갔다.

"아버님이 자꾸 이상한 말씀만 하시는데…, 관은 무엇으로 할 겁니까?"

"오동나무 관에 이불 한 장 깔아달라잖아요!"

공숙은 비명 같은 고함을 질렀다. 그 소리에 문천평 씨는 정신이 번쩍 들었다. 그제야 그의 눈에서 굵은 눈물 한 방울이 툭 떨어졌다.

아빠 스님은
왜

타는 노을과 아빠 그리고 뻐꾸기 울음소리와 사랑하는 여자, 잊지 못할 한 장면이었다.
내 입술이 자꾸 꿈틀거렸다.
'세상은 참 아름다워….'
하마터면 TV 속에서 연기하던 아빠 스님과 똑같은 대사를 읊을 뻔했다.

아빠가 TV 광고에 나왔다. 그것도 대한민국에서 알아주는 스타와 함께.

사실 TV 속, 그 사람이 아빠인줄은 나도 몰랐다. 엄마가 말씀해 주시기 전까지는. 아니 정확히 말하자면 엄마라고 부르는 이모가 말씀해 주시기 전까지는.

TV에서는 연일 시도 때도 없이 아빠가 튀어 나왔다. 이모 몰래 하루 종일 아빠 얼굴을 보려고 리모컨으로 광고만 찾아서 보다보니, 최소한 한 열 번쯤? 본 것 같다. 국내에서 손꼽히는 대기업의 광고여서 이 방송국, 저 방송국에서 아빠의 얼굴이 쏟아졌다. 무차별 폭격이다.

이 세상에 태어나서 6학년이 되어서야 아빠의 얼굴을 처음 본 셈이다. 상상하지 못한 해후였다. 나만 볼 수 있으니 일방적인 만남이라고 해야 하나? 아빠는 뭐가 좋은지 계속 미소를 띠고 있었다. 아주 품위 있고 고상해 보였다. 광고의 내용은 발그스레하게 지는 노을을 배경으로 뻐꾸기 한 마리가 뻐꾹뻐꾹 소리를 내며 날고 있었고, 뻐꾸기를 바라보던 아빠 스님은 세상은 아름답다는 말을 무척 하고 싶어 하는 것 같았다.

머리는 박박 깎고, 무거워 보이는 회색 누더기를 입으면 행복해지는 걸까? 나에게 '스님'이라는 단어는 목에 걸린 가시 같은 거다. 아빠를 보고 외쳐 부를 수도 없고, 주변 누구에게 말할 수도 없는, 껄끄럽고 아픈 가시 같은 단어, '스님!'

아빠는 왜! 스님이 되었을까. 부처님이 누군데 그럴까? 세상이 너무 힘들었던 걸까? 정신적으로 문제가 있었나? 아빠가 스님이 되어 떠나고, 엄마는 3년 후에 돌아가셨다. 병으로 돌아가셨는지, 스스로 목숨을 끊으셨는지는 이모와 아빠만이 안다.

아빠는 젊어서부터 닥치는 대로 돈을 벌었다. 그것도 악착같이 아주 많이. 어린 시절의 가난이 사무쳤기 때문이었다. 싸움도 잘했고, 여자라면 신물이 날 정도로 인기도 많았다. 진흙탕 인생이었다. 그러다가 빚쟁이를 찾아 돈을 받으러 절에 올랐다가, 빚쟁이 대신에 불교용품점에서 일을 하던 엄마를 만났다. 아빠는 한눈에 얼어붙고 말았다. 꿈에 그리던 여자였다.

아빠는 엄마에게 반한 이후로 절에 주저앉았다. 비구니가 되려던 엄마는 불교 공부를 많이 한 여자였다. 아빠는 새벽예불에 빠지지 않고 참석했는데 그것은 순전히 엄마를 보기 위해서였다. 엄마가 108배를 하면 아빠는 1080배를 했고, 엄마가 1,000배를 하면 아빠는 3,000배를 했다. 엄마에게 잘 보일 수만 있다면 똥물도 들이킬 태세였다.

빗자루를 들고 불교용품점 주변을 백골의 이마처럼 새하얗게 쓸어놓았고, 만약에 다른 사람이 엄마의 발걸음이 닿을 곳에 미리 손을 대기라도 한다면, 그 사람은 결단코 절을 떠나야 할 정도였다. 아빠는 엄마가 발걸음을 옮길 때마다 연꽃이 피어난다고 강력히 확신했다.

아빠가 묵는 방에는 날이 갈수록 불교 관련 책과 물건들이 쌓여갔다. 아빠는 엄마를 보기 위해 불교용품점에서 책을 샀다. 거의 매일 사다시피 했다. 엄마를 하루라도 안 보고는 못 살 것 같았다.

"읽지도 않을 책을 왜 사가세요? 더는 팔 수 없어요."

"……."

어느 날, 엄마의 말 한마디에 아빠는 무문관(無門關)의 고시생이 되어 용맹정진을 했다. 밤을 홀딱홀딱 새가며 기를 쓰고 불교 책을 읽었다. 원래 삶 자체가 공부와는 거리가 먼 인생이었지만, 엄마를 만나고 난 뒤부터는 체질, 취미, 성격까지 몽땅 바뀌었다.

엄마를 보기 위해 수도 없이 드나들던 불교용품점. 그곳의 매상은 전적으로 아빠의 손에 달려 있었다. 엄마가 나오는 날과 안 나온 날의 수익 차이는 세 배가 넘었다. 아빠는 책에 지치면 염주를 사고, 목탁을 사고, 황금 부적이나 방생해 줄 거북이, 물고기까지 샀다. 방 안에는 모시 두루마기에 삼베 동방, 조각 무명 조끼까지, 불교의 형상물들로 발 디딜 틈이 없었다. 그런 와중에도 아빠는 엄마의 미소만 살폈다. 엄마의 어처구니 없어하는 웃음까지도 아빠의 애간장은 녹았다.

비구니 외에는 그 어떤 삶도 생각지 않았던 엄마는 그 소망을 접고, 끝내 아빠를 받아들였다. 엄마 외에는 그 어떤 삶도 감동할 수 없었던 아빠는 그 소망을 끝내 이루었다. 엄마와 감동적인 결혼을 할 수 있었다. 그리고는 딱 3개월이었다. 100일, 두 사람이 한 이불 속에서 산 세월이었다.

아빠는 엄마를 떠나, 도시를 떠나, 엄마의 뱃속에서 숨 쉬던 나를 떠나, 사다 놓은 승복을 입고, 사다 놓은 목탁을 치며, 사다 놓은 염주를 목에 걸고, 사다 놓은 불경으로 공부한 염불을 낭랑하게 읊으며 산속으로 들어가고 말았다.

아빠가 출가한 후로 나는 단 한 번도 아빠를 보지 못했다. 6학년이 될 때까지 진짜 엄마 대신 가짜 엄마였던 이모를 보며 살았고, 실제 아빠 대신 TV 광고 속의 불러 볼 수도 없고, 만져 볼 수도 없는, 가짜 아빠 스님을 보게 되었다. TV 광고 속, 머리 깎은 그 사람이 나의 진짜 아빠라고, 진짜 엄마이고 싶은 이모가 말해 주었다.

나는 TV 광고에서 아빠 스님을 본 6학년 이후로, 보통 아이들과는 다른 아이라고 생각했다. 세상 사람들은 스님을 아빠로 둔 나 같은 아이의 마음을 전혀 이해하지 못하리라 짐작했고, 어느새 늙어버린 느낌이었다.

사는 게… 가족이라는 게… 어린 마음에 무엇인가 숨겨야 한다는 게… 온통 모든 게 은밀해지고 비밀스러워졌다.

23살 시절, 사랑하는 사람을 만났다. 그녀는 성모 마리아 같았다. 모든 것을 받아주고, 자신보다는 나를 위해 사는 사람 같았다. 그래도 차마 말하지 못하는 사실이 있었다. 목에 걸린 가시 같은 사실, 아빠가 '스님!'이라는 말을 꺼내지 못했다. 게다가 그녀는 독실한 천주교 신자 아니던가. 그녀는 끊임없이 나를 성당으로 인도하려 했다. 그녀를 잃기 싫어 나의 종교는 항상 '무신론'이었다.

군대에 입대하기 이틀 전이었다. 왜 그때 그녀를 그 곳으로 끌고 갔었을까? 그날의 충동을 잊지 못한다. 설명하기 힘든 충동으로 그녀를 택시에 태워 지리산으로 향했다. 그리고 그 곳 일주문 앞에서 '아버지!'라고 소리쳐 부르지 못하고, '스님!'이라고 목이 터지라고 외쳤다.

아빠 스님과의 첫 만남이었다. 나도, 그녀도….

아빠 스님은 새파랗게 젊은 우리를 보고 고개 숙여 합장을 하셨다.

"누구야 저 스님?"

"나의… 나의… 내… 스님."

가시가 목에 걸려, 켁~ 하고 아버지라는 말 대신 스님이라는 말이
튀어나왔다. 그녀는 입대하기 전의 남자의 심정을 이해해 주고 싶었다.
하지만 연신 고대 문자를 해독해야 하는 난해한 상황이 펼쳐지자 겁에
질려했다.

"나의 스님이라니?"

"나를… 낳아 준… 스님…."

그녀는 아주 돌아버리고 싶은 심정이거나, 이 자식을 한 대 패줬으
면 하는 눈빛으로 바라보았다. 절에 온 것도 마음에 안 드는데, 머리 깎
은 스님이 예비 시아버지라도 되어야 한다는 말에 몸서리를 쳤다.

"뭐야, 지금? 무슨 말이야?"

그녀는 속까지 울렁인다는 표정으로 물었다.

"너에게 꼭 보여 드릴 분인 것 같아서… 사실 내 발로 왔지만 왜 여
기를 왔는지 나도…."

꼭 한 번은 보여 드려야 할 것 같은 충동. 하지만 스스로도 혼란스
러워 목소리가 기어들어가는 하소연이었다. 그녀 또한 혼자 가버릴 수
도, 그렇다고 스님에게 진지하게 인사를 할 수도 없어 몸둘 바를 몰랐
다. 멀리서 보고 있던 아빠 스님은 이미 나를 알아본 듯했다. 티격태격

하는 우리를 보다가 입을 열었다.

"아직 두 분이 하실 말씀이 많이 남아 있습니까?"

처음이었다. 나를 낳아 준 스님의 목소리를 듣는 것은.

"스님은 저에게 하실 말씀이 있습니까?"

벌렁대는 가슴을 내리 누르며 용기를 내어 소리쳤다. 일부러 부릅
뜬 눈으로 아빠 스님을 마주 보았다. 원망도 반항도 섞일 수 없는, 소금
기 없는 굵은 눈물 한 방울, 툭 떨어져 버릴 것 같다.

아빠 스님의 얼굴에는 TV 광고에서 수없이 보았던 그 미소가 감돌
고 있었다. 그 미소를 보니 마치 나도 TV 광고 속, 연기하고 있는 어느
출연자가 된 기분이었다.

하늘을 보니 TV 광고 속에서 보았던 노을이 발그스레하게 타고 있
었다. 뻐꾸기 한 마리가 그 붉은 노을을 반으로 가로질렀다. 타는 노을
과 아빠 그리고 뻐꾸기 울음소리와 사랑하는 여자, 잊지 못할 한 장면
이었다. 내 입술이 자꾸 꿈틀거렸다.

'세상은 참 아름다워….'

하마터면 TV 속에서 연기하던 아빠 스님과 똑같은 대사를 읊을 뻔
했다.

뻐꾹! 뻐꾹! 뻐꾸기의 울음소리가 요란했다.

탁란에 성공한 새끼를 발견한 모양이었다.

죽도록
후회만 하는 남자

속수무책이었다. 망나니의 얼굴을 아무리 또렷이 보려 해도 볼 수가 없다.
망나니의 얼굴은 중국의 '변검'보다 빠르고, 능글맞게 뻔뻔했다.

남자는 혼자 씨부렁대는 버릇이 있었다. 머릿속에 떠오르는 그 누군가와 이야기를 나눌 때도 있었고, 머릿속에 영상으로 펼쳐지는 어떤 상황에 대해 후회 섞인 단발마를 지르기도 했다. 도저히 제어할 수 없는 생각들이 망나니가 되어 말을 건다. 망나니들은 조금 전에 벌어진 일일 수도 있고, 수십 년 전의 어떤 사건일 수도 있고, 완전히 잊었다고 생각했던 어떤 치명적인 부끄러움에 대한 영상일 수도 있었다.

길거리를 걸어가면서도 머릿속에 시도 때도 없이 출몰하는 '망나니'와 일전(一戰)을 벌이느라, 자신도 모르게 욕지거리가 튀어나오고, 눈빛은 자기만의 동굴 속을 보느라 늘 골똘했다. 자기 생각 속에 빠져 허우적대는 남자를 본 사람들은 슬쩍 맛이 간 놈으로 취급했다.

자기의 발로 아스팔트 도로 위를 걷고 있지만, 그는 그곳에 없었다. 그의 존재는 놀라운 능력으로 10년 전 첫사랑 그녀와 헤어졌던 극장 앞을 걷고, 지금은 돌아가시고 안 계신 두려웠던 아버지와 식탁 앞에서 함께 밥을 먹는다. 어떤 때는 회사 상사와 10초 전에 분명히 헤어져, 몸을 돌려 걷고 있었지만, 남자만은 상사와 헤어지지 못한 채 회사 상사로 변한 망나니와 계속 멱살을 잡고 고함을 친다. 망나니는 회사 상사의 얼굴을 하고 그에게 계속 말을 건다. 남자는 칼을 들고 상사를 위협하고, 사표를 상사의 얼굴에 던진다. 물론 모든 행위는 머릿속에 있는 상사를 향해서다. 하지만 남자는 마치 현실에서 벌어지는 일처럼 진지하고 심각했다.

남자는 이렇게 와글와글 떠드는, 별의별 등장인물들이 둥지를 틀고 사는, 머릿속 무단 세입자들이 끔찍했다. 가족이라는 이름으로, 혹은 연인, 친구, 사회라는 이름으로 만난 무단 세입자들은 그에게 끊임없이 말을 걸어왔다. 자신의 머릿속 집에는 '화' '연민' '증오' '자존심' '눈물' 등등의 감정들이 인테리어 가구처럼 빼곡히 들어차 있었다. 무단 세입자들은 몰상식하게도 무기한 계약 연장에, 무한정 이 가구들을 남자의 머릿속에 놔둘 모양이었다. 남자는 그들이 제발 알아서 짐들을 빼 가길 기대했다. 하지만 그들은 언감생심 전혀 그럴 생각이 없어 보인다.

남자는 매일매일 머릿속 망나니가 휘두르는 칼에 맞아 피를 흘렸다. 속수무책이었다. 망나니의 얼굴을 아무리 또렷이 보려 해도 볼 수가 없다. 망나니의 얼굴은 중국의 '변검(중국 전통극에서 배우가 신속하게 얼굴 가면을 바꾸는 공연)'보다 빠르고, 능글맞게 뻔뻔했다.

남자는 온종일 망나니와 싸우느라 늘 피곤했고, 사는 게 너무너무 복잡하게만 보였다. 남자는 이러다가는 큰일을 낼 것만 같았다. 자신의 머릿속 망나니를 처단하기 위해 자칫 어리석은 일을 저지를지도 모를 일이었다. 망치로 망나니가 살고 있는 머리를 치거나, 그놈의 멱살을 잡고 다시는 부활할 수 없는 나락으로 함께 떨어져 버릴 수도 있는 일이다.

그러던 어느 날, 남자는 망나니가 출몰하는 포인트를 눈치채게 되었다. 망나니가 출몰할 때는 늘 자신이 한 행동과 말에 대한 '후회'를 할 때였다. 그리고 어느새 망나니와 싸우다 보면 끔찍하게 우울한 기분과 지지리 못난 자신만이 남아 피를 흘리고 서 있었다.

스스로 자신에게 칼을 휘둘러대는 '셀프 난도질!', 누가 남자에게 그렇게 하라고 시키지 않았다. 어느 누구도 남자의 상처에 약을 발라 주지 못한다. 오랜 세월 자신도 모르게 뿌리 깊게 박힌 '후회의 습관'이 범인이었다. '후회'라는 놈은 그림자같이 끈덕지게 달라붙었다.

"할 수 있다고 말했더라면~" "차라리 잘못했다고 말했더라면~" "그 자리에서 참았더라면~" "아니라고 단호하게 거부했더라면~" "화가 난다고 말했더라면~"

남자는 하루에도 수십 번 '라면~'을 떠올렸다. 아침에 눈을 떠서 만나게 되는 모든 인간, 그들과의 '관계' 속에서 모든 '라면~'은 에너지를 충전한다.

"이렇게 말했더라면~" "저렇게 행동했더라면~"

남자는 '나는 왜 이 모양일까?'라는 자괴감이 항상 괴롭혔다. 남들은 모두 자연스럽게, 행복하게, 평범하게 잘만 살아가는데, 자신만 그놈의 '망나니' 때문에 형편없는 삶을 살고 있었다. 잠시도 춤을 멈추지 않는 망나니. 그놈만 때려잡을 수 있다면….

'때려잡자! 망나니!'라는 목표가 불가능하다는 것을 남자는 오래지 않아 깨달았다. '망나니'를 때려잡으려는 그 마음이 '또 다른 변검한 망나니'가 되어 남자를 강박했다. 변검한 망나니를 인식하고, 변검 망나니를 때려잡으려고 하면, 또 다른 변변검검 망나니가 출몰했다. 남자는 미로에 빠진 기분이었다. 망나니를 물리치려는 의욕이 높을수록 그에 비례해 망나니들이 더욱 날뛰었다. 미쳐버리고 싶은, 참을 수 없는, 분열이었다.

남자는 막다른 골목이라고 느꼈다. 망나니에게 진절머리가 났다. 이대로 미치는 게 아닌가 싶다. 콘크리트 벽을 향해 무지막지하게 달려가 산화해 버리기 전, 일 년에 딱 한 번, 부처님 오신 날에만 가는 절을 떠올렸다. 아무래도 정신병원보다 싸게 먹히고, 왠지 귀신 같은 망나

니가 부처님의 신통력으로 떨어져 나가 줄 것도 같았다. 무늬만 불자이던 남자는 대웅전 문턱을 넘어 부처님 앞에 마주 앉았다.

"부처님, 머릿속이 너무 시끄럽습니다. 저는 왜 이렇게 한심하게 인생을 사는지요. 부처님, 저를 죽이든지 살리든지 마음대로 하십쇼. 이렇게는 더는 못살겠습니다. 부처님!"

부처님은 아무 말씀이 없었다. 부처님 또한 눈을 내리깔고 골똘하게 생각에 잠겨 있었다. 아무래도 부처님도 머릿속 무단 세입자들을 쫓아내기 위해 무지 애를 쓰시고 계시는 것 같다.

혹시 3,000배를 했더라면~ 내 고민을 들어 주시려나? 중창 불사에 시주금을 냈더라면~ 내 발원을 무시하지 않으시려나? 나도 삭발하고 중이 되었더라면~ 망나니가 아예 침범조차 못 했으려나? 남자는 수없이 망나니가 들이대는 '라면~'을 맛있게 삼키고 있는 자신을 발견했다. 부처님도 별 수 없구나. 남자는 아랫도리에 힘이 탁 빠졌다.

남자가 망나니님들을 머릿속에 가득 모시고, 대웅전 문턱을 막 넘어서려는 찰나였다. 남자는 망나니님들과 대화를 나누느라 자신의 발이 어디를 디디는지도 몰랐다. 갑자기 악! 소리와 함께 남자가 사라졌다. 남자가 댓돌에 발을 디디려는 순간, 다리가 휘청 꺾이며 대여섯 개의 계단 밑으로 굴러 떨어진 것이다. 머리에서는 피가 주르륵 흘러내렸고, 얼굴은 까지고, 발목은 접질렸다.

오싹오싹한 통증이 온몸을 덮쳤다. 아프다! 쓰리다! 어이구 내 발목! 남자는 터진 머리를 만져 보았고, 쓰린 낯바닥을 손으로 쓸었다. 왼쪽 손으로 틀어잡은 발목에서는 뜨끈뜨끈한 열기가 전해졌다. 끝내 절 마당에 퍼질러 누워 버린 남자.

하늘은 파랬다. 구름과 하늘이 맞닿아 있는 것처럼 보였지만 아니었다. 그렇다고 따로 따로도 아니었다. 뭉게구름은 사라져도 파란하늘은 촌치의 변화도 없었다. 파란하늘은 구름에 물들 수 없었다.

남자의 얼굴에 미소가 돌았다. 온몸으로 통증이 몰아쳤지만, 뒷골은 시원했다. 이게 얼마 만인가. 항상 무언가 목마를 태워 놓은 것 같던 목덜미가 시원해지다니. 어느새 망나니도 흔적이 없었다. 남자는 차라리 살 것 같았다. '생각지도 않은 자빠짐'이 숨통을 틔워 준 셈이다. 남자는 이 상황이 희한했다. '라면~'을 주식으로 먹어치우던 망나니라는 놈이, 입 밖으로 튀어 나가던 '후회의 씨부렁거림'이 그 순간, 다 어디로 간 것일까?

남자는 기다시피 절뚝거리며 대웅전 문 앞으로 다가섰다. 부처님 얼굴을 다시 쳐다보았다. 부처님은 자신의 발밑을 보고 계셨다. 조고각하(照顧脚下)! 세상에 어떠한 일이 벌어진다 해도 내 발밑을, 내 생생한 숨소리를 자각하는 것보다 더 중요한 게 있을까? 꿈속에서 깨어나는 일보다 시급한 일이 또 있을까?

‘후회’라는 망나니는 아상이 강할수록, 지켜야 할 자존심이 많을수록, 상상 속의 나를 세워놓고 그것이 ‘나’라고 속삭인다. 남들에게 잘 보이려 아등바등할수록, 망나니는 칼춤을 더욱 신명나게 춘다. ‘상상으로 세워진 멋진 스텝을 밟는 나’가 아니라, 발밑을 비추어보고 한 걸음 한 걸음 따박따박 걷는 ‘실상의 내 엉성한 걸음마’에 깨어있을 때, 망나니는 더 이상 망나니가 아니었다.

남자는 망나니가 없었으면 오늘 부처에게 왔을까 하는 의문이 들었다. 망나니 덕분에 부처에게 한 걸음 더 다가간 것은 아닐까. 망나니가 인도한 부처의 길, 망나니나 부처나 이름만 다를 뿐 쌤쌤은 아니었을까. 자기의 발밑을 보게 한 ‘그 무엇’이 있음을 느낀 남자는, 예전처럼 망나니가 그렇게 죽이고 싶은 웬수같이 느껴지지 않았다. 가슴이 설레었다. 쿵, 쿵, 쿵, 참으로 오랜만에 가슴이 뛰었다.

아무래도
착해 보이지 않는다

'나를 찾으라' 는 말에 속아 끊임없이 두리번거렸고,
이유 없이 내 스스로가 나를 밀어내며 살았었구나 하는 낭패감.
생생하게 살아서 실감(實感) 속에서 산 세월은 분명 아니었다.

툭 던져 놓고 싶은 삶, 여자는 이제 손을 펴고 싶다. 지금까지 푸른 힘줄 도드라지게 움켜쥐고 살았던 손이 무안했다. 무엇을 쥐고 살았던가.

이제 언제 어느 순간, 이 그리운 것들을, 이 아름다운 것들을 영영 못보게 될지 아무도 모른다. 익숙한 것, 막연하게 항상 내 옆에 있을 줄 알았던 것들과의 별리(別離).

이승에서 떠날 준비를 해야 하는 가가소소(呵呵笑笑) 산방(山房). 이곳에 들어온 후로, 여자는 49년의 세월을 되돌아보았다. 심각해졌다. 후회됐다. 세상에 희롱을 당하고 살았던 거다. 거대한 거인들에게 둘러싸여 다른 세상은 볼 수 없었다.

거인들은 속삭였다.

"사람은 진실하고, 착하게 살아야 한다."

"부지런히 땀 흘려 일하는 사람만이 후회 없는 삶을 산다."

"여자는 약하지만, 엄마는 강하다."

"사랑과 자비의 마음으로 살라."

여자는 이런 '지당한 말씀' 속에서 살았다. 한 치의 의심도 없었다. 늘 바른 사람의 길을 걸어왔다고 자부했다. 그런데 깊은 속은 헛헛했다. 늘 불안했고, 무엇인가를 기다렸다.

성인의 말씀과 힐링 대가들의 가르침은 푸석한 얼굴 위에 떠버린 화장이었다. 바르면 바를수록 두터워지기만 할 뿐, 밤이면 오히려 지워내야 하는 짐이었다. '지당한 말씀'의 화장은 피부를 숨 쉬게 하는 것과는 아무 상관이 없었다. '진실' '착함' '바름' '사랑' '자비'라는 화장을 할수록, 사람들은 여자에게 아름다운 사람이라고 칭찬했다. 듣기 좋았다. 자신이 진심으로 행복해지는 것과는 별개의 말이었지만, 그런 것에 이미 취해 있었다. 무감각하게 그런 흐름 속에서 살았다. 단 한 번도 돌아보지 않았다. 어느 순간 이제는 맨 얼굴로 돌아갈 수 없었다. 그것은 고통이고, 추락이다.

'아름다운 말씀'처럼 살기 위해서는 노력해야 했다. 노력할수록 '엉뚱하고 철없던 한 물건'이 '바른 사람'은 되어갔지만 활발발(活潑潑)한 생생함은 사라져갔다.

수많은 지당한 말씀들은 여자의 머릿속에 차고 넘쳤다. '바른 사람'이라는 기준을 지켜내기 위해 긴장해야 했고, 거대한 거인들이 비난할 것이 뻔한 욕망은 꼭꼭 숨겨야 했다.

'내가 뭘 위해 산 거지?'

'나는 행복했었나?'

그 물음에 여자는 답할 자신이 없다.

"이렇게 살아라."

"저렇게 마음을 써라."

세상은 온통 가르치려고만 들었다. 여자는 남편이 3년을 투병하다 저 세상으로 먼저 간 이후, 마음을 터놓을 사람이 없었다. 그래서 성인의 말씀을 의지했고, 대중매체를 통해 세상이 가르치는 대로 살려고 애를 썼다. 보기만 해도 가슴 저린 아이들을 위해서라도 똑바로 서야 했고, 외로워할 수도 없었다. 혹시 남편의 빈자리가 크게 느껴질까 봐 아이들의 손을 잡고 유난스럽게 여행도 다녔다.

생업전선에 뛰어들어야 했던 여자는 돈이 무엇인지 알았고, 권력이 무엇인지도 알았다. 아이들에게 말로는 '사랑과 자비'를 가르쳤지만, 늘 뒷말을 흐릴 수밖에 없었다. 사실, 자신의 가장 큰 괴로움은 '적당한 돈과 아주 작은 권력'마저도 가지고 있지 못해서라는 걸 알기 때문이었다. 왠지 '사랑과 자비로 살라'고 하면 자신처럼 살게 될까봐 주저하게 되었다.

여자는 생각했다. 성인들의 말씀은 한마디도 틀린 것이 없는데, 자신이 한없이 '부족'해서 돈과 권력 '따위'에 자꾸 무릎을 꿇는 것이라고.

여자는 누구보다 열심히 일했고, 아이들을 돌봤고, 사회의 모순에 분노했으며 성인들의 '황금 같은 말씀'을 따라 살았다. 그러나 거기에 비례해 밀려오는 회한도 감당할 길이 없었다. 허무했다. 진정 아이들을 위해, 정의로운 세상을 위해, 사람답게 살기 위해 살았던 것일까? 왜 아직도 마음 깊은 곳에서는 무엇인가가 저항하고 있을까. 도대체 무엇을 기다리고 있을까. 지금 이 자리에 온몸과 마음으로 앉아 있지 못할까.

가가소소 산방에 누워 있으니 지난 모든 일이 아이들 소꿉장난이었고 환상이었다. 모든 환호작약(歡呼雀躍) 했던 일들이, 밥 먹고 화장실 가는 일보다 더 대단한 일이 아니었다. '꿈'이니 '희망'이니 하는 말에 속아 끊임없이 자신을 괴롭히고 살았었구나 하는 후회. '나를 찾으라'는 말에 속아 끊임없이 두리번거렸고, 이유 없이 내 스스로가 나를 밀어내며 살았었구나 하는 낭패감. 생생하게 살아서 실감(實感) 속에서 산 세월은 분명 아니었다. 가끔 기쁨은 있었지만, 그것은 어두운 구름 속에 한 줄기 빛 내림에 불과했다. 여자는 가가소소 산방의 작은 방, 한 평 남짓한 이불 위에 누워서 그렇게 생각했다.

여자는 떨리는 마음으로 자신에게 물어보았다.

'내 인생에서 생생(生生)한 신비로움으로 살았을 때가 언제였을까?'

주저 없이 떠오른 건 그 남자, 그 절 마당의 은행나무였다. 중3이었던 큰아이와 초등학교 5학년이었던 둘째 아이를 혼자 키우던 시절, 그 남자는 42살 중년으로 접어드는 여자에게 다가왔다. 노총각 남자의 손에 이끌려, 태어나서 처음으로 절이라는 곳을 가게 되었다. 그 날, 절 마당에는 키 작은 노란 은행나무 한 그루가 서 있었다.

"귀신이 따로 있는 게 아니여. 떠돌아 댕기는 마음이 귀신이지. 평생 자신을 안 믿고, 귀신만 믿고 살 것이요?"

출가하고 싶어 하던 남자와 함께 들은 선원장 스님의 말씀이었다. 여자는 그날 스님의 말씀에 당황했다. 숨이 막히고 울렁거렸다. 그것은 법당 안에서 타던 향내 탓이었을까? 아니면 그 스님과 그 남자에게서 풍기던 낯선 별세계의 향기 때문이었을까.

"종교의 길은 잘못 들어서면 차라리 들어서지 않는 것만 못해요. 차라리 세상의 즐거움이라도 누리며 사는 게 현명한 거지요. 당신도 바른길로 들어서길 바랍니다."

남자의 말에 여자는 물었다.

"어떤 게 바른길이지요?"

"바른길이요? 그런 건 애초에 없어요. 언어로써 바른길이라고 표현한 것뿐이지요. 착하게 살려고 하지 마세요. 자신을 위해 애쓰지도 말고요.”

“말라고요? 그럼 막 살아버리라는 말이에요?”

여자는 항변했다. 남자는 자신의 말에 확신에 차 있었다.

“착해지려고 하지 않는 것을 해야 착해지는 길로 들어서는 거예요.”

“무슨 말씀인지 저는 모르겠어요.”

그 날, 절 마당의 은행나무는 세상에서 보던 흔한 나무가 아니었고, 가로수 길에서 수없이 보았던 노란 빛깔도 아니었다. 그 은행나무는 그 후로도 오랫동안 여자의 머리에 살아 있었다. 부지불식간에 불쑥불쑥 솟아올랐다. 아주 샛노란 색으로.

절에 다녀온 후로, 그 남자가 좋아진 건지, 절이라는 새로운 세계가 끌렸던 것인지, 알 수 없었다. 분명한 것은 그 남자와 한 달 동안 미친 듯이 만났다는 것이다. 이른 아침에 만나면 저녁 예불 타종 시간까지 절에서 절로만 하루에 대여섯 군데를 다녔다.

명부전 뒤에서 뽀뽀하다가 쫓겨나기도 했고, 돌부처님 앞의 불전함에서 시주금을 슬쩍하기도 했다. 어떤 날은 야외에 있는 관세음보살 석상 앞, 거친 돌바닥 위에서 3천배를 했다. 무릎이 깨져 피가 줄줄 흘렀지만, 오히려 그 자리에서 죽어도 좋다는 심정이었다.

남자는 한 달이 지나자, 출가해 버렸다. 아무런 언질도, 말도, 그 흔한 이별의 의식도 없었다. 하지만 여자에게는 불 같은 시간이었고,

자신을 놓아 버린 질주였다. 하루하루가 펄떡이는 시간이었다.

여자는 이내 담담해졌고 제자리로 돌아왔다. 성인들의 말씀과 거인들의 거부할 수 없는 속삭임에 다시 '바른 사람'이 된 것이다.

가가소소 산방에 누운 여자는 언제 웃어 보았는지 기억이 가물가물하다. 되돌아보면 자기도 모르게 웃음을 번지게 하는 것은 7년 전, '딱 한 달' 간의 추억이다.

거인들의 눈에는 '못된 짓' '불경한 짓' '참회할 짓'이었지만, 여자에게는 쾌활쾌활(快活快活)이었다. 아이들이 태어났을 때보다도, 남편과 결혼식을 올린 날보다도, 처음 집을 샀던 기쁨보다도, 더 생기로운 웃음을 짓게 하는 샛노란 은행나무의 추억. 웃되 소리 나지 않는 웃음. 그 웃음은 여자를 자꾸 살고 싶어지게 한다. 이미 막막하게 굳어진, 얼마 남지 않은 결말을 자꾸만 바꿔보고 싶어지게 한다.

여자는 3천배를 하느라 깨졌던 무릎의 상처를 쓰다듬어 보았다. 그 남자가 그리운 건지, 그 은행나무가 그리운 건지 알 수 없다.

그 남자를 만나고부터 '착하다'는 말이 싫어졌다. 하지만 착해지지 않으려고 노력하면 마음은 더더욱 천근만근이다. 여자는 길을 모른다. 하지만 샛노란 은행나무가 있을, 그 길은 안다.

여자는 비틀거리며 일어섰다. 벌써 대학교 졸업반이 된 큰아이가

곧 오겠다는 연락을 했지만, 상관없다는 몸짓이다. 방문을 슬쩍 열어
본다. 산방 도우미의 눈을 피해야 한다. 어렵게 어기적어기적 몇 걸음
떼어본다. 숨이 가빠진다. 식은땀이 주르륵 등을 타고 흐른다.

여자는 아무래도 샛노란 은행나무를 한 번 더 볼 모양이다. 벌써 여
자의 얼굴에는 소리 없는 웃음이 번진다. 샛노란 웃음이다.

여자가 착해 보이지 않는다.

오게야 놀자

불교의 '불(佛)' 자만 들어가도 눈길이 가고 클릭이 되었다.
'불' 꿈을 꾸어도 좋았고 심지어는 '불' 타는 삼겹살집의 간판만 보아도 흐뭇했다.
처음으로 불심(佛心)을 일으킨 초발심은 맹렬했다.

초보 불자 공 씨는 읽던 신문을 좍좍 찢었다. 기사가 난 찢긴 신문 쪼가리를 입속에 넣고 콱콱 눌러 씹었다. '불교 비리 이대로…'라는 검은 글자가 두터운 입술 속에서 뭉개졌다.

캭~ 퉤퉤퉤!

입 속에서 굴러 떨어진 뭉치는 신문이 아니고, 똥 덩어리처럼 보였다. 신문이건 인터넷이건 모조리 시뻘건 욕망을 충전시키는 이야기들 뿐이었다. 달아오른 몸뚱이가 찬양받고, 충혈된 성공의지를 가진 놈이 청소년들의 롤 모델이 된 지 오래다.

공 씨는 어렸을 적부터 할머니의 손에 이끌려 절에 다녔다. 바람에 스치는 신우대 소리, 할머니의 엉덩짝만하게 풍만했던 수국, 그윽하게 프러포즈를 하던 연등들…. 그런 기억들은 어른이 되어서도 머리에서 떠나지 않았다. 떠올리기만 하여도 미소가 돌고, 팍팍한 세상에서도 버틸 수 있는 마음속의 해와 달, 샹그릴라가 되어 주었다.

성인이 된 공 씨는 백척간두의 세상살이에서 더 이상 심정적 불교도에만 머물 수 없었다. 용기를 냈다. 절을 찾아 불교대학에 등록하고, 딸이 학교에서 가져온 서류의 종교 항목에 큼지막하게 '불교'라고 쓰기 시작했다.

불교에 정식 입문을 하고 새벽 예불도 빠지지 않고 열심히 참여했다. '초발심'의 신심이 그야말로 엑셀을 밟아 속도를 내는 날들이었다. 신심이 깊어지려고 하니 신문이건 인터넷이건 불교의 '불(佛)' 자만 들어가도 눈길이 가고 클릭이 되었다. '불' 꿈을 꾸어도 좋았고 심지어는 '불'타는 삼겹살집의 간판만 보아도 흐뭇했다. 처음으로 불심(佛心)을 일으킨 초발심은 맹렬했다.

그러던 차에 아이쿠! 공 씨의 초발심이 기절 '초'풍, 거지 '발'싸개, '심'뽀 터질 일의 초발심이 될 일이 벌어졌다. 신문과 인터넷이 온통 스님들의 도박이야기로 도배가 되었다. 그 기사를 읽은 공 씨는 속이 터져 신문기사를 쫘악! 찢어, 입 속에 넣고 이빨이 아프도록 씹어댔다. 분노로 머리는 어지럽고 속은 메슥거렸다. 뇌출혈 전조 증세였다. 그런 공 씨를 선배 불자들이 안타깝게 바라봤다.

"달을 봐야지 왜 손가락을 봐!"

어떤 선배들은 스님들도 사람인데 치매 예방용 놀이로 잠시 하는 것을 가지고 호들갑을 떨 필요 없다고 했고, 경허 스님이나 춘성 스님 같이 막행막식(莫行莫食)을 해도 오히려 불교의 진면목을 그들이 보여 주었지 않았느냐고도 했다. 고참 선배들은 담담하고 익숙했다. 늘 있는 일인데 뭘 그래, 하는 태도였다. 그들 사이에서 공 씨는 세상물정 모르는 어린애였다.

하지만 초보 불자 공 씨는 받아들여지지가 않았다. 계율은 '계'날, '율'무차 타 마셔가면서 고스톱 치라고 있는 게 아니지 않는가.

공 씨는 고민했다. 이참에 확 종교를 바꿔버릴까도 싶었다. 하지만 그럴 수도 없었다. 쓰레기차 피하다가 똥차에 깔리는 경우도 있고, 무엇보다 부처님의 향기에 이미 취한 탓이다. 여기서 무릎 꿇기는 싫었다. 부처님의 열반 시 하신 말씀이 구원처럼 떠올랐다.

자등명(自燈明) 법등명(法燈明)
오로지 자신 스스로와 법만을 등불로 삼아 정진하라.

공 씨는 오로지 법에 의해, 나 밖의 그 어떤 대상에게 타력으로 의지할 필요 없이, 스스로 할 수 있는 오계 수행을 직접 실천해 보기로 결심했다. 오계(五戒)는 불자라고 한다면 마땅히 지켜야 할, 가장 기본 중의 기본인 생활규범이다. 혼란스러운 상황일수록 원칙으로 돌아가야하는 법.

불살생계(不殺生戒) 살아 있는 것을 죽이지 말라.
불투도계(不偸盜戒) 주지 않는 것을 가지려 하지 말라.
불사음계(不邪婬戒) 음란한 짓을 하지 말라.
불망어계(不妄語戒) 거짓말하지 말라.
불음주계(不飮酒戒) 술 마시지 말라.

오계를 지켜보겠노라고 피맺힌 결심을 한 그날 밤, 공 씨는 동창 모임에 나갔다. 친구들 앞에서도 흔들림 없이 오계를 지켜 불교가 살아있다는 것을 보여 주리라. 공 씨는 오히려 경계가 만발한 상황을 맞게 된 것을 감사하게 생각했다.

친구들의 건배 제의에도 공 씨는 슬쩍 입술만 적시고 술잔에서 입을 떼었다. 술이 한 순배 돌아가자, 친구들은 은근한 기세 싸움을 시작했다. 술상 위에서 드러내 놓고 자기 자랑을 하지는 않지만, 술상 밑으로는 자기 과시의 중생심이 쌩쌩 날아다닌다. 사람 관계는 책상 위 관계보다 암암리에 흐르는 책상 밑 관계가 더 힘들다던가. 고장 난 녹음기처럼 반복되는 학창 시절 추억담이 한바탕 휩쓸고, 지나치게 우정을 과시하는 멘트가 이어졌다.

학창 시절, 허약한 아이들의 삥이나 뜯던 애가 지금은 큰 성공을 거두더니, 급기야는 기억도 새롭게 재구성시킨다. 어느새 자신이 모든 상황의 주인공이 되고, 변변치 않았던 추억 속의 행동도 튀밥 튀기듯 화려하게 확대 부활된다. 주변을 초토화 시킨다. 추억도 조작되었다.

"마누라가 없으니 살 것 같다야."

"어디 여행 갔냐?"

"여행은 무슨… 아들놈이 머리가 나쁜 줄 알았는데 어떻게 MIT에 가데? 그 덕에 마누라도 뒷바라지하러 갔지 뭐. 다 늙어서 자기도 무슨 공부를 더 하고 싶다나 어쩐다나?… 콧구멍만한 아파트 하나 얻어줘서 내 보내줬지 뭐… 헐헐헐."

어렸을 때는 육성회비도 못 내서 전전긍긍하던 친구의 한탄에 다른 친구들은 아이고 기죽어. 유학파 이하 애비애미와 30평 이하 거주자들은 웃음을 터뜨려도 엔돌핀이 아니라 입 속에서 소태맛이 분비되었다.

친구들은 다른 일에 대해서는 관대했지만, 유독 '자식' 문제만은 지지 않고, 자기 구역을 설정하느라 안간힘이다.

이런 제기랄! 번뇌로 머리가 와글와글한 공 씨. 번뇌 속에 부처가 있다던데, 눈 씻고 찾아봐도 부처의 코빼기도 찾아볼 수 없었다. 질투를 느낄 때마다 '나는 부자가 아니고 불자다 사바하~'를 염해도 어느새 진언보다는 소주가 약이었다. 자기도 모르게 술을 마시고 있었다.

친구들이 자기 위치를 설정하느라 말을 돌려 치고, 엎어 치고 하는 사이 초보 불자 공 씨의 위장도 바빴다. 친구들의 위세다툼에 동참하지 않으려고, 죄 없는 아귀찜만 아귀아귀 한입 가득 씹어댔다. 아귀를 한 입 크게 물고 고개를 치켜들었다. 술로 불콰해진 눈에 다른 테이블의 여자들이 들어왔다. 취한 눈에는 왜 이리 여자들이 양귀비 같고 고혹적인지….

공 씨가 딴전을 피우는 사이에도 친구들이 흘리는 알짜 교육 정보는 어김없이 들어왔다. 정보는 도적질하듯 머리에 스캔되었고, 누구누구의 소문 소식도 귀에 쏙쏙 박혔다.

친구들이 한마디 하라고 공 씨를 독촉하자 마지못해 공 씨가 입을 열었다.

"에이 씨벌, 니그들은 다 망상 속에서 헤엄치고 있는 거야. 세상에서 진짜 중요한 건 그런 것이 아냐!"

"그럼 뭣이 중요하냐?"

막상 단도직입적으로 친구가 물어보자, 공 씨는 입술만 옴찔옴찔해 볼 뿐 딱히 설명할 길이 없었다.

"진짜 중요한 거? … 아휴~ 관두자 관둬! 별들에게 물어보든지… 아니믄…."

"우리가 망상 속에서 헤매면 부처님은 뭐라시는데? 너 불자잖아. 이럴 때 좋은 설법 한마디 해줘봐바!"

"그렇지, 나 불자지. 불자! 불자인 건 맞지!"

내가 불자라고? 그 말 맞아? 이거 불망어(不妄語) 아냐? 거짓말.

살생한 아귀찜 배터지게 먹고, 다른 여자들 다 예쁘게 뵈고, 좋은
정보 귀로 훔치고, 번뇌의 술잔을 높이 들었고…. 오계로만 제대로 골
라서 위반하네? 계율을 단 하루도, 단 하나도 지키지 못했는데 불자 자
격 있어?

공 씨는 꾹꾹 눌러 씹고 있던 아귀찜을 술상 위에 캭~ 퉤퉤퉤! 뱉
어버렸다. 요즘 씹어 뱉어 낼 일이 너무 많았다. 공 씨는 충혈된 눈으
로, 자신의 입에서 나온 시뻘건 아귀 덩어리를 망연히 바라보았다.

달마게이트

봉정암까지 와서 화를 못 다스렸다는 자책 때문에 마음이 괴로웠다.
그깟 놈의 오줌 줄기 때문에 싸웠다는 사실에 잠을 이룰 수 없었다. 그 몹쓸 놈의 사소함.

달마게이트. 불법 인연을 맺게 해 준 안내자. 부모님은 몸을 주셨지만, 달마게이트는 삶의 새로운 차원의 문을 열어 준 '무엇'이다. 달마게이트로 인해 한 존재는 송두리째 바뀐 삶을 살아 갈 수도 있다. 달마게이트는 좋은 인연으로 만난 사람일 수도, 악연으로 맺어진 관계일 수도, 어떤 특정한 상황일 수도 있다. 세상살이가 힘겨울수록, 부처님을 간절히 찾을수록, 달마게이트는 잊을 수 없다.

남자는 기억할 수가 없다. 자신이 왜 쓰러졌는지, 언제 입원했는지, 나이가 몇 살인지, 사는 곳이 어디인지 기억이 나지 않는다. 벌써 병원생활이 3년이다. 뇌동맥류로 이렇게 맥없이 쓰러질 줄은 아무도 예상하지 못했다. 술 담배도 하지 않았고, 허튼짓 한번 하지 않은 채, 오로지 부처님만 믿고 산 세월이었다. 우직했다. 그래서였는지 학생 시절부터 거사회를 이끌 때까지 회장 자리는 무조건 남자의 자리였다. 본인은 고사해도 주변에서 추대하는 데는 어쩔 수 없었다. 남자는 늘 웃음이었다. 온몸이 웃음으로 꽉 차 있던 남자.

남자는 쓰러진 이후로 걸을 수 없다. 휠체어를 탄 채로 하염없이 누군가를 기다린다.

기다림. 그만큼 애타고, 외로운 일이 또 있을까. 남자의 뒷모습을 한 번이라도 본 사람은 외로움이 얼마나 사무치는 단어인지 알게 된다. 뒷모습은 속일 수 없는 이야기를 품고 있다. 남자는 기다린다. 아침부터 저녁까지, 월요일부터 일요일까지. 병원 5층, 복도 통유리 창밖만 내다본다. 작은 키에 부처님 머리 모양의 파마를 하고 오종종한 걸음으로 뛰어 올 집사람을 기다린다. 부인이 일주일에 한 번, 토요일에만 온다는 사실을 알면서도 기다린다. 어렸을 적, 엄마가 시장을 가면 따라가겠다고 길바닥을 떼굴떼굴 굴렀던 심정이다.

부인을 볼 때마다 당장에라도 따라가고 싶다. 꾸중하고, 때리면 맞으면서라도 가고 싶다. 하지만 집으로 가는 길은 너무 멀다. 부인이 돈을 벌기 위해 일을 나가야 해서 멀고, 아이들은 공부해야 할 나이이기 때문에 집이 멀다. 그리고 연로한 어머니 앞에서 누워 있을 수 없어서 더 멀어진다. 집이 멀어 남자는 갈 수가 없다. 택시요금 2만 원이면 집에 갈 수 있지만, 어쩌면 평생 집이 멀어서 못 갈 수도 있다.

병원 사람들은 남자의 앞모습보다 뒷모습에 더 익숙하다. 남자는 늘 복도 통유리에 붙은 뒷모습이다. 남자는 병원 내에 꾸며놓은 작은 법당에서도 뒷모습이다. 휠체어에 탄 채, 무엇이 간절한지 부처님 앞에 바짝 다가서서 기도를 한다. 남자는 부처님의 가피 덕분에 살 수 있었다고 생각한다. 10년 전 큰아들이 트럭에 치여 다리 하나를 잃었을 때도 부처님 가피에 감사했다. 목숨을 잃을 뻔했는데도 두 사람은 목숨을 건졌다. 아직 살아있다.

남자가 쓰러진 것은 봉정암 인근이었다. 남자는 쓰러지기 전날, 해거름 즈음에 봉정암에 도착했다. 봉정암을 평생 세 번 다녀오면 소원하는 바가 이루어진다고 했다. 그날이 세 번째였다. 다리를 잃고 의족을 한 아들의 수능시험 기도를 위해 봉정암을 찾은 것이다.

봉정암은 800명 정도가 숙박할 수 있지만, 보통 3~4배의 사람이 몰리기 일쑤다. 잠을 편하게 잔다는 것은 불가능하다. 싸늘한 비바람을 피할 수 있는 방에는 테이프가 붙어 있다. 누워 잘 수 있는 공간, 서로서로 몸을 세워 칼잠을 잘 정도의 영역이다. 그날 밤, 남자는 봉정암의 간이 야외 해우소에서 다른 불자와 언쟁을 했다.

"물건이 얼마나 크면 오줌이 옆으로 질질 새실까?"

소변기에 바짝 다가서지 않는다는 옆 사람의 타박이었다. 늘 웃음으로 대하던 남자가 그날따라 둑이 터진 듯 분노를 터뜨렸다. 한바탕 다툼을 했다.

남자는 께름칙한 마음으로 자신의 테이프 영역 안으로 들어가 칼잠을 청했다. 하지만 봉정암까지 와서 화를 못 다스렸다는 자책 때문에 마음이 괴로웠다. 그깟 놈의 오줌 줄기 때문에 싸웠다는 사실에 잠을 이룰 수 없었다. 그 몹쓸 놈의 사소함.

다음 날, 남자는 극심한 두통을 느꼈다. 하산을 서둘렀지만, 어느 순간 정신을 잃고 말았다.

오줌만 제대로 누었어도 휠체어 신세는 면했을까? 왜 하필 그 인간이 내 옆에서 오줌을 누고 있었을까? 소변기 밑에 고여 놓은 발 디딤돌만 삐뚤지 않게 있었어도 오줌은 새지 않았을 것이다. 인생을 바꾸어 놓은 방뇨.

남자는 병원의 법당에서 기도한다. 기도할 때마다 새삼 부처님에게 감사한다. 만약 부처님 말씀이 없었다면 어쩔 뻔 했는가. 무엇에 의지했을 것인가.

"야, 진짜 부처님이 계신다면 너에게 너무하는 거 아니냐?"

"너는 무슨 팔자가 그 모양이야. 매일 부처님만 찾는 놈이 어떻게 절집 개 팔자만도 못해!"

오히려 본인보다 감정이 격해진 친구들의 볼멘소리가 이제는 정겹게 들린다. 남자도 한때는 부처님을 원망했다. 남들에게는 한 번 일어날까 말까 한 일이 남자에게는 수시로 닥쳤기 때문이다. 하지만 남자는 고난을 겪으며 어렴풋이 알게 된 것이 있다. 부처님은 자신을 신앙한다고 해서, 이쪽에서 저쪽 세계로 옮겨 주시는 분이 아니라는 것을. 부처님은 복과 웃음만 퍼다 주시는 분이 아니다. 가난을 부자로 바꿔 주시는 분이 아니라, 가난을 가난으로 온전히 받아들이게 해 주는 힘. 그 힘으로 '사람'이 얼마나 소중한 존재인지, 신묘한 존재인지 궁구하게 한다. 그렇게 될 때 가난은 그저 '가난'이라는 단어가 붙어 있는 '가난'일 뿐이다. 그 가난 속에서 부처는 숨 쉬고 있다. 피해야 할 '가난'이 아니라 퍼질러 앉아 놀아야 할 소중한 가난이다.

휠체어에 앉은 남자는 헤아려 본다. 자신을 이 세계로 이끌어 준 달마게이트였던 은인이 누구였는지. 그 달마게이트가 아니었다면 남자는 이 세상을 이미 포기해 버렸을 것이다. 달마게이트 덕분에 한 움큼이나마 미망(迷妄)을 벗겨 낼 수도 있게 되었고, 꿈속에서도 가느다란 실눈을 뜨게 되었다.

달마게이트. 남자에게 달마게이트는 사람이 아니었다. 광고지에 쓰인 한 줄기 문장이었다. 젊은 날, 막연한 자신감에 취해 '갈 데까지 가보는 것'이 사내의 단발마적 패기로만 알고 있었을 때, 문득 땅에 떨어져 있던 전단을 집어든 것이 인연이었다. 그 전단은 달마대사를 그려

판다는 어느 스님의 액막이 광고지였다.

『법구경』 말씀과 함께 '농부가 물길을 돌리듯, 마음의 물길을 돌려 보세'라는 한 줄기 칼날 같은 문구가 남자의 가슴을 베었다. '갈 데까지 가보는 것'이 아니라 '갈 곳이 아니면 마음을 돌려야 한다'는 것이다. '마음은 움직일 수 있는 것'이었다. 이전까지는 마음이란 것은 고정되어 그대로 밀고 나가야 사내다움으로 알았었다. 착각이 깨져나가는 순간이었다. 마음은 돌이키는 회심(回心)이 가능한 어떤 것이었다. 남자는 무릎을 쳤다. 불교를 공부해 보고 싶은 초발심이 생겼다. 달마게이트였다.

가만히 생각해보면, 어쩌면 최초의 달마게이트는 할아버지의 손이었는지 모른다. 어렸을 적 사월 초파일만 되면 그 절은 물론 온 마을이 떠들썩했다. 할아버지의 손을 잡고 절에 오르던 진입로는 막걸리와 부침개 익는 냄새로 진동했다. 온통 흥겨운 난장이었다. 절 안은 온통 울긋불긋한 연등으로 가득 찼고, 새하얀 불두화는 스치는 바람에도 속절없이 뚝뚝 머리를 떨어뜨렸다. 대웅전 꽃살문에 취해 넋을 놓았던 한낮, 땡볕 쬐던 꼬마가 보았던 사월 초파일의 한 풍경. 막걸리에 취한 할

아버지의 붉은 손의 합장, 최초의 달마게이트였는지 모른다.

남자는 오늘도 뒷모습이다. 기다림은 뒷모습이다. 굽은 어깨에 바람이 분다. 통유리 앞에서 부인을 기다리고 있는 것이 아니다. 법당 부처님 얼굴 앞에서 신통을 바라지도 않는다. 많은 기억은 사라졌고, 날짜도, 주소도, 나이조차도 여전히 생각나지 않는다.

남자는 조각나고 너덜대는 옛 추억을 이어본다. 부처님이 계신 곳을 향해 걷는 남자의 뒷모습이 보인다. 뒷모습은 거짓말하지 못한다. 속일 수 없다. 달마게이트는 헐거운 걸음으로 걷고 있는 자신의 뒷모습이었다.

거짓말의
기술

비싼 수업료 내고 그때 신의 한 수를 배웠다. 국가가 가르쳐 준 묘수였다.
국가건 마을이건 게을러 터진 인간들은 자극 없이 쉽게 움직이지 않는다. 자신들에게 닥칠
직접적인 손해를 시뮬레이션 해 주어야지만 움직인다. 그것도 아주 빠르게.

처음에 거짓말을 하면 아무도 믿지 않는다. 그렇지만 다시 또 하면
'갸우뚱' 한다. 그리고 재차 같은 말로 거짓말을 하면 '혹시 그럴지도
몰라' 한다. 그렇게 계속 흔들림 없이 반복하면 결국 상대방은 '믿고'
만다.

**포인트 하나, 상대방에게 이익이 돌아갈 것임을 암시할수록 거짓
말은 진실의 날개를 단다.**

사랑마을에 사는 맹 씨는 주목받는 인생으로 살고 싶었다. 그래서

말을 잘하는 사람이 부러웠다. 어떤 이는 긴 귀와 짧은 혀가 지혜로운 사람의 모습이라고 했지만, 맹 씨에게는 빛 좋은 개살구 같은 말씀이었다.

맹 씨의 귀는 코끼리 귀다. 남의 말만 맞장구 쳐주느라 귀는 늘어져 나팔대는 코끼리의 긴 귀가 되었고, 짧은 세 치 혀에서 말이 떨어지기까지의 거리는 42.195킬로미터다. 생각하고 또 생각하여 입을 열면 사람들은 '뜨아' 하니 얼어붙는다. 웃어야 하나 말아야 하나. 남극 펭귄도 무릎을 꿇는 썰렁한 반응에 홍당무가 되어 혀라도 씹고 싶은 심정이었다.

맹 씨는 시중에 나온 말 잘하게 해 준다는 처세술 책에서부터 스피치 학원까지 모조리 섭렵했지만, 막상 실전에서는 거북이 등에 털 깎는 소리만 쏟아졌다.

어느 날 동네 모임에 참석한 맹 씨는 그날 아침 읽은 처세술 책의 제목이었던 '들이대고 저질러야 성공한다!'는 말이 번개처럼 머리를 스쳤다. 자신도 이제는 머뭇거리는 인생을 폐기해야겠다고 결심했다. 그간 공부한 것을 테스트도 할 겸 맹 씨는 내지르듯 외쳤다.

"제가 마을의 진입로 조경은 책임지겠습니다."

사랑마을은 깨진 콘크리트 때문에 진입로가 살벌했다. 그래서 나무 심기는 마을의 숙원사업이었다. 맹 씨의 외침에 자리에 모인 마을 사람들은 귀를 의심했다. 평소에 소심하고 조용했던 맹 씨였기 때문이었다. 게다가 이 일이 어디 한두 푼 드는 일이던가.

"맹 씨, 그러지 말고 각 집에서 얼마씩 갹출을 해야지 혼자 독박을 쓰면 안 되지."

맹 씨는 일단 자신의 말에 대해 사람들이 주목하는 것에 대해 쾌감을 느꼈다. '이 세상에 나 살아있음'이라는 존재감이 확실히 느껴졌다. 짜릿했다.

"사실 제가 이 말은 안하려고 했는데 모두 형님, 아우 같고 누님 같아 드리는 말씀인데 국가 혜택을 좀 받았습니다."

화살을 쏘았으면 무슨 일이 있어도 과녁을 뚫어야 하는 법. 말의 진실성을 높이기 위해서는 형님이니 누님이니 하는 과감한 감성 자극 데코레이션이 필요하다.

"국가 혜택? 이 일은 시(市)에서도 안 도와주는 일인데?"

마을 반장은 자신의 정치력이 부족한 것이 아니라는 취지로 의문을 표시했다.

"사실은 대한민국 기획재정부에서 발행하는 복권에 분에 넘치는 금액이 당첨 되었습니다. 대한민국 국민으로서 국가의 혜택을 받는 셈이지요."

맹 씨는 사람들이 주목하면 할수록 말이 술술 풀리는 자신을 의식하고, '내가 아닌 나가 또 있는 것이 아닌가?' 하는 의문이 들었다.

"국가의 혜택을 저만 누릴 수 있겠습니까? 마을은 공동체로 굴러가는 것이니 저도 이번 기회에 국가에 보답도 할 겸 이 마을을 위해 작은 기여라도 하고 싶습니다.”

맹 씨의 입에서 국가, 기여, 공동체라는 단어들이 튀어나가자, 마을 사람들은 경건한 애국심이 발동된 듯, 서로를 대한민국 국민의 눈으로 열렬히 바라보았다. 맹 씨도 순교자의 심정으로 좌중을 둘러보았다. 어느새 자신은 더 이상 찌질하게 열등한 사람이 아니었다. 맹 씨는 ‘알고 봤더니 추진력도 강하고 정의로운 인물’, ‘개인보다는 국가와 사회를 위하는 희생적인 인물’이 되어갔다.

맹 씨는 내심 놀랐다. 주민들은 낚시 바늘을 물고 잘도 끌려온다. 별것 아니었구나 하는 자신감이 꿈틀댄다. 일단 저질러서 내뱉어 본 한마디는 비탈에 던져진 눈덩이처럼 생각 이상의 힘을 발휘했다. 사실 사람들은 본인은 싫지만 누군가 나서서 이 일을 추진해 주길 바랐다. 리더에게는 약간의 공치사와 박수면 충분한 부조가 되리라 생각했다. 진입로가 산뜻해지면 누구보다 마을 주민 한 사람 한 사람에게 혜택이 돌아갔다.

포인트 둘, 거짓말도 아름다운 명분으로 포장되면 쉽게 들키지 않는다.

맹 씨는 ‘도로 개선 추진위원회’를 만들자는 사람들을 뒤로하고, 겸손한 뒷모습을 의식하며 모임 자리에서 빠져나왔다.

흉물스러운 콘크리트 도로가에 주저앉은 맹 씨는 지갑에서 꾸깃꾸깃한 복권을 꺼내들었다. 복권을 한참이나 들여다보았다. 맹 씨는 그 옛날 기우제를 지내던 마을 이장의 심정으로 스마트폰을 열었다. 수십 년 가뭄에 비 소식 같은 당첨을 기대하며 당첨 숫자가 나오는 앱을 눌렀다.

그때였다. 맹 씨의 스마트폰으로 무엇인가가 툭하고 떨어졌다. 잘 익은 버찌였다. 맹 씨는 대수롭지 않게 손가락으로 버찌를 쓰윽 문질렀다. 그런데 오히려 액정 위로 보랏빛 버찌물이 확 번져버렸다. 맹 씨는 보랏빛 버찌물이 들은 손가락을 쪽쪽 빨아보았다. 쉽게 지워지지 않았다.

맹 씨가 무슨 생각에서인지 성큼성큼 걷기 시작했다. 그리고는 마을 진입로 조경 나무를 심어야 할 자리에서 멈춰 섰다. 맹 씨는 손톱에 힘을 주어 구덩이를 파기 시작했다. 그 얼굴은 마치 금을 캐는 광부의 얼굴이었다. 구덩이에 복권들을 한 장씩 파묻었다. 맹 씨는 복권 씨앗을 심은 뒤에 그 위에 오줌을 내갈겼다. 검은 하늘을 올려다보던 맹 씨의 얼굴에 뿌듯한 웃음이 흘렀다. 거짓말을 속된 말로 '노가리 깐다'라고 한다. 노가리는 명태새끼를 뜻한다. 맹 씨의 머릿속에서 수많은 명태새끼들이 헤엄치기 시작했다.

다음 날이었다. 맹 씨는 느꼈다. 자신을 바라보는 마을 사람들의 눈빛이 확연히 달라져 있음을. 더는 주변머리 없는 맹 씨가 아니었다.
'희생과 정의'로 포장된 말 한마디의 약효는 역시 대단했다.

거짓말은 의외로 쉬웠다. 무엇보다 흥분된 기분이 신선했다. '거짓
말도 잘만 하면 논 닷 마지기보다 낫다'거나 '거짓말이 외삼촌보다 낫
다'라는 말이 실감났다.

**포인트 셋, 익명의 세상에 자신에게 피해가 가지 않는 한 침묵으로
입을 닫는 사람들을 이용하라. 소극적 침묵은 긍정이다.**

맹 씨는 완장을 찬 기분이었다. 무엇인가 특별한 권력을
가진 느낌. 침묵하는 그들을 바른길로 이끌어야 한다는 책임감마저 느
껴졌다. 만약, 자신이 솔선수범하여 총대를 메지 않았으면, 그 흉측한
도로의 나무 심기는 보나마나 또 연기되었을 것이다. 이제 맹 씨의 눈
에는 그들이 게으른 인간들, 무책임한 주민 일동으로 보였다. 맹 씨는
자신이 내지른 말 한마디 때문에 스스로 생각해도 놀랄 만큼 진화 중이
었다. 혹시 마을 사람들이 자신의 공적을 몰라 주더라도 실망하거나 노
여워하지 않기로 마음먹었다. 원래 앞장서는 사람은 외로운 것이고,
비난에는 무심해야 하는 법이다.

맹 씨는 마을 반장에게 제의했다.

"가만히 생각해 보니 조경 프로젝트를 저 혼자 다하게 되면, 주민

들이 마을을 더 사랑할 수 있는 기회를 빼앗는 결과가 될까 걱정스럽습니다. 마을 분들이 힘을 합해 손수 흙도 파고 나무도 심으면, 애향심도 커지고 마을 분위기도 더 화기애애해지지 않을까요?”

공손하고 진지한 맹 씨의 태도에 반장도 백분 공감했다.

“생각해 보니… 일리가 있는 말씀이네요. 주민들이 함께 힘을 합해야 앞으로 관리도 더 잘 할 수 있겠고요. 우리가 더 도울 일은 없을까요?”

“도울 일은 없으시고요. 다만 우리 마을을 위해서 시(市)에서 얻어낼 것이 아주 많습니다. 마을을 더 크게 발전시키려면 업무 추진비가 좀 필요할 것은 같습니다.”

반장이 주춤거리며 갈등을 하자, 맹 씨는 넌지시 말을 넣었다.

“공무원들이 우리 마을에 오게 되면 귀찮은 일이 생길 수도 있어요. 우리들끼리야 괜찮겠지만 그 사람들 눈에는 어느 집 하나 불법으로 안 걸리는 곳이 없잖습니까. 그건 아시지요?”

“불법이라니요?”

“사실 톡 까놓고 말해서 이 마을에 건축법 지킨 집이 몇이나 됩니까?”

“건축법이요?”

반장은 긴장했다. 은근한 협박이었다.

“다들 가건물로 불법 건축물 지었지, 무단으로 도로 점용했지, 게

다가 반장님 집은 호화주택에 속하지 않습니까? 이거 그쪽에서 알게 되면 벌금이 어마어마합니다."

반장은 분노어린 눈으로 맹 씨를 황망하게 쏘아보았다.

맹 씨는 바야흐로 마을을 위해 큰일을 하려면 자신이 이성적이어야 한다고 생각했다. 마을 일에 주민들의 적극적인 참여를 이끌어내려면 자극요법도 필요했다.

맹 씨가 고등학교 시절, 정부와 언론은 북한이 금강산댐으로 남한을 공격하면 63빌딩의 절반이 물에 잠기고, 남산도 거의 잠길 거라고 보도했다. 국민들에게는 날벼락이었고, 평화의 댐 건설 성금 모금은 불이 붙었다. 맹 씨의 머리에 마침 떠오른 것은 그 사건이었다. 잊을 수 없었다. 그 당시 맹 씨는 고지식한 성격 탓에 부모가 말리는 데도 6년간 저금해 놓았던 돈을 몽땅 털어 성금했다. 오히려 수공(水攻)의 심각성을 모르는 국민과 부모님이 답답해 미칠 지경이었다. 하지만 그 어마어마한 돈들은 다 어디로 갔을까?

비싼 수업료 내고 그때 신의 한 수를 배웠다. 국가가 가르쳐 준 묘수였다. 국가건 마을이건 게을러 터진 인간들은 자극 없이 쉽게 움직이지 않는다. 자신들에게 닥칠 직접적인 손해를 시뮬레이션 해 주어야지만 움직인다. 그것도 아주 빠르게.

조경을 책임지기로 한 이후로, 맹 씨는 마을을 위하는 마음은 그 누구보다 열렬하다고 자신했다. 이런 마음을 마을 사람들이 알 턱이 없었다. 의인(義人)은 그런 것에 일일이 신경 쓰지 않는 법이다. 주민의 오해나 비난은 훈장쯤으로 생각하기로 했다.

포인트 넷, 상대가 사기꾼임을 알고 있더라도 자신의 약점으로 인해 본인의 피해가 예상되면 판도라의 상자는 열지 않게 된다.

맹 씨는 사랑마을 사람들이 구슬땀을 흘리며 나무 심는 모습을 흡족하게 바라보았다. 순전히 업무 추진비로만 값싸게 구입한 푸른 나무들이다. 앞으로 화려한 복권 열매를 주렁주렁 달아 줄 것이다. 그 열매를 먹은 이 마을 사람들이 복권 당첨금들이 되어 맹 씨의 주머니를 두둑이 채워줄 것이다. 앞으로도 이런 저런 명목으로 걷어야 할 경비가 많기 때문이다.

언제부턴가 마을 사람들이 먼저 말을 걸지 않는다. 고독했다. 하지만 침묵하는 다수를 끌어가는 선각자는 오히려 이런 고통 속에서 위대해지는 법이다.

맹 씨는 아직 반이나 남은 업무 추진비를 만지작거렸다. 정의를 지키고 희생을 하여 들어 온 눈물 젖은 돈이었다. 맹 씨는 벅찬 감동에 젖었다. 앞으로도 마을을 위해 온몸을 바칠 것을 굳게 다짐하였다.

사랑마을의 복권 나무들은 탐스러웠다. 나무를 바라보던 맹 씨는 일취월장 진화한 자신이 대견스러웠다. 복권 나무들 가지 사이로 노가리들이 헤엄치며 놀았고, 의인(義人) 맹 씨의 혀에는 침이 가득 고였다.

포인트 다섯, 형편없는 거짓말도 기회를 잡아 성공시키게 되면, 욕을 하면서도 은근히 부러워하는 사람들이 지천이다. 성공만 하면 만사형통이리라!

인간들이
수상하다

잘 생긴 내 귀를 움켜잡고 무서운 말은 자꾸 왜 해? 영수 아빠랑 영수랑 가족 모두 한꺼번에 싹 없어져 버릴 거라고? 그럼 뭐, 번개탄이라도 피우게? 그럼 난 어떡해? 누가 밥 주냐고!

인간들이 수상해!

며칠 전부터 내 밥그릇의 음식이 확실히 좋아졌다. 두 번 연속으로 족발과 돼지갈비가 담기다니…. 이 집에 온 후로 처음이다.

내가 이 집으로 온 것은 순전히 영수 때문이다. 열 살인 외동아들 영수가 여섯 살 시절, 네 발 달린 동생을 키우겠다고, 이틀 간 밥을 안 먹는 뗑깡으로 나는 이 집에 식구가 될 수 있었다.

우리 엄마는 바로 옆집에 살았다. 두 해 전 이맘때 세상을 다 태워버릴 것만 같았던 땡볕이 내리쬐던 그 날까지는…. 가끔 바람결에 엄마 냄새가 날 때면 내 목에 걸린 쇠줄을 끊으려 얼마나 물어뜯었는지 모른다.

엄마의 냄새가 완전히 사라지기 전날 밤, 엄마는 왜 그리 괴상한 소리로 울어댔는지…. 설마 날 부르는 소리였을까? 그 소리는 끔찍한 늑대의 울음소리 같았다.

영수 아빠는 늘 이상해~

영수 아빠는 눈물이 참 많은 사람이다. 물론 술을 먹었을 때만! 술 냄새를 풀풀 풍기면서 내 얼굴을 붙들고 뽀뽀를 하고, 자기 코로 내 까만 코를 부비면, 아, 나까지 취해~. 좋다 이거야. 그런데 왜 술만 깨면 날 해코지하냐고~ 또, 가만히 퍼먹고 있는 내 밥그릇은 왜 차냐고~ 먹는 밥 뺏는 게 세상에서 제일로 못된 짓이야. 그러니까 동네 사람들이 사람 취급을 안 하지.

먹고 살기 힘들다고 50CC 오토바이 훔쳐서 파출소 갔다며? 깜방에 넣어 달라고, 밥 걱정은 안할 수 있다고! 순경들이 영수를 생각해서 그러지 말라고 되돌려 보내니까, 맨홀 뚜껑 훔쳐서 그 파출소 다시 갔다며? 제발 특수 절도로 집어넣어 달라고. 으이그~ 이 소심한 인간아! 영수를 생각해야지. 정말 '개 같은 내 인생'이라고 노래하며 살 거야?

딴에는 돈도 못 벌고 허구한 날 병명도 알 수 없이 아프기만 하니까, 자기 입이라도 하나 더 줄여 보려고 그런다며. 그게 하나 있는 영수를 살리는 길이라고 철석같이 믿고 있다지? 왜 내 팔자가 부러워? 개 팔자가 상팔자로 보여?

영수 엄마도 요즘 부쩍 이상해~

밥도 제대로 안 주더니 요 며칠 유난히 날 챙겨주는 것이, 아무래도 이상해!

내 밥그릇에 있는 족발하고 돼지갈비, 영수 엄마가 가져온 거 다 알아. 저 아래 담벼락 높은 집, 풍년갈비집 사장님네 음식물 쓰레기통에서 슬쩍 가져온 거지? 새벽 3시에 퇴근할 때 말야. 그때는 아무도 안 보니까 쓰레기통을 뒤져도 덜 챙피했겠지. 새벽 3시에 퇴근하는 거 어떻게 아냐구? 내가 누구야. 명색이 진도 믹스 아니야. 아빠는 진돗개 잡종, 엄마는 누렁이. 말이 나와서 말인데, 얼마 전 영수 아빠랑 모란시장 가니까 진도 믹스가 지천이데? 모란시장 건강원에는 도사 믹스하고 진도 믹스가 최고 인기라던데? 왜 갔냐구? 잘은 몰라도 영수 아빠가 건강원 주인하고 막 싸우데? 이렇게 좋은 개를 똥값에 팔 것 같냐구 말이야. 그때 내가 좀 으쓱했어. 설마 영수 아빠 입에서 '좋은' 어쩌고 이런 말이 나올 줄 몰랐거든. 나도 쫌은 괜찮은가봐. 그럼 맨날 발로 차지나 말지.

영수 엄마가 밤에 이쁘게 하고 다니면서부터 동네 사람들이 쑤군거려. 밤에 술집에 나가는 것 같다고? 사실 또 술집이면 어때. 그지? 영수 아빠 병원비도 내야 하고, 영수 학교도 보내야 하는데. 게다가 영수 엄마 자신도 살맛 안 난다고 입에 달고 살잖아? 내가 보기엔 우울증이 심각해. 밤에 나가는 것 빼놓곤 밝은 낮에도 골방에서 안 나오잖아. 내 밥 주는 것도 자꾸 잊어버리고 말이야. 지금 영수 때문에 겨우겨우 힘

내는 거겠지? 우울증 고쳐 보려고 노래방 도우미 하는 거 맞지? 아니면 순전히 돈 때문에?

그런데 말이야, 새벽 3시에 일만 다녀오면 나 붙잡고 씨발, 씨발은 왜 찾아. 두꺼운 화장은 뭉그러졌지, 눈물 콧물은 줄줄 흘리지, 머리 아픈 향수 냄새는 왜 또 그리 독해? 잘 생긴 내 귀를 움켜잡고 무서운 말은 자꾸 왜 해? 영수 아빠랑 영수랑 가족 모두 한꺼번에 싹 없어져 버릴 거라고? 그럼 뭐, 번개탄이라도 피우게? 그럼 난 어떡해? 누가 밥 주냐고!

영수도 이상해~

자꾸 좁은 내 집에 들어와서 날 부둥켜안고 자려고 하네. 돌아가신 할머니가 너보고 "아이구, 강아지 냄새~ 아이구 우리 강아지" 하고 말씀했던 거 기억해? 니가 내 집에서 자면 땀 냄새가 아니라 진짜 강아지 냄새 난다. 너! 그리고 내 방 되게 좁아. 그리고 이렇게 푹푹 찌는 더위에 니가 왜 내 방을 차지하냐구. 니가 날 지켜 주려고 그런다고? 영수야, 속 터지는 말 그만해! 개가 사람을 지키는 거지. 사람이 개를 지키는 게 말이 돼?

아, 내일이 마… 말복이어서 그런다고? 복날 우습게 보지 말라고? 모란시장에 아부지가 날 끌고 간 일도 복날 때문이었다고? 엄마가 요즘 족발이랑 돼지갈비 해 준 것도 다 날 잡아 먹으려고 하는 짓이라고? 미안해서 '마지막 만찬'으로 미안함을 달래려고 그런다고?

영수야, 난 괜찮아. 두 해 전 여름 복날 전날 밤, 우리 엄마가 찢어지는 목소리로 이야기하려고 했던 것이 무엇인지 사실 알고 있었어. 엄마는 날이 밝으면 더 이상 이 세상에 있을 수 없다는 것을 본능적으로 느꼈던 거야. 물론 바람을 타고 실려 오는 내 냄새도 맡을 수 없게 될 것이고. 개미도 죽을 때를 알고 소도 자신이 낳은 송아지가 떠나면 눈물을 흘리잖아.

하지만 영수야, 난 그동안 행복했어. 니가 옆에 있어서…. 너 기억하니? 니가 어렸을 때 내 밥그릇에 밥을 반은 네가 주워 먹고 컸던 거. 또 너희 아빠가 우리를 한 이불 속에서 살게 해줬던 거. 난 그때 정말 내가 너의 동생인 줄 알았어. 니가 프라이를 먹으면 나도 프라이를 먹었고, 니가 김치를 먹으면 나도 김치를 먹었으니까 말이야. 난 내가 사람인 줄 알았다니까. 쇠줄에 묶이기 전까지는.

너희 엄마도 이렇게 우울해지기 전에는 함박웃음을 웃었던 거 알아? 이불 홑청을 빨랫줄에 널다가 하얀 홑청 위에 앉은 잠자리를 잡아서 내 코에 올려놓고 깔깔대고는 했지. 아마 엄마는 날 무척 사랑하지만 나보다 더 사랑하는 널 위해 나를 필요로 하는 걸 거야. 비리비리해서 늘 골골한 너에게 내가 약이 될지도 모르잖아? 너희 집 형편에 보약은 꿈도 못 꾸고, 그렇다고 음식물 쓰레기통의 고기를 너에게까지 먹일 수도 없고 말이야.

난 괜찮아. 너와 한몸이 된다면 그것도 기쁜 일이잖아? 우리 엄마는 사랑도 받지 못한 사람에게 몸을 버렸지만, 난 또 다른 영수가 될 수 있는 거잖아.

만약에 엄마 아빠가 닭고기라고 속여서 너에게 내 살을 주면, 눈 딱 감고 말 잘 들어야 해. 그게 날 해탈시키는 거고, 너에게 줄 수 있는 내 유일한 선물이니까.

그리고 절대 울면 안 돼. 네가 자꾸 울면 엄마 아빠가 세상을 더 싫어하게 될지도 모르잖아. 신문에 나고 싶어? 번개탄 가스 배 터지게 먹었다고? 약속해 울지 않기로!

그동안 참 많이 고마웠어, 영수야. 갑자기 니가 싸 놓은 똥을 아주 달게 먹었던 옛날이 생각난다. 사람들이 날 똥개라고 놀렸지만 난 너에게 가족이었지? 그거 맞지? 맞는 거지?

다음 생에서는 꼭 인간으로 태어나 너의 진짜 동생이 되고 싶어. 인간으로 착각한 똥개가 아니고….

복날을 탓하지 마. 난 우리 엄마처럼 밤새 울부짖지 않을 거야. 내일이면 너와 한몸이 될 테니까. 더 이상 울지 마.

쉿!

쪽빛 물든

무영의 눈에는 소녀가 귀신과 이웃사촌처럼 보였다.
"만약에 성황당 나무 아래에서 거짓말을 하면, 성황당 귀신이 반드시
재앙을 불러 온다고 했어!"
담배꽃 소녀가 갑자기 무엇인가를 불쑥 내밀었다.

무영은 요즘, 아침에 눈을 뜨면 머리 위로 안테나가 하나씩 솟아난다. 그 안테나는 시도 때도 없이 전파를 탐지한다. 전파는 작은 구릉 위에 있는 옆집에서 새어 나왔다. 한 아주머니의 목소리. 사실 아주머니가 아니고 그 소녀였다.

20여 년 전 군대를 제대하고 복학해서 참가한 '농촌 봉사 활동', 그 농활에서 만난 말괄량이 소녀. 당시 고1이었던 그 소녀가 바로 옆집에 둥지를 틀 줄이야! 세상은 중생의 눈에 우연으로 보일 뿐 '눈 한 송이도 떨어질 자리에 정확히 떨어진다'고 했던가?

얼마 전까지 무영은 세상일에 지쳐 백척간두에 선 기분이었다. 도

망치는 심정으로 산속에 은신처를 마련한답시고, 엉성한 전원주택으로 이사를 했다. 문을 열면 짙푸른 산과 향기로운 나무, 절로 미소짓게 하는 새들의 지저귐. 게다가 속세의 아귀다툼을 여여하게 바라보게 해 주는 치열한 수행의 실천까지. 모든 게 그럴 듯했다. 그 야생마 같은 말괄량이 소녀가 이사 오기 전까지는.

새파란 파도가 하루에 열두 번씩 가슴을 치던 열혈 청년 시절, 전라도 나주의 담배 농사를 짓는 마을로 농활을 갔다. 주된 일은 하루 종일 땡볕과 싸우며 담뱃잎에 곁순을 따는 일이었다. 곁순은 꽃을 말한다. 담배꽃이 여리고 아름답다고 끊어내지 못하면 어느새 담뱃잎은 영양부족이 되어 크지를 못한다. 냉정하지만 끊어 버려야 할 담배꽃. 천방지축 그 말괄량이 아이가 그 당시 무영에게는 어쩌면 담배꽃이었는지도 모른다.

농촌활동은 근로활동과 분반활동으로 나뉘었다. 분반활동은 마을 사람들의 나이에 따라 청년반, 여성농민반, 학생반 등으로 진행됐다. 그 당시 농활은 농민운동과 학생운동의 연대로 발전시키려는 의도가 있었던 때였다.

학교 동아리 노래패에 속해 있던 무영은 학생반에서 담배꽃 소녀를 만났다. 무영이 감정에 복받쳐 민중가요를 한 곡 뽑고 나면, 담배꽃 소녀는 조용필 그 이상을 바라보는 눈빛으로 눈물을 글썽거리고는 했다.

담배꽃 소녀의 집은 직접 쪽을 재배하여 천연 염색을 했다. 집 뒤가 쪽 천지였다. 붉은 빛 감도는 강렬한 자주색 쪽의 꽃처럼 담배꽃 소녀도 겁 없는 자주색이었다.

9박 10일의 농활 기간에 담배꽃 소녀는 무영의 곁을 한 시도 떠나지 않고 맴돌았다. 무영은 그런 소녀를 따뜻하게 대해 주었다. 하지만 천방지축 꼬마숙녀를 여자로 볼 여유는 없었다. 그런 무심한 태도가 오히려 담배꽃 소녀를 자극하는 이유가 되었을지도 모른다.

쪽물 염색은 진기한 체험이었다. 남색 쪽물이 든 천을 꺼내어 찬물에 헹구어 바람과 햇볕에 맡겨두면, 어느새 눈앞에는 쪽빛 담은 새파란 하늘이 펼쳐진다. 눈이 시리도록 깊이를 알 수 없는 그 쪽빛 바다.

담배꽃 소녀는 그 쪽빛 바다에 풍덩 빠져버리고 싶었다. 무영이라는, 쳐다만 보아도 몸살이 나는, 세상을 다 가진 것만 같을 그 남자와 함께.

농활대가 떠날 날은 다가오는데 무슨 짓을 해도 무덤덤한 무영. 자존심이 상한 담배꽃 소녀는 화룡점정을 꿈꾸었다. ‘평생 잊지 못할 점을 찍어버리리라!’

마을회관 앞, 소녀는 귀기(鬼氣)가 안개처럼 자욱하게 흐르고 있는 성황당 나무 아래로 무영을 불러냈다. 성황당 나무에 걸쳐 있는 새끼줄 사이사이에는 흰 종이들이 나풀댔다.

"성황당 나무 안에는 귀신이 사는데, 귀신에게 잘해 줘야 이 나무도 잘 자란데!"

담배꽃 소녀는 서울 풋내기 무영에게 또박또박 힘주어 말했다. 무영의 눈에는 소녀가 귀신과 이웃사촌처럼 보였다.

"만약에 성황당 나무 아래에서 거짓말을 하면, 성황당 귀신이 반드시 재앙을 불러 온다고 했어!"

담배꽃 소녀가 갑자기 무엇인가를 불쑥 내밀었다. 무영은 지금 이 상황들이 현실이 아닌 것만 같았다.

"이건 그대에게 주는 선물! 내 손으로 직접 물들였어. 아저씨가 나랑 결혼식 날 입을 쪽빛 속옷!"

"이런 것은 아무한테나 하는 게 아니야!"

무영은 말 많은 동네에서 누가 볼까 두려웠다.

"그러니까 하는 거지. 특별한 남자에게! 내가 어리다고 무시하지 마!"

거침없는 담배꽃 소녀의 입에서 강렬한 자줏빛이 튀어 나오고 있었다.

담배꽃 소녀는 주저 없이 성황당 새끼줄 사이를 벌려 하얀 종이를 꽂아 넣었다.

"내일 낮 12시까지 저 흰 종이가 쪽빛 물든 종이로 변해 있으면 아저씨가 내 마음을 받아준 것으로 생각할 게! 만약 흰 종이 그대로면 난 그냥 콱…."

콱? 콱? 무영은 머리가 아득해졌다. 담배꽃 소녀는 스스로 설움에 복받쳐 눈물을 쏟아냈다. 소녀에게서 쏟아지는 자줏빛! 그것을 어떻게 막아보기에는 너무 강렬했다.

"아휴~, 겁은 디게 많아가지고!"

어느새 소녀는 두리번거리는 무영의 볼을 당겨 잡고, 거침없이 입을 맞추었다.

쪽~ 쪽~ 엉겁결에 당한 뽀뽀 소리가 새벽종 소리보다 크게 온 동네를 울렸다.

"나를 쪽! 팔리다고 생각하는 건 아니지?"

소녀는 거리낌도 없었고 당찼다. 하지만 담배꽃 소녀에게 정신없이 공격당한 무영은 하늘이 노랬고, 쪽빛 속옷도 노랗게 보였다.

다음 날이었다. 지난밤 성황당 나무 아래에서 있었던 일이 9시 뉴스에라도 방송된 것처럼 온 마을에 퍼져 있었다. 그것도 아주 세세하게. 범인이 누구인지 잡을 겨를도 없었다.

마을과 농활대 사이의 문제를 중재하고 해결해야 할 위치에 있던 무영. 그로서는 도저히 얼굴을 들고 다닐 수가 없었다.

성황당 아래에서 불경스러운 짓거리를 했다는 마을 어른들의 분노. 그것에 대해 일일이 설명하기에는 역부족이었다. 할 수 없이 무영과 농활대는 활동을 접고 물러날 수밖에 없었다.

그 후로 오랜 시간이 지났지만 지금까지도 후배, 동료들에게 해명하지 못했다. 얼굴이 화끈거리는 부끄러운 상처로 새겨져 있다. 쪽빛은 부끄러움이다.

그런 그녀가 나타났다. 야생마처럼 천방지축 날뛰던 그녀. 그것도 바로 옆집 잘생긴 남편과 함께. 이제는 세상도 알만큼 알고, 낯짝도 두꺼워졌다고 생각하던 무영이었다. 하지만 그것은 착각이었다. 그녀를 맞닥뜨리고 나니 가슴은 콩콩 뛰고, 아랫도리는 힘이 빠졌다. 다시 그때의 성황당 앞에 서 있는 기분이었다. 이 무슨 조홧속일까?

이제는 소녀에서 아주머니가 된 담배꽃 아주머니는 무영이 떠난 후로도 꽤 오랫동안 무영에게 편지를 보내오고, 학교 앞에서 무작정 기다리고는 했다. 무영은 그럴 때마다 무거운 책임감과 도덕심으로 무장한 채, 태극당 빵집에서 우유와 카스테라를 사 주고, 차표를 끊어 돌려보내고는 했다.

무영은 요즘 오랜만에 설렜다. 한때는 자신을 죽자고 좋아했던 소녀가 있다는 사실만으로도 왠지 인품이 고양되는 기분이었다. 라면땅이 센베이 과자가 된 기분이랄까?

무영은 더 자주 툭 튀어 나온 배를 쓰다듬었고, 흰머리를 뽑느라 머리통이 얼얼해졌으며, 더는 추리닝 유니폼만을 고집할 수 없었다. 오

랜 기간 자신을 당혹스럽게 만든 웬수라면 웬수였음에도 예전과는 달
리 이제는 잘 보이고 싶다. 알다가도 모를 일이었다. 청춘의 추억과 함
께 왠지 모를 두려움을 풍기는 담배꽃 아주머니.

아랫집에서 천렵으로 잡은 민물고기로 수제비 매운탕을 끓였다.
예전 같으면 슬리퍼를 끌고 갔을 무영이 운동화의 먼지를 턴다. 양말까
지 신으려다가 남들이 이상한 눈으로 볼까봐 평소대로 맨발로 나선다.
방아 잎을 넣은 매운탕은 기가 막힌 맛이었다.

소주를 여러 잔 마신 쪽꽃 빛깔을 띤 아주머니가 무영을 또렷이 보
며 물었다.

"요즘에 쪽빛 물들이기 참 좋을 때죠?"

담배꽃 아주머니는 이내 남편을 돌아보며 말을 계속 이었다.

"쪽빛으로 속옷을 물들이면 참 좋은데… 그치 여보? 친정 우리 동
네는요, 쪽빛 천지라 성황당 나무에도 쪽물 들인 한지를 써요!"

무영의 입 속에 민물고기들이 살아 헤엄치기 시작한다. 튀어나온
배로 힘이 잔뜩 들어가고, 아무래도 흰머리는 염색을 꼭 해야겠다는 다
짐을 해 본다. 입속은 까칠해지지만 무영의 얼굴도 어느새 아주머니의
입에서 쏟아지는 자줏빛으로 물들어갔다.

무영에게 있어 담배꽃의 꽃말은 '새콤달콤한 청춘'이었다.

고래

여자는 고래처럼 헤엄치며 살고 싶었다. 미끈한 점액질이 스며 나오는 몸뚱이로 어디에도 걸리지 않고 무엇에도 물들지 않은 채로, 한 번의 몸짓만으로도 자신의 존재감이 바다에 전해지는, 바다가 여자의 이야기에 귀를 기울이게 되는 삶. 누구도 가보지 못한 푸른 바다의 깊은 속살을 고래가 헤엄치듯, 여자도 늘 설레는 삶을 꿈꾸었다.

여자에게 삶이란 버티는 것이었다. 초등학생이 크레용 색깔을 찾듯 검은 빨래와 흰 빨래를 나눌 때마다, 밥솥에 백미와 잡곡을 구별하여 압력 취사 버튼을 누를 때마다, 남편의 교과서 같은 교양 있는 칭찬과 기계적인 밤 놀음이 시작될 때마다, 친구들이 아름다운 미담을 카톡

으로 퍼 날라 감동을 숟가락으로 떠먹여 줄 때마다, 여자는 해변으로
올라와 땅으로 투신하는 고래를 떠올렸다.

여자는 술을 마셨다. 술독에서 헤엄치는 고래는 그때야 모든 것에
대해 관대해진다. 남남이던 검은 빨래와 흰 빨래가 서로 함께가 되어 세
탁기 안을 헤엄친다는 사실에 웃음이 터졌고, 술 취한 자신 대신 증기기
관차의 기적 소리를 내며 밥을 해 주는 밥솥이 고마워진다. 처세에 능한
남편의 어쭙잖은 찬사에도 키득키득 웃어 줄 수 있었다. 해변에 처박혀
숨을 헐떡이던 고래는 술로 가득 찬 바다로 꿈틀꿈틀 몸을 밀어 넣는다.

하루, 이틀, 사흘…. 술 마신 고래는 유쾌한 기분이다. 평소에 하
지 않던 다른 물고기들의 안부를 묻는 전화를 하거나, 자신을 좋아했던
사내들을 한번 건드려 보고 싶어진다. 싫어하던 요리를 자청해서 안주
도 만들고, 중학생 막내의 별식까지 척척 차려낸다. 고래는 자꾸 웃음
이 나온다.

나흘, 닷새, 엿새…. 술 취한 고래는 여기가 육지인지, 푸른 바다
의 속살인지 도무지 구별이 되지 않는다. 남편을 출근시키고 막내를 학
교 보내 놓고 나면 그대로 무너진다. 나이 쉰의 내공이 그들에게 그녀
가 심각해 보이지 않게 했을 뿐이다.

고래는 바다로 가고 싶다. 바다의 비린내가 팽팽하게 콧방울을 팽
창시킨다. 고래는 카드도 집어 던지고, 휴대폰도 벽을 향해 던져 버린
다. 현관문 손잡이만 비틀어 열면, 푸른 바닷물이 왈칵 쏟아져 들어올

것이다. 바다의 눈부신 햇살이 가슴을 부풀려 놓을 것이다. 안방에 침대가 두둥실 떠다니고, 소파와 밥솥, TV도 더덩실 물고기들과 춤을 출 것이다. 손잡이를 잡은 여자의 손이 부들부들 떨렸다. 비틀기만 하면, 한 발자국만 내디디기만 하면, 바닷길인데….

여자는 어느새 싱크대 밑에 주저앉아 있다. 싱크대 안에 숨겨 놓은 술병들 중에서 따지 않은 술병을 간신히 찾아 마개를 비틀었다. 현관문 손잡이를 비틀거나, 검붉은 바닷물이 들어 있는 새 술병의 마개를 따야만, 그나마 숨통이 트이는 세상이 열린다. 병에서는 도수 높은 바닷물이 꾸역꾸역 솟아난다. 여자는 허겁지겁 입을 가져다 대고 수초와 물고기, 짜디짠 햇살을 들이킨다.

여자는 오늘도 태평양 대신 고작 32평 공간을 헤엄친다. 술 취한 고래는 오늘 밤 자신을 원망할 것이다. 언제까지 고래가 아닌 쪼개진 널빤지로 바다를 떠돌아다닐 것이냐고. 어느새 여자는 싱크대 앞에 널브러져 코를 골았다.

폭설이다.

5일째 함박눈이 쏟아졌다. 가가소소 산방의 환자들은 눈 풍경에 질린 눈치다. 창문 앞에 서서 눈 내리는 광경을 바라보는 환자는 고래 여자뿐이다. 고래 여자는 이승에서의 삶이 얼마 남지 않았다. 이미 황달과 복수가 차고 있었다.

"죽는 거? 하나도 안 무서워…."

쉰둘의 고래 여자는 목쉰 소리로 서른다섯 살 간암 동지이자 사내에게 말했다.

"가족과 영영 이별인데요?"

"별로! 남편이야 적당히 슬퍼하다가 새 여자 만날 테고, 큰놈은 곧 군대 제대할 테니 자기 밥벌이는 할 것이고, 고등학생 우리 막내가 좀 걱정이지. 있잖아, 여자는 죽을 때 남편 걱정 자식 걱정을 오지게 한다는데 다 거짓말 같아. 나를 보면…."

"그럼 미련이 전혀 없으시다?"

사내가 여자에게 물었다.

"내가 억울한 건 한 번도 떠나보지 못했다는 거야!"

"여행 말이에요?"

"그런 게 아니고… 알 수 없는 무언가가 불쑥 나를 잡아끌 때 따라나서지 못했고, 문득 사는 게 이게 다가 아닐 텐데 했을 때 저질러 살아보지도 못했고…. 늘 문고리만 붙들고 우물쭈물하다가 평생 문지기가 되고 말았지. 한 번도 고래가 되어 보지 못했다는 게… 너무 억울해!"

여자는 어느새 분개하고 있었다.

"지금도 안 늦었잖아요. 제가 도와드려요?"

"이 낡아빠진 몸으로?"

"평생 그렇게 변명만하다가 문지기 되신 거 아니에요? 고래 흉내 한번 못 내보고!"

여자는 화장실 거울 앞에 섰다. 가위를 들었다. 거울 속의 여자는 더는 사람의 몰골이 아니었다. 터져 버린 늘어진 풍선이었다. 머리카락은 듬성듬성 부스러질 듯 보였다. 여자는 위태하게 머리카락을 잡고 가위질을 했다. 서걱서걱, 싸락눈 밟는 소리가 났다.

거울 속 여자는 단발머리가 되었다. 처음으로 푸른 고래를 꿈꾸었던 시절의 머리. 여자가 잘려진 머리카락을 한 움큼 집어 든 순간이었다. 고래였다. 그것은 분명히 고래였다. 창밖에 쏟아지는 눈발 사이로 언뜻 헤엄치고 있는 흰 고래의 등. 흰 고래는 흰 숨을 몰아쉬고 한 번에 내뿜었다. 등 위에서 눈기둥처럼 솟구치는 흰 숨. 눈부셨다. 산방 현관문 손잡이만 비틀면 저 흰 고래를 만날 수 있을 텐데! 여자는 조바심이 났다. 더 늦기 전에, 또 후회하기 전에.

비틀었다.

보란 듯이 산방의 현관문 손잡이를 비틀었다. 여자는 산방 문이 열리자 거침없이 뛰기 시작했다. 슬리퍼가 벗겨졌다. 맨발이다. 저 흰 고래가 홀로 떠나버리기 전, 저 흰 등에 올라타야 한다. 함박눈 쏟아붓는 저 하늘을 향해 흰 고래를 타고 함께 헤엄칠 것이다. 누구도 가보지 못한 하늘의 깊은 속살을 헤집을 것이다.

사람들은 여자를 비난했다. 부족한 게 없으니 배부른 소리만 한다고, 가질 것 다 가졌으면서 웬 술만 그렇게 마시느냐고, 제발 철없이 굴지 말고 감사하며 세상 사는 법을 익히라고, 가르쳤다. 둘째 아들을 빼고는 시한부 삶이 된 여자를 동정하는 사람은 없었다. 오히려 그럴 줄 알았다는 은근한 타박들이었다.

여자는 흰 고래의 등을 움켜쥐었다. 숨이 찼다. 헐떡였다. 붉은 발이 눈밭에서 유난히 선명했다. 희고 뜨거운 입김이 고래의 등에 쏟아졌다. 고래의 등에 흰 입김이 닿자 큰 주먹만큼이나 등이 꺼져 내렸다. 여자는 붉은 발을 들어 올려 흰 고래의 등에 올라탔다. 흰 고래가 폭설을 퍼붓는 잿빛 하늘로 날아오를 기세였다. 여자는 흰 고래에게 속삭였다.

"나에게 욕했던 사람들에게 나도 고래였음을 증명해 줘!"

고래는 헤엄치려는 동작을 멈추고, 우뚝 멈추어 섰다.

"어서! 나도 고래임을 증명해 주란 말이야!"

흰 고래는 숨을 한꺼번에 들이켰다. 이내 여자의 가랑이 밑으로 강한 기운이 느껴졌다. 흰 숨 뿜기. 흰 숨이 거대한 기둥처럼 하늘로 치솟았다. 여자는 함박눈 내리는 하늘로 퉁겨져 올라갔다. 여자는 함박눈 내리는 잿빛 하늘 위에서 허우적댔다. 아무도 가보지 못한 하늘의 품에서 고래처럼 마음껏 헤엄쳤다.

가가소소 산방의 현관 손잡이를 붙들고, 한 걸음도 떼지 못한 채, 부들부들 떠는 그녀를 깨운 것은 둘째 아들의 쇳소리였다.

"엄마, 여기서 이러면 안 돼! 왜 그래 진짜!"

여자는 창밖으로 빠르게 눈을 돌렸다. 그 자리에 털썩 주저앉고 말았다. 흰 고래를 타고 흰 연기를 뿜으며 날아오르는 서른다섯 살 간암 동지가 보였기 때문이었다.

향을 피웠다.

흰 연기가 무심히도 타올랐다.

여자는 서른다섯 살 간암 환자의 영정 사진을 물끄러미 쳐다보았다.

"흰 고래를… 네가 먼저… 타버렸네?"

함박눈이 절창으로 내리던 날 오후, 여자는 새 술병을 꺼냈다. 자신의 병실 휴지통 속에 꼭꼭 숨겨 두었던 것이다. 병마개를 비틀었다. 병 속에서 눈꽃 나무, 어릴 적 받았던 산타의 선물, 눈사람, 흰 눈물이 솟아나왔다.

여자는 오늘도 함박눈 내리는 하늘 대신 고작 다섯 평 병실을 헤엄친다. 술 취한 고래는 오늘도 자신을 원망할 것이다. 언제까지 고래가 아닌 터진 풍선으로 바다를 떠돌아다닐 것이냐고. 어느새 여자는 병실 화장실 변기 앞에 늘어져 누워, 코를 골고 있었다.

4막

사랑한다면 이들처럼

사랑한다면
이들처럼

아침에 눈을 뜨지 못할 것이라고, 아마 이 밤이 세상 마지막 밤이 될 것 같다고.
하지만 아침이면 어느새 대걸레를 들고 씩씩대는 자신을 발견한다. 징하다, 산 목숨.

귀천갈비집의 하루는 사랑 씨로부터 시작된다.

사랑 씨는 9시에 출근하여, 때가 잘 타지 않는 유니폼부터 갈아입는다. 검정 바지에 남색 티셔츠 그리고 주황색 앞치마. 사랑 씨는 한 달에 이틀만 쉴 수 있고 130만 원을 받는다. 밤 10시에 퇴근하니 하루 13시간, 한 달이면 364시간 근무한다. 하루 46,428원을 버니 시간당 3,572원 꼴이다. 법적으로 시간당 최저임금이 5,210원이라지만, 대한민국의 세 가지 인종이 남성, 여성 그리고 아줌마인 까닭에 제값을 받아내기란 투사가 되지 않고는 쉽지 않다.

사랑 씨는 유니폼으로 갈아입는 순간, 적진을 향해 달려야 하는 소년병의 심정으로 심호흡부터 한다. 먼저 특수 세제와 락스를 이용해 식당 바닥에 구석구석 눌어붙은 돼지고기 찌꺼기를 닦아낸다. 그 다음에 탁자를 돌아다니며 기름때를 없앤다. 홀 안을 쓸고, 닦고, 긁어내고 하다 마지막 남자 화장실까지 락스로 벅벅 문지르다 보면 목울대까지 구토가 치민다. 하지만 아직 본격적인 하루 일은 시작도 하지 않은 시간이다.

락스의 향내로 눈물 콧물 범벅이 된 얼굴로 청소를 마치고 나면 오전 11시. 귀천갈비집의 직원들 아침 식사를 준비해야 한다. 신참인 사랑 씨가 밥을 푼다. 자신의 밥을 제일 마지막에 퍼서 허겁지겁 입으로 밀어 넣는다. 낮 12시경. 땡그랑~ 손님들이 밀려들기 시작한다.

사랑 씨는 힘들 때마다 늦은 나이에 운 좋게 낳은 5학년 딸을 생각한다. 어린 것이 벌써 아이답지 않게 엄마를 생각하는 행동을 하면 눈시울이 뜨겁다. 그런데 그런 아이에게 칭찬해 주기보다는, 꽥 소리를 질러 주고 싶다. 아이가 아이답지 못한 것이, 철이 일찍 들어 버린 것이, 다 자기 탓만 같기 때문이다.

사랑 씨 남편은 오늘도 열심이다. 아이가 생기기 전까지는 술 '주' 자는 알아도, 주식의 '주' 자는 몰랐던 사람이었다. 몇 번 사기를 당하더니 사람이 달라졌다. 지금은 주식 단타에 맛이 들어 모니터에 코를 박고 헤어날 줄 모른다. 자동차 정비기술까지 있으면서, 기름때 묻혀서는 인생의 승부가 안 난다고 푸념하더니, 인생의 참맛을 알게 해 주었다는 HTS(홈 트레이딩 시스템)를 24시간 껴안고 산다. 지금까지 기름때를 묻히고 살았던 미련했던 인생을 단번에 만회하겠다는 것이다. 남편의 천국과 지옥은 주식 차트의 급등과 급락 속에 있었다. 사랑 씨는 남편에게 '인생의 진짜 참맛'을 가르치고 싶었다. 하지만 그러다가 헤어지면 하나밖에 없는 딸에게 '인생의 쓴맛'을 안겨 줄까봐, 소태 씹는 마음으로 남편을 바라볼 뿐이다.

마트의 카트 끄는 아줌마와 식당 쟁반 카트를 끄는 아줌마는 엄연히 다르다. 식사를 하는 손님들에게 쟁반 카트 아줌마는 남성도 여성도 아닌 무성(無性)의 존재다. 접촉하면 바로 씻어내야 하는 짜증과 동정의 대상, 불가촉천민 달리트다.

"여기요!" "아줌마!" "띵동~"

식당 아줌마들이 듣는 가장 무서운 소리. 주문을 받는 중이든 서빙 중이든 아줌마들을 호출하는 간절한 소리가 울리면, 용수철처럼 화들짝 놀란다. 누른 자에게 관심을 보여 주어야 한다. 그렇지 않으면 당장 '무시를 당했다'는 표정으로 신경질적이 된다. 자신들이 '싼 음식을 시켜서 빨리 안 오는 거야'라거나 '우리가 생긴 게 초라해 보여서 저런 사람에게까지 밉보이는 거야'로 판단한다. 일단 달려가고 볼 일이다. 손님이든 식당 사장님에게든 찍히면 괴롭다.

손님들은 식당 아줌마를 '어디선가 누군가에 무슨 일이 생기면 나타나는 무쇠팔 무쇠다리'로 본다. 뜨거운 공깃밥과 펄펄 끓는 갈비탕도 맨 손으로 척척 들거나 무거운 쟁반도 한 손으로 불끈 들어버리는 신공 때문이다. 한때는 소녀시대의 누구보다 부끄러움도 많았고, 매미만 보아도 무서웠고, 잘 생긴 오빠들의 시선도 애써 외면해 본 풋풋했던 시절이 있었지만, 지금 그 시절을 떠올리면 쓰린 상처에 소금 뿌리는 짓밖에 되지 않는다.

귀천갈비집의 아줌마들의 신공들은 숙연하다. 뜨거운 열기와 기름이 튀는 불판 위에서 요리조리 비계 쪽부터 썰어 꽃잎처럼 날려 버리는 삼겹살. 까만 김 가루와 황금 노른자를 두르고 두어 줄기 참기름을 쏘아 만든 오색 영양밥. 20명이 휩쓸고 간 테이블도 5분이면 정리해 버리는 정교한 퍼즐 맞춤식 치우기 신공. 하지만 신공이 깊어 갈수록 몸은 무너져 내린다. 사랑 씨도 퇴근 무렵이면 손이 부들부들 떨린다. 손목은 저절로 꺾이며, 엉치뼈는 빠질듯하고 발은 붓고 시큰거린다. 하루 일과를 겨우 마치고 잠이 들 때쯤이면 늘 생각한다. 아침에 눈을 뜨지 못할 것이라고, 아마 이 밤이 세상 마지막 밤이 될 것 같다고. 하지만 아침이면 어느새 대걸레를 들고 씩씩대는 자신을 발견한다. 징하다, 산 목숨.

사랑 씨의 등짝은 불이 난다. 팀장 언니가 동작이 늦다고 철썩 철썩 등짝을 후려치기 때문이다. 사랑 씨는 팀장 언니의 그림자만 나타나면 불안감에 명치끝이 타는 기분이다. 등짝에 스파이크를 날리면서도 늘 웃음을 띠는, 5년 경력의 팀장은 사랑 씨의 하는 꼬락서니가 늘 불만이다.

"동생은 물로 물을 씻어먹겠네!"

팀장은 사랑 씨에게 면박을 주면서 보란 듯 시범을 보인다.

"상추는 씻지 말고, 애벌 샤워만 해 줘~"

수돗물을 틀어 놓은 채, 상추를 종이돈처럼 들고 이쪽 손에서 저쪽 손으로 딱지 세듯 세어나가면 가뿐하게 끝이다.

"농약까지 다 씻으려면 손자 턱에 수염 날 때까지 씻어도 모자라~"

팀장은 상추 200장을 씻는 데 1분도 안 걸렸다. 사랑 씨는 빨라야 6분. 오후 1시 30분. 개수대 옆엔 밥그릇, 가위, 국자, 집게, 술 컵 등이 산더미처럼 쌓여 있다. 컵을 씻으며 시범을 보이는 팀장 언니.

"컵은 이렇게 튕기란 말이야, 돌리고 돌리고 튕겨 튕겨!"

세제가 묻은 수세미로 두어 번 돌리고, 위 아래로 두 번 흔들라는 뜻이다.

팀장은 사장 대신 홀을 꾸려나간다. 사장은 아침저녁으로 한 번씩 들러 돈을 관리하고 일장훈시를 할 뿐이었다. 팀장은 줄만 보이지 않을 뿐 사장 남자가 묶어 놓은 끈에 단단히 묶여 있다.

사장의 어깨에 한 번 앉아 본 앵무새는 창공을 향해 날 줄 모른다. 그 좁은 사장의 어깨가 자신의 처지에서는 드넓은 대지이며, 끝없는 창공일 뿐이다. 팀장은 사장의 한 마디에 홀의 군기를 바짝 조인다.

"어이구 귀부인 납셨네. 어느 천 년에 갖다 드릴고?"

뜨거운 탕을 든 사랑 씨는 늘 아장 걸음이다. 그 걸음을 본 팀장은 속이 터진다.

"이제 귀까지 먼 거야? 안녕하세요! 이렇게 큰 소리로!"

팀장은 직접 시범을 보이며 출입문 종소리에도 인사가 늦는 사랑 씨를 타박한다.

손가락 마디마디가 아리고, 근육이 저려오면 갈비가 갈비로 보이지 않는다. 손님들에게 향하는 음식들이 음식이 아니고, 플라스틱으로 보인다. 냄새도, 따뜻함도, 맛도 없는 디스플레이용 모형 음식. 위생이나 맛 따위는 신경 쓸 겨를이 없다. 그냥 시간만 빨리 흐르기를, 어서 이곳에서 해방되기만을 바란다.

밤 10시, 퇴근. 사랑 씨는 쉴 수 있는 집에 빨리 가고 싶다. 하지만 집 문을 열면, 아침에 처리 못한 살림이 화석이 되어 있다. 인생의 참맛을 즐기는 남편의 검은 입과 아이의 짹짹이는 노란 입을 어찌 외면하고 잠들 수 있을까. 어찌 내일 입을 식구들의 옷과 아이의 학교 준비물, 김치 걱정을 안 하고 잠들 수 있을까.

어느 날이었다. 팀장이 아침부터 허리를 못 펴고, 안절부절못하고 있었다. 지독한 허리 병이 도진 것이다. 두꺼운 복대를 허리에 휘둘러 감아봤지만, 허리는 끊어질 듯 아프다고 했다. 쉬겠다고 하면 사장이 싫어할 것이 뻔하니 입 밖에 꺼내지도 못했다. 사랑 씨가 보다 못해 진통제 한 통을 사다 주었다. 팀장은 진통제를 사탕 먹듯 연신 먹어댔다.

저렇게 먹다가 오히려 진통제 때문에 탈이 날까 걱정스러울 정도였다.

진통제 힘으로 겨우 입을 연 팀장이 사랑 씨에게 하소연했다.

"자기야… 나, 딱 10분만이라도 좋으니까 어렸을 때 뜨끈뜨끈했던 그 구들방에 누워서 허리 좀 지져봤으면 증말 원이 없겠다."

"팀장님, 화장실 가서 좀 쉬었다가 와요."

잔소리를 할 때는 꼴도 보기 싫은 저승사자였지만, 통증에 몸부림치는 것을 보니 안쓰럽다.

"조금 있으면… 우리 아들 올거거든. 미안한데… 반찬들 좀 싸서 줄래?"

팀장은 가끔 사장과 직원들 눈치를 보면서 손님들이 남긴 반찬을 몰래 싸 주곤 했다. 사장도 알지만 모른 척해 주는, 팀장에게 베푸는 대단한 특혜라면 특혜였다.

"반찬 할 시간이 없어서… 우리 애가 밖에서 기웃거릴 거야. 보이면 좀 갖다 줘. 응?"

팀장이 통증을 참으며 힘겹게 부탁한다. 사랑 씨는 허리를 겨우 한 손으로 받쳐 세우고, 중학생 아들 반찬 걱정을 하는 팀장의 얼굴을 다시 한 번 쳐다본다. 궁상맞다. 한 대 쥐어박고 싶다. 꼭 자신의 딸이 일찍 철이 들어 버려 한 대 쥐어박아 주고 싶은 심정처럼.

사랑 씨는 사장 눈을 피해 팀장이 시키지도 않은 계란 여러 개를 삶았다. 팀장의 짹짹이는 노란 입을 가진 아이에게 주려는 것이다. 뜨거

운 냄비손잡이를 맨손으로 잡아 찬 물에 계란을 붓던 사랑 씨가 중얼
거렸다.

"팀장이 락스 물에 손이 다 트고 나면, 손가락이 단단해진다는데…
이제 뚝배기쯤은 그냥 들어도 되려나?"

사랑 씨는 락스 때문에 생긴 손가락의 하얀 각질을 이빨로 물어뜯
었다. 노란 입을 가진 아이 하나가 짹짹거리며 들어왔다.

"우리 엄마 어딨어요?"

사랑 씨는 엄마를 찾는 아이에게 반찬과 찐 계란이 든 찬합을 내밀
었다. 그리고는 남은 찐 계란 여러 개를 하나씩 하나씩 까서 자신의 입
으로 밀어 넣었다. 꾸역꾸역.

목이 메었다.
가슴을 쿵쿵쿵 소리가 나도록 힘껏 때렸다.
내려가지 않았다.
숨을 몰아쉬어 참아도
뚫리지 않는다.

애꿎은 눈물만 뚝뚝뚝 떨어졌다.
미어터지게 솟은 뺨 위로.

위대하지
않은가

일미(一米)들의 가장 큰 영광이자 빛나는 해탈길은 무엇이겠는가?
바로 오전 9시부터 11시 사이에 부처님께 올리는, 사시마지(巳時麻旨)에 담기는 일이다.
한 마디로 '부처님이 드시는 밥'이 되는 것이 무정물인 일미들의 소망이다.

심청이의 몸값은 공양미(米) 300석.

누구는 심청이가 어린 나이에 아버지를 모시는 게 너무 힘들어서 죽음을 선택한 것이라고 하고, 또 누구는 어리숙한 아비를 홀로 남게 하여 뺑덕어멈에게 사기를 당하게 한 불효한 계집이라고도 한다. 심청이를 대한민국 효녀 종목의 국가대표로 추앙하든, 눈 먼 아비를 홀로 두고 떠난 오사리잡년이라고 질투를 하든 알 바 아니다. 그 놈의 공양미 300석은 어디로 간 것일까.

심청이의 몸값으로 부처님 전에 바친 300석의 가격은 요즘 돈으로 1억 원 남짓이다. 1석은 거의 쌀 두 가마니 무게인 144킬로그램이다.

300석은 20킬로그램짜리 쌀 무게로 치자면 2,160포대. 금액으로 환산하면 20킬로그램 한 포대는 불교용품점에서 5만 원. 2,160포대에 5만 원을 곱하면 1억 8백만 원에 이른다.

공양미(米)의 '쌀 미(米)' 자를 파자(破字)하면 팔십팔(八十八)이 된다. 쌀 한 톨이 되기 위해서는 여든여덟 번의 수고를 거쳐야 한다. 볍씨를 뿌리고 모내기를 하고 자신을 좀 먹는 벌레와 싸워야 하며 비와 햇볕, 우박, 천둥을 고스란히 온몸으로 받아내야 한다. 어떤 이는 쌀 한 톨이라는 그 미물의 몸뚱이 위에, 한 땀 한 땀 글씨를 새겨 넣어 『반야심경』 270자를 포함한 283자를 각인시키기도 했다. 쌀 한 톨의 몸에는 바람이 불고 천둥이 치며 부처님의 8만4천 법문이 소용돌이치고 있다.

자신의 몸을 불태워 부처에게 바치는 소신공양(燒身供養)도 있지만, 심청이는 앞 못 보는 아비를 위해 투신공양(投身供養)을 기꺼이 실천했다. 미성년자 소녀의 애절한 결심으로 살과 뼈를 시퍼런 물에 묻은, 그 대가인 공양미. 그 쌀들은 다 어디로 갔을까?

그 300석 공양미의 기운은 애초에 쌀을 판 농부의 손에서, 미성년자 심청이를 약취 유인하여 인신매매한 선원들의 탐심을 거쳐, 명품을 충동 구매하듯 300석을 덥석 시주한 심봉사의 후회의 눈물을 돌아, 얌통머리에 배째라 9단인 뺑덕어멈의 게걸진 아귀 입속으로 들어갔다. 그러나 공양미는 뼛골 빠진 농부에게는 돈을 안겨 주었고, 선원들 마음을 때리던 성난 파도에게는 안심(安心)을 안겨 주었으며, 암흑 세상의 심봉사에게는 희망을 주었고, 자본주의적 여성의 대모 뺑덕어멈에게는 짜릿짜릿한 소비의 쾌감을 선사했으리라.

300석 공양미의 잔치에서 유일하게 손해 본 것 같은 심청이마저, 공양미 덕분에 끝내는 연꽃을 타고 퍼스트레이디까지 오를 수 있었기에 그리 밑지는 장사는 아닌 게라. 옛날이나 지금이나 자신을 통째로 버려서 오히려 크게 먹는 인과는 삶의 일급비밀인 새옹지마(塞翁之馬) 법칙을 통쾌하게 보여 준다. 생즉사 사즉생(生卽死 死卽生; 살고자 하면 죽을 것이고, 죽고자 하면 살리라)의 이치는 인생이라는 풋놀음에 저항할 수 있는 유일하게 빛나는 히든카드가 아니겠는가.

심봉사의 세 치 혀로 사소하게 시작된 나비 날갯짓은 이렇게 돈과 탐심으로 그물코처럼 얽힌, 세계는 하나의 꽃이라는 세계일화(世界一花)가 아니라, 한 묶음의 탐심(돈?)이라는 세계일화(世界一貨)를 역설적으로 보여 준다. 위대하지 않은가. 많은 중생들에게 안심과 희망과 쾌감을 주는 공양미 300석이.

부처님 무릎 아래 산처럼 쌓아 올려진 공양미. 그 한 쪽 귀퉁이에는 김꽃님 할매가 올린 흰 봉지도 있다. 그 안에는 한 톨의 쌀인 일미(一米)들이 있다. 돈에 여유가 있는 불자는 불교용품점에서 10만 원 하는 40킬로그램짜리 공양미를 올리거나, 5만 원짜리 20킬로그램을 올린다. 이도저도 여유가 없는 김꽃님 할매는 쌀 도둑질을 한다. 자기 집 쌀독에서 며느리가 안 볼 때 몰래 한 주먹씩 쌀을 퍼낸다. 한두 번이 아닌 까닭에 며느리 볼 면목이 없다. 그렇게 한 주먹씩 모은 공양미는 슈퍼용 흰 비닐봉투에 담아 숨겨놓는다.

이렇게 만들어진 일미(一米)는 버스 타고 지하철 타고, 허이 허이 어기적 걸음으로 대웅전 높은 문턱을 넘어 힘겹게 불단에 올려진다. 그것도 되도록이면 부처님 무릎에서 가장 가까운 쪽으로, 다른 사람의 공양미보다는 쫌 높게, 이왕이면 쫌 잘 보이는 쪽으로다가, 다른 공양미들을 슬쩍 밀어내고 가운데로 파고든다. 어찌됐든 발원 성취를 하려면 첫째도 정성 둘째도 정성 아니겠는가.

불단에 올려진 공양미의 몸뚱이에는 하나같이 애끓는 발원이 붙어 있다. 김꽃님 할매의 흰 비닐봉투 속에도 깊숙이 감추어진 발원문이 있다. 공양미 속을 헤집고 더듬어 겨우 뽑아진 손바닥만 한 발원문을 읽을라치면.

'막내 칠용이 장개 가고 미숙이는 이혼 못하게 허고, 큰아들 돈 좀 많이 벌게 해 주씨오. 글고 내도 남자 하나 맹글어 주소. 나무 관세음보살님.'

꽃님이 할매는 돈 한 푼 물려주지 못한 장남 아들 내외와 산다. 아이들이 한다고는 하지만 날이 갈수록 자식들에게 부담만 준다는 생각

에 맘이 편치 않다. 혼자 독립하고 싶지만 도저히 여력이 되지 않는다. 차라리 남자라도 하나 생기면 자식들이 주책이라고 타박을 한다 할지라도, 밥해 줄 영감이 생겼다는 핑계로 아들에게서 독립할 수 있다. 그래야 아이들에게 짐이 되지 않는다. 서로 잊고 살 수 있다.

다 쓸모없어진 몸이라 어느 남정네가 자신을 욕심내랴마는 꽃님이 할매는 그래도 발원을 한다. 원래 안 될 일을 이루어 주는 것이 부처님 일 아닌가. 그래서 금싸라기 같은 쌀이지만 큰 주먹으로 아낌없이 푹푹 떠서 봉지에 채워 넣는 것이다.

꽃님이 할매는 대법당 곳곳에 앉아 계신 부처님 앞 시주함도 그냥 지나치지 못한다. 시줏돈을 아까워하면 부정을 탈까봐 천 원짜리 한 장이라도 반드시 시주한다. 그래야 집에 가서 두 다리 뻗고 잠이 온다. 시주함 하나라도 빠트리는 날에는 밤새 부처님이 자기의 빤한 속을 다 들여다보고 복을 주다 말아 버릴 것 같다.

김꽃님 할매가 올린 상단의 공양미 봉지쌀 중에 한 톨의 쌀, 일미(一米)는 그 절의 불목하니 민 거사의 등짝에 실려 대웅전 뒷마당에 부려진다. 거기서 공양미들의 일생은 달라진다. 온전한 종이포대 쌀은 다시 양곡업자의 트럭에 실려 팔려가고, 터진 포대나 1킬로그램짜리 공양미들은 40킬로그램짜리 나일론 가마니 속으로 합쳐진다. 합쳐진 일미들은 사찰 내의 공양간으로 넘어가 절에서 주는 공짜 공양으로 일생을 마치고, 또 다른 일미들은 고아원, 노숙자 쉼터로 이동되어 생을 마감한다.

그리고 운 좋은 일미들은 사찰 내의 방앗간으로 넘어가 백설기 시루떡이 되고, 절편이 되어, 다시 한 번 부처님 무릎 아래로 귀환하는 영광을 누린다. 어떤 일미들은 잔뜩 기대했던 것과는 달리 공양미를 옮겨 담는 과정에서, 일꾼들의 부주의로 흘려져 참새나 비둘기의 밥이 된다. 이럴 때 일미들은 투덜거린다.

"지미릴, 우리도 용처가 확실해야 해탈이 되는 거인디, 이르케 참새들의 도둑밥 신세나 되부니 다음 생에도 유정물이 되기는 글러 부렀쓰야!"

일미(一米)들의 가상 큰 영광이자 빛나는 해탈길은 무엇이겠는가? 바로 오전 9시부터 11시 사이에 부처님께 올리는, 사시마지(巳時麻旨)에 담기는 일이다. 한 마디로 '부처님이 드시는 밥'이 되는 것이 무정물인 일미들의 소망이다. 지심정례공양(至心頂禮供養) 수차공양(受此供養)이 울리는 찬탄 속에서, 농부의 손길과 번개와 천둥을 기억하며, 장렬하게 부처님의 살과 피가 되고 싶다.

살아있는 유정(有情)뿐만이 아니라, 쌀 한 톨의 무정(無情)에게도 불성이 있음을 말씀해 주신 부처님. 일미(一米)는 자신에게도 불성이 있다는 그 믿음 하나로, 오늘도 김꽃님 할매의 자식을 위한 '남자를 맹글기 위한 기도'에 기꺼이 동참하고 있다. 부처님 무릎 아래 젤로다가 좋은 자리에서….

아주 특별한
선물

어쩌자고 인간은 순경(順境)보다는 역경(逆境)에서 깨달음이 깊어지는 것일까.
어쩌자고 역경은 사람의 눈에 씌었던 거품을 걷어내 주는 것일까.

어쩌면 이리도 평범할까. 어쩌면 이리도 존재감이 없을까. 여자는 한숨부터 나왔다. 딸만 다섯인 집안의 넷째로 태어났다. 부모의 사랑도 그럭저럭, 학교도 그저 그런 상업고등학교, 사랑도 제대로 해 보지도 못하고, 순전히 남자라는 사람이 있어서 한 결혼이었다. 그러자니 세상이 시큰둥하고, 어느새 껍데기만 바닥에 둥둥 떠서 사는 여자가 되어 있었다. 무엇인지 모를 것에 떠밀려 살아가고 있는, 열심히 산다고 살지만 남과 비슷해지려고 끊임없이 기를 쓰는, 지금보다는 다가올 날들에 시선을 던져둔 채 만성이 된 불안증을 안고 살고 있는, 그렇고 그런 여자에 불과했다.

여자는 자신이 견딜 수 없게 평범한 여자라고 생각했다. 평범해도 너무 평범해서 이름 석 자마저 없었으면 유령이나 다름없을 뻔했다. 한 번도 폼 나게 살아보지도 못했고, 주목 받아보지도 못했다. 자신은 남들을 빛내 주기 위해 추한 것을 가려 주는 병풍 같은 존재였다.

여자는 드라마가 좋았다. '별에서 온 그대'를 12번 보았고, '신의'는 최영 장군 역의 이민호를 보느라 15번을 보았다. 이민호의 칼 솜씨에 반해 밥을 푸다 말고 밥주걱을 휘두르다 식탁 위에 조명등을 깨기도 하고, 천혈이 있다는 봉은사 근처에 가면 이민호를 만날 수 있을 것 같아 아무도 모르게 훑어보고 오기도 했다. 드라마를 보고 있으면 머리에 꽃만 안 꽂았지 영락없이 정신 나간 여자였다.

드라마 속 세상은 전기세만 내면 환상적이고 통쾌한 세상으로 안내해 주었다. 싼 맛에 호강하는 셈이다. 열렬한 연인들의 밀어에서부터 싱싱하고 매너 있는 남자 배우들의 귀여운 짓까지 또렷또렷하게 훔쳐볼 수 있으니, 이 얼마나 짜릿한 일인가.

드라마를 못 보는 시간은 금단증상에 시달렸다. 사실, 다시 평범해지는 것이 끔찍하게 싫은 것이다. 빨리 드라마라는 싸디싼 티켓을 끊어 TV라는 특급열차에 몸을 던지고 싶다.

이상하게 나이가 들수록 지금까지 너무 평범하게 살아 온 자신이 미워지고, 바보 같았다는 생각이 점점 강렬해졌다. 하지만 머리를 보랏빛으로 염색해 보아도, 한 달 회비 3만 원짜리 주민센터 에어로빅을

숨넘어가게 해 보아도, 젊은 남자에게 추파를 던져보아도 평범한 '아줌마 스타일'에서 한 치도 벗어 날 수 없었다.

쾌속 특급열차인 TV에서는 연일 희한한 사건들이 터져 나오고, 특별한 인물들의 특수한 삶의 고백이 아침저녁으로 토크 프로그램에서 쏟아지는데, 여자는 이 질리도록 '평범한 일상'에서 한 발자국도 벗어 나지 못했다.

여자는 특별한 존재감을 느껴보고 싶었다. 그것은 생각만 해도 가슴 벅찬 행복이었다.

어쩌자고 인간은 순경(順境)보다는 역경(逆境)에서 깨달음이 깊어지는 것일까. 어쩌자고 역경은 사람의 눈에 씌었던 거품을 걷어내 주는 것일까. 그 지긋지긋했던 평범함이 그리워지게 되기까지는 많은 시간이 필요치 않았다.

남자가 쓰러졌다. 순전히 남자라는 이유만으로 결혼한, 그 남편이 뇌경색으로 쓰러진 것이다. 눈은 사시가 되고, 몸은 반신마비가 되어 휠체어에 앉아야만 하는 남편. 꿈도 꿀 수 없는 일이 벌어졌다. 술 담배도 못하고 건실하다고 소문난, 늘 운동으로 다져진 몸이라 감기 한번 걸리지 않았던 사람이었다.

남편의 일거수일투족에는 여자의 손이 수없이 필요했다. 무거운 남편을 목욕시켜 줄 때면 손발이 두 개라는 사실이 아쉬웠다. 여자는 어느새 특별하게 손이 천 개인 관음보살이 되어야 했다.

남편이 맥없이 쓰러지자, 하나밖에 없는 아들은 부모 대신 돈을 벌어보겠다고 나섰다. 아르바이트 시급 5,210원이 성에 안찬 아들은 주식을 했다. 덥석 작전 주식에 몰빵을 했고, 계좌는 깡통이 되고 말았다. 아들은 방 바깥으로 나오지도 않는다. 은둔형 외톨이가 되어가는 아들, 그놈을 어떻게 해서든지 밖으로 끌어내야 했다. 여자는 하루에도 열두 번씩 검은 낭떠러지로 떨어졌다.

너무도 건강하여 쇠라도 소화시킬 것 같았던 남편, 학교에서 장학금을 받고 여자 친구들도 넘쳐났던 쾌활했던 아들, 이들이 무너지는 건 순식간이었다. 여자는 도저히 이해할 수 없었다. 한 가정이 무너지는 게 어떻게 이렇게 한 순간일 수 있단 말인가.

여자는 이제 특별한 상황에 처했고, 특별한 사람이 되었다. 주위의 많은 사람들의 주목을 끌었고, 특별한 이야깃거리가 되었다. 다들 여자를 동정하기도 했고, 여장부라는 찬사도 보내 주었다.

여자의 일생 중에 이렇게 많은 사람들의 주목과 찬사를 받아본 적이 있었던가? 그야말로 처음이었다. 하지만 자신의 무너지는 가슴을 이 세상 누가 알겠는가. 평범함에 진저리 칠 때는 자신의 생각은 너무 뻔해서, 세상 누구나 다 알고 있을 것만 같았는데.

여자는 기쁘지 않았다.

홀로 찬바람 부는 작은 간이역에 서서, 손때 묻은 싸디싼 기차표만 만지작거리고 있는 자신이 보였다. 이제는 쾌속 특급열차가 문을 활짝 열어줘도 오르지 못할 것 같다. 어디로 가야 할지도 모른다. 너무 만지작거려 까맣게 때 탄 기차표만 바람에 퍼덕이고 있었다.

여자는 평범함이 싫었고 특별한 삶을 원했지만 이런 식의 특별함으로 올 줄은 몰랐다. 늘 '드라마' 속의 특별한 인물만을 꿈꾸었지, 이렇게 '인간극장'의 특별함으로 올 줄 누가 알았겠는가.

여자는 당연히 옛날이 그리워졌다. 다시 갈 수만 있다면 순전히 남자여서 결혼한 남편이라도 좋으니, 그럭저럭 흘러가던 무미건조한 결혼생활 시절로 돌아가고 싶었다. 밤새워 게임이나 하고 스마트폰에 붙어사는 아들이라도 좋으니 서로 앙앙대며 시시덕거리던 시절이 눈물나게 그리웠다.

여자는 이제 TV를 볼 시간도, 더구나 '별에서 온 그대' 같은 것을 다시 볼 만한 마음이 생기지 않는다. 자신이 어떻게 저런 것을 12번씩이나 보았을까? 하는 낯설음만 생겼다. 무엇보다 젊은 남자 배우들이 예전만큼 끌리지 않았다. 드라마 속의 멋진 남자 배우들을 보고 있노라면 컴컴한 방 안에 혼자 틀어박혀 있는 아들만 떠올랐다.

이제 TV는 여자의 눈에 단순한 기계일 뿐이고, 자꾸 비교되는 아픔이었다.

여자는 천 개의 손과 천 개의 눈물도 부족했다. 소원대로 특별한 경험을 하고 있는 중이지만 누가 건드리기만 해도 눈물을 왈칵, 쏟아 버릴 것만 같다. 오늘도 TV 켜 놓는 것을 가장 좋아하는 남편과 어두운 방에 처박혀 게임 속에 빠져 사는 아들을 본다.

어디선가 기차 소리가 들린다.

남편과 아들을 실은 쾌속 특급열차다.

여자는 특급열차의 운전수를 뚫어져라 바라보았다.

거기에는 자신을 꼭 닮은 한 여자가 운전석에 앉아 있었다.

그녀는 운전 모자를 삐뚜름하게 쓰고, 담배를 물고 어디인가를 향해 달려가고 있었다. 그녀는 잠시 정차하더니 흰 담배 연기를 날리며, 열차의 문을 열어 주었다.

이제 그만 승차하라는 눈짓이다.

여자를 향해 다 알고 있다는 표정으로 그녀는 이심전심(以心傳心)의 미소를 보냈다.

그 미소를 본 여자는, 그녀를 향해 큰 돌멩이를 던져버렸다.

말속의 말,
귓속의 귀

절에 다니고부터는 모든 게 부자연스러워졌다. 누가 시킨 것도 아닌데 몸과 입과 뜻으로
행한 모든 일에 자신이 자신을 벌하는 판관이 되어, 끊임없이 자책하고 재판했다.
아, 한 번 사는 인생 이게 맞는 길인가?

남자는 산이 좋았다. 주말이면 빼놓지 않고 등산을 했다. 하지만
엄밀히 말하자면 산을 좋아한다기보다는 주중에 일어났던 번잡한 일들
을 잊고 싶어서, 도시를 벗어나는 일을 좋아한다는 표현이 더 정확했
다. 회사에서는 인간관계에 치이고, 집에서는 학업 문제로 아이들과
갈등을 빚었다. 남자는 그럴수록 등산에 집착했다.

어느 날, 홧김에 산길을 오르던 중, 풍경소리가 너무 청량한 절을
알게 되었다. 순전히 풍경소리를 듣기 위해 귀만 열어놓고 쭈그리고 앉
아 있다가, 풍경을 직접 만들었다는 주지 스님과 인연이 되었다. 풍경
소리를 듣기 위해 절에 나가다보니 차츰 다른 소리들도 들리기 시작했

다. 절 안팎에서 생겨난 소리들이 귀에 들어왔다.

천언만당불여일묵(千言萬當不如一默),
천 번 말해서 만 번이 옳더라도, 한 마디도 안한 것만 못하다.

스님의 설법에 남자는 무릎을 쳤다. 환희심이 피어올랐다. 지금까지 입을 잘못 놀려 설화(舌禍)를 당한 것이 얼마인가. '가루는 칠수록 고와지고, 말은 할수록 거칠어진다'라는 말도 있지 않은가. 혀 밑에는 늘 도끼가 들어있는 법이다. 곰은 쓸개 때문에 죽지만 사람은 혀 때문에 죽을 수도 있다.

남자는 신·구·의(身口意) 삼업(三業) 가운데 구업을 최고로 꼽는 이유를 알 것 같다. 혀는 몸을 베는 칼이라는 사실을 무시하고 살았다. 말 잘하는 사람이 능력이 있는 줄 알았다. '아이를 낳거든 힘센 아이 낳지 말고 말 잘하는 아이를 낳으라'거나, '사내라면 외삼촌보다 낫다는 거짓말 몇 마디는 할 줄 알아야' 처신을 잘하는 것으로 생각했다.

스님의 설법에 감동한 남자는 묵언(默言)까지는 아니더라도, 말하기 전에 최소한 세 번은 되새겨보고 입을 열기로 작정했다.

"일찍 들어왔으면 설거지 좀 해놓지!"
부인의 말에 남자는 세 치 혀가 부르르 떨렸다. 이를 악물었다. 입을 열면 실패다. 예전 같았으면 '내가 놀다 왔어? 여자가 말이야 일찍 들어 올 생각은 않고, 완전히 적반하장이야!'라며 핏대가 목 줄기에 돋 았으리라.

"……."

20여 년의 마누라와의 말싸움, 그 리듬이 툭 끊겨나가자 부인은 뭔 가 개운치 않은 눈치였다. 징검다리 하나가 쑥 빠져 있어 혼자 헛발 짚 고 '어어어~' 하는 표정이었다.

"자기 화났어?"

"……."

"오늘 거래처 사장들 달래느라고 어쩔 수 없이 한잔 했지. 밥은 먹 었어?"

부인은 남자의 눈치를 살폈다. 남자는 일묵(一默)의 효과가 느껴졌 다. 말을 참으니 부인이 스스로 알아서 이실직고하고, 사내로서 점잖 은 품위도 지켜진 것 같다. 그거 괜찮네? 진작에 입 좀 다물어 볼 걸…. 지금까지 모든 일 하나하나에 시시비비를 따지던 남자였다.

"아빠, 오늘 친구 집에서 자고 가도 돼요?"

휴대폰으로 전화한 아들이 가능성 0%에 도전하는 심정으로 외박 을 신청했다.

"……."

훅! 올라오는 고함을 휴대폰 송화기로 짓눌렀다. 입술이 찌그러져 들어가는 통증을 참아내며 '천언만당불여일묵'을 속사포 같은 랩으로 정근했다. 물론 머릿속 아우성이다.

"아빠… 안 돼요?"

'그게 지금 고3이 물어볼 말이냐!'는 고함이 입 밖으로 터지지 못하고, 송화기에 막혀 악문 이 사이로 신음이 되어 새어나왔다.

"어디 아파요? 무슨 대답이 그래요?"

"… 아빠는… 아빠는… 할 말이… 없쓰으요…."

"아빠 딱 오늘만 친구 집에서 공부하다 갈게요. 안 놀고 공부할 거란 말이에요. 고맙습니다. 아버지!"

'고맙다'는 표현. 5년 전, 새 휴대폰 사 주고 처음 들어보는 낯선 단어였다. 통화를 끝내고 머리가 어질했지만, 아들이 고맙다는 표현을 했다는 것만으로도 성불한 느낌이었다. 아들과 대화를 시작하면, 세 마디가 채 끝나기도 전에 분기탱천한 고함이 튀어 나가고는 했다.

남자는 나날이 말수가 줄어들었다. 주위 사람들이 '왜 이렇게 점잖아 졌느냐'라며 의아해했다. 어떤 친구는 '뇌의 충격을 받은 적 있느냐?'며 머리를 만져보기도 했다. 사실 남자는 미칠 노릇이었다. 주변과 마찰은 눈에 띄게 줄어들었지만, 천 번 만 번 지당한 말들을 억눌러 참으려니 오장육부가 뒤틀렸다. 자꾸 바보가 되고, 매일 시들시들 져주기만 하는 패기 없는 남자가 되어 같다.

일묵(一默)으로 말의 실수는 줄고 근엄과 권위는 얻었지만, '말 없는 말'의 감옥에 갇혀 버린 느낌이었다. 가끔 어디에 구멍이라도 파 놓고, '천언만당불여일묵'은 스님의 폼 잡는 말일뿐이라고 소리치고 싶었다.

남자는 함부로 입을 열 수도 없었다. 예전처럼 함부로 입을 열다가는 밑천도 없는 인품의 바닥이 뻔히 드러날 것이다. 사람들의 은근한 경외심의 눈초리를 포기해야 하는 것도 아깝다. 남자는 아버지를 아버지라 부르지 못하고, 형을 형이라 부르지 못했던 홍길동의 억눌린 심정에 이백 프로 공감했다.

예전에는 늘씬한 여자를 보면 하염없이 바라볼 수 있었고, 맛있는 걸 게걸스럽게 퍼먹기도 했고, 화가 날 때면 쌍소리도 섞어가며 터트렸다. 시원했다. 절에 다니고부터는 모든 게 부자연스러워졌다. 누가 시킨 것도 아닌데 몸과 입과 뜻으로 행한 모든 일에 자신이 자신을 벌하는 판관이 되어, 끊임없이 자책하고 재판했다. 아, 한 번 사는 인생 이게 맞는 길인가? 제멋대로 마음 가는 대로 사는 게 답이 아닐까?

"말 껍데기만 쫓아다니지 말고 네 발바닥이나 들여다 봐. 말 없는 부처를 믿어! 그러면 입에서 연꽃이 따라 나와. 부처 말이고 예수 말이고 간에 좋은 말 아무리 지껄여도 실행하지 못하면 다 거짓말이야. 말 없는 부처에게서 참말이 나와. 떠드는 부처, 말 잘하는 예수 믿다가는 장애가 생겨 큰일 날 거야. 천언만당불여일묵이라!"

"제가 천언만당불여일묵으로 살려고 무진 애를 써봤거든요? 근데 점잖아지는 건 좋은데 자꾸 답답하고, 줏대도 없는 미련 곰탱이가 돼가는 것 같아서요."

"나한테 무슨 말을 듣고 싶어? 다들 도인들이라 답을 정해 놓고 묻는데 내가 무슨 말을 해. 듣고도 다 지가 생긴 대로 그림을 그려 버려. 풍경을 내가 왜 만들었겠어? 난 할 말 없어!"

남자는 스님에게 속 시원한 답변도 듣지 못한 채, 법당을 나왔다. 심각했다. 말이 없어도 미치겠고, 말이 많아도 환장할 노릇이었다. 아, 어쩌란 말이냐! 터덜터덜 발걸음 가는 대로 걷기 시작했다. 지하철도 타지 않고, 버스도 타지 않고, 스님 말씀대로 내 발바닥이나 느끼면서, 내가 발바닥 딛고 서 있는 자리가 세상에 전부인 듯이, 걷고 또 걸었다.

발걸음을 멈춘 곳은 마침 4일과 9일 날만 장이 열리는 모란시장의 장터였다.

장터는 장터다. 깔깔 웃느라 정신없는 사람들, 술에 취해 멱살잡이 하는 상인들, 침 발라 돈을 세어 고쟁이에 쑤셔 넣는 할머니, 곧 가마솥에 들어갈 철창 속의 개와 염소들, 붉은 루주에 껌을 딱딱 씹으며 닭 가슴에 칼을 푹푹 꽂아 넣는 아가씨…. 왁자지껄한 장터에서는 아무도 남자의 존재를 의식하지도, 관심을 두지도 않았다.

"야, 이놈들아!"

남자는 느닷없는 고함을 질렀다. 그 소리에 대여섯 명이 휙 돌아보았다. 하지만 이내 다시 고개를 돌려버렸다. 아무 소리도 듣지 못한 사람들처럼 자기가 흥정하던 물건을 사고파느라 정신이 없다.

그러고 보니 이곳에 도착해서 단 한 번도 시끄럽다는 생각을 하지 못했다. 입과 입이, 말과 말이, 이글이글 용광로처럼 들끓고 있는 이곳은 오히려 고요했다.

장터는 입이다. 살기 위해 말로 물건을 팔고, 말로 한 푼이라도 더 돈을 깎으려고 한다. 때로는 욕이 날아다니고, 주먹다짐이 오가고, 웃음과 거짓말이 춤춘다. 그러나 장터는 거대한 침묵이다. 말다운 말을 한다. 생기(生氣)를 사고판다.

남자는 발바닥이 아프도록 장터 바닥을 쿵쿵 찧어보았다. 남자는 장터에 온몸과 마음을 다하여 눈을 열고, 귀를 열어 두 다리로 서 있다.

"천언만당불여일묵? 영~ 틀린 말은 아니네?"

남자는 어느새 붉은 루주를 칠한 닭집의 어여쁜 아가씨와 가격을 흥정한다.

어디선가 교회 종소리인지, 풍경소리인지가 들려온다. 잘 들린다. 아주 잘 들린다. 귓속의 귀로 들으면 해야 할 말은 고요해진다.

남자도 장터의 닭처럼, 루주 칠한 아가씨처럼, 얼굴이 벌겋게 달아올랐다.

장터는 일묵(一默) 중이다.

부자의 식사

아들의 문전 앞까지 삼각패스도 없이, 질풍노도처럼 개인기로 쇄도해 들어와 버린 아버지.
'굶는 것'과 '너희들을 위한 삶이었다.'라는 최루성 드리블 앞에서,
아들은 엄동설한에 초라한 삼각팬티 차림으로, 골대를 지켜야 하는 꼴골이 된다.

아버지와 아들은 서로 말이 없다. 마주 앉은 두 사람이 말이 없을수록 식탁만 선명하다. 여러 가지 반찬 중에서 콩나물과 청국장만 바쁘다. '부자'라는 이름으로, 'DNA'라는 이름으로 닮아가는 식성. 두 사람은 콩나물 그릇이나 청국장 그릇에서도 한 번도 마주치지 않는다. 리듬을 타듯 번갈아 엇갈리는 젓가락질. 입을 열지 않을 뿐, 두 사람은 서로를 알고 있다. 두 사람은 서로를 가장 잘 알고 있다고 생각하지만, 입을 열면 격해지는 대화가 된다는 것도 잘 알고 있다. 시간이 갈수록 콩나물과 청국장은 속을 훤히 드러내지만, 침묵에 덮인 부자는 서로에게 '가난'하다.

“어렸을 때 청국장 냄새가 참 구렸었는데 지금은 괜찮네….”

아들이 독백으로 드리블하다 아버지 진영으로 툭, 볼을 찔러 넣는다.

“…….”

아들의 헛발질. 잠시 머쓱하다.

“하는 일은 잘 되냐?”

어느새 아들 진영의 중앙선에서 빈 공간을 노리는 송곳 같은 침투. 아들은 머리끝이 뾰족해짐을 느낀다. 만화를 그려 한 식구를 먹여 살린다는 것은, 100Kg의 몸으로 매일 3천배를 하라는 신기루의 몸짓. 이 공간을 침투당하는 패스는 아프다. 벌써 십 수 년째 통한의 골을 허용하는 자존심의 공간.

“… 그럭저럭… 요.”

아들의 목소리는 수세에 몰리지만, 공간이 아픈 만큼 방어지수가 신경질적으로 상승한다.

“애들도 커가는데 공부는 시켜야 할 것 아니냐.”

콩나물의 노란 대가리가 빛을 잃고, 청국장의 고리고리한 냄새가 사라지기 시작한다. 부자에게 깊이 박혀있는 각자의 옹이가, 라디오 채널의 서로 맞지 않은 주파수가, 거의 습관처럼 되어 버린 ‘부자만의 리그’에서 등장하는 단어와 억양이, 고개를 삐죽이 내민다. 서로에게 무슨 말을 하려는지 뻔하지만, 소리는 오기지고, 의미는 목에 걸린 참

쌀떡이다.

"제 걱정은 하지 않으셔도 됩니다. 아버지나 웃으시며 사세요."

"휴~~~~~"

세상이 꺼지는 한숨. 어렸을 적부터 지긋지긋하게 싫어했던, 세상이 폭삭 주저앉아 버릴 것만 같던 두려움의 숨 덩어리.

"내가 이 세상에 원하는 건 딱 하나뿐이다. 너희들 잘되는 것, 남한테 안 밟히고 사는 것, 너는 굶는 게 뭔지 모른다. 처자식 굶기는 거…."

아들의 문전 앞까지 삼각패스도 없이, 질풍노도처럼 개인기로 쇄도해 들어와 버린 아버지. '굶는 것'과 '너희들을 위한 삶이었다'라는 최루성 드리블 앞에서, 아들은 엄동설한에 초라한 삼각팬티 차림으로, 골대를 지켜야 하는 몰골이 된다.

"아버지 고생한 건 잘 압니다. 근데요… 자식을 위하신다면 아버지 먼저 행복해지셔야 해요. 정작 본인은 지옥이면서 자식만 잘살라고 하시면 그것은 부담만 주시는 거예요. 가족은 팀플레이 아니겠습니까? 오월동주(吳越同舟)."

아들은 곧 설사가 터질 것 같은 아슬아슬한 기분이지만 자분자분하게 심기를 골라본다.

"……."

'오월동동주 같은 소리하고 있네' 하는 아버지의 생뚱한 표정. 만

화나 그리는 몽상 속에 빠져 사는 놈을 '나나 되니까' 이런 하해와 같은 사랑으로 참아주고 있다는 침묵. 아, 이미 몇 번 꼬여도 한참 꼬여진 꽈배기 식사 시간. 오늘도 옹이를 풀기는커녕, 꼬인 꽈배기로 맞지는 않을까 하는 불안.

"니 엄마가 너 임신했을 때, 먹을 게 없어설라무네…."

"국수 한 그릇 가지고, 어머니는 국수 건더기 드시고, 아부지는 국물만 드셨잖아요."

아들의 빠른 인터셉트. 골문 앞에서 마음을 놓고 있던 아버지의 공을 빠르게 잘라먹는 아들.

"근데 아부지 핸드폰 바꿔드릴까요? 글자 주먹만한 걸로? 꽁짠데…."

아버지 페이스에 말려들지 않으려고, 골라인 바깥으로 똥볼을 날려버린다. 분위기를 바꿔야 아들이 산다. 아버지와 대화 후, 어김없이 다가오는 눅눅한 기분이 싫다. 오늘은 멍청하게 골을 쉽게 안 내 주리라.

"SOS 기능도 있어서 만약에 갑자기 몸이 안 좋아지시면, 버튼 하나만 누르면 저한테 바로 연결돼요."

"왜 너한테 연결하냐?"

"아들이잖아요!"

"119에 바로 하면 되지!"

아, '아들'이라는 단어에 힘을 주어 말했지만, 골대 위로 턱없이 빗

나가는 똥볼. 아버지의 단호한 어깃장 커트. 생물학적인 아들은 분명 맞지만, 소위 말하는 성공한, 자랑스러운, 든든한, 뭐 이런 아들 노릇을 한 기억은, 도대체 없다. 하지만 피붙이라는 이름을 이용해 슈팅이라도 질러본 게 어딘가.

"니 엄마는 요즘 뭐하냐?"

콘크리트 아파트에 살지 않겠다고, 홀로 낙향하신 아버지. 아들과 함께 사는 병약한 몸의 어머니. 예전에는 두 분의 대전(大戰)도 대단했다. 어머니가 병치레를 하신 후, 아버지의 거친 드리블은 많이 줄었지만 그래도 공간이 크게 보이면 매서운 슛을 가끔 날리신다.

"손자들 보시고, 복지관가서 노래도 배우시고 그러시죠."

"팔자 조오타."

어머니는 아버지와 부부라는 연을 맺은 후, 남편 못지않게 세상과 많은 경기를 치렀다. 쭈쭈바 포장 씌우기, 형광등 제조, 이쑤시개에 작은 종이 태극기 붙이기, 양말장수, 채소장수, 포장마차, 청소부… 이사만 스무 번 이상, 시도 때도 없이 날아오는 아버지의 강슛 막기, 독수공방으로 홀로 자식 키우기 등등. 어머니 이야기가 나오면 전선만 이동되었을 뿐, 아버지의 불덩이 슛이 마구 날아온다. 아들 자신의 골대도 휘영청 넓기만 한데, 어머니 골대까지 막아 주기에는 역부족이다. 아버지 말씀에 순응하면 끝없이 이어지는 페널티킥이다. 차고 또 차고, 쉬었다 또 차고. 이럴 때 아버지 다리 힘을 풀어버리는 특효 약 하나.

"저도 아버지 말씀에 백 프로 동감합니다. 엄니를 보면 참 답답한 여자라는 생각이 듭니다. 남자 기분 하나 딱딱 맞출 줄을 아시나, 옷 입는 거라도 신경을 쓸 줄 아시나, 그렇다고 교양이 있으시나….”

딱! 아버지의 힘차게 숟가락 밥상에 붙이기 신공.

"…버르장머리 없게스리!”

당신은 마누라 욕을 해도, 아들이 하는 어머니를 향한 비난은 듣기 싫다. 간신히 막아지는 어머니의 초라한 골대.

"너나 정신 좀 똑바로 차려. 도대체 어떻게 살 거냐.”

"제 걱정은 마시라니까요.”

"……”

아버지는 찬 물 대접을 입에 가득 무시고, 화통 같은 가슴에 찬물을 쏟아붓는다. 아들은 가슴이 갑갑해지면서 신경줄이 졸아 붙는다. 고생한 아버지, 그래 아들이 먼저 이해해 보자.

"제가 참 못나긴 못난 놈입니다. 처자식 고생이나 시키고, 능력도 없이….”

자살골 모드. 자해 공갈단처럼 풀이 죽은 목소리로 스스로의 어깻죽지에 힘을 빼버리는 아들. 난데없이 아들의 머리를 타격하는 글자 작은 아버지의 핸드폰.

"네가 눈이 없냐! 코가 없냐! 사내놈이 말하는 꼬라지 하고는, 배짱도 없이!”

아, 파도야 어쩌란 말이냐. 아들은 이래도 똥볼, 저래도 똥볼이다. 아버지는 차라리 아들이 핏대 세우고 뻗대는 건 참아도, 맥없이 꺾기는 건 더 보기 싫다.

‘엉킨 실타래 같은 부자만의 리그’를 마치고 집 밖을 나서는 아들.

"야! 이거!"

아버지의 목소리에 돌아보면 눈앞으로 휙 날아오는 핸드폰.

"눈이 당최 안 봬!"

땅에 떨어진 핸드폰이 폴더를 연 채, 하늘을 향해 속을 훤히 내어 놓고 있다. 핸드폰 속 말고, 내 속은 언제 알아주시려나. 몇 걸음 걷지 않아서 느낀다. 소화불량이다. 아들은 아버지와 식사만 하면 체기(滯氣)가 생긴다.

"정신 똑바로 차려!"

아버지의 마무리 강슛이 뒤돌아 걷는 아들의 뒤통수에 와서 사정없이 박힌다.

"글자가 주먹만 한 게 진짜 꽁짜냐?"

아버지의 쇳소리가 클수록 뱃속은 꾸룩꾸룩이지만, 신통하게 발걸음은 가볍다. 아직은 창창하신 목소리.

"꽁짜예요. 꽁짜! ‘아들’을 그렇게 못 믿어요?"

"……."

등으로 느껴지는 아버지의 쏟아지는 눈빛. 아들의 등짝이 아리다.

빌어먹을 놈의 '아들'이라는 단어만 나오면 왜 그렇게 배꼽은 가려운건지….

부처님,
쉘 위 댄스?

경계의 순간에 자꾸 자각심이 늘어나니 마음을 돌이키는 회심(回心)은 자동이다.
맛을 보면 볼수록 감로수라는 말이 절묘하게 맞아 떨어졌다. 찬탄하지 않을 수 없다.

'앉으나 서나 버럭' 여자는 '꿈속에서도 공부해' 아들이 괘씸했다. 틈만 나면 아이돌 그룹인 엑소의 춤이나 따라하고, 롤 게임에 빠져 허우적대는 꼴이 못마땅했다. 어디 그 뿐인가 '너무 착해 어따 써' 막내는 툭하면 돈 꿔주고 못 받기 일쑤고, 또래 아이들과도 잘 어울리지 못한다. 자식들을 보고 있노라면 울화통이 터진다. 하지만 지 애비에 비하면 아이들은 새 발의 피다.

처절한 세상살이에도 나 홀로 천하태평인 '모든 버럭질의 도화선', 룰루랄라 남편을 보노라면 숨이 막힌다. 버럭 여자는 이 풍진 난장(亂場) 세상에서 홀로 북치고 장구치며, 광대가 되어 사는 기분이다. 눈만

돌리면 진압할 대상들이 지천으로 깔려있다. 외롭다.

어느 시인은 이슬과 손잡고, 노을빛과 단둘이서, 소풍 같은 인생과 이별하면 하늘로 돌아간다고 했다.

듣기만 하여도 가슴 설레는, 신선한 흥분이 살아있는 말, 소풍. 그러나 버럭 여자는 자신의 인생이 '소풍 날 혼자 도시락 못 싸온 아이' 같다고 단정했다. 소풍 날, 빈 배 움켜잡고 억지 함박웃음 지으며 소화제 찾는 시늉으로 세상을 살아오지는 않았을까?

버럭 여자는 소풍 기분을 맛보았던 게 언제였던가 싶다. 아득하다. 소풍은커녕 공부해 아들이나 어따 써 막내, 룰루랄라 남편을 지도 편달하느라 애간장이 녹을 지경이었다.

매일 매일을 버럭버럭 소리 지르며 살아가던 여자는 언제부터인가 '버럭'의 효과가 점점 줄어드는 게 느껴졌다. 공부해 아들도 버럭 소리에 공부를 시작하면 30분을 채 넘기지 못하거나, 가끔은 도끼눈을 뜨고 '다 엄마 맘이야!'라고 쏘아붙인다. 어따 써 막내도 사내다움을 키워주려고, '버럭 버럭'거리며 단련시켜 보지만, 어따 쓸 때도 없는 맹한 표정으로 오히려 눈치만 보는 아이로 변해갔다.

룰루랄라 남편도 심상치 않았다. 예전에는 잠시 대항한 적도 있었지만, 지금은 버럭 여자의 목청소리 데시벨이 높아질수록 자신에 대한 애정지수로 평가하는 눈치였다. 오호통재라!

버럭 여자는 스스로도 버럭 거리는 것이 누구를 위한 것인지 헷갈렸다. 팍팍한 세상에 지르는 것인지, 기대치에 턱없이 모자라게 허우적대는 가족들에 대한 '할!' 소리인지, 아니면 부족한 자신에 대해 스스로 질타하는 자학의 버럭인지…. 중요한 것은 버럭이 모닝커피처럼 습관이 되어 버렸다는 사실이다. 본말전도(本末顚倒).

버럭 여자는 전술을 바꾸기로 하고 식탁에서 가족들에게 선포했다.

"오늘부터 공부해, 어따 써, 룰루랄라는 귀를 활짝 열고 똑바로 들어라! 나, 버럭은 오늘부터 화내지 않을 것이다. 이상!"

그 말을 들은 공부해 아들은 버럭 엄마에게 더욱 심한 불안을 느끼며 밥숟가락을 놓고 조용히 공부방으로 들어갔고, 어따 써 막내는 엄마가 더 무서워지는 것 같아 울음을 터뜨렸다. 룰루랄라는 길들여졌던 버럭에 금단증상이라도 나타나는 것처럼 창백한 얼굴로 소주병을 꺼내 들었다.

버럭 여자는 가족들의 뜬금없는 반응에 아랑곳하지 않고, 일단 4 ·

7일 수행결사로 방편을 삼기로 했다. 무늬만 불자에서 최초로 수행이라는 것을 해 보기로 마음을 낸 것이다. 일단 4주 28일 동안, '버럭 대지 않기'가 목표였다. 부처님 오신 날인 6일까지 매일 108배와 함께 자신의 중생심이 어떻게 움직이는지 지켜볼 심산이다. 쉽지 않은 일이었다. 이미 습관이 되어 버린 '버럭'의 금지는 혀를 씹는 각오가 아니고서는 이루어지기 힘든 결심이었다. 하지만 기필코 부처님 오신 날, 연꽃 등 아래에서 아름답게 회향하고 말리라 다짐했다.

관심일법 총섭제행(觀心一法 總攝諸行)
마음을 관(觀)하는 한 가지가 모든 수행을 다 포함한다.

달마대사의 말씀이었다. 버럭 여자는 그 한 마디에 의지해 밖으로만 쏠려있던 눈을 안으로 돌리려 무진 애를 썼다. 자꾸 허물어지는 어설픈 시도였지만, 하루에도 수없이 명멸하는 극락과 지옥을 볼 수 있었다. 찰나 찰나마다 가슴 속에 오랫동안 똬리를 틀고 주인 행세를 해온 생물(生物)이 살아있었다. 이놈은 끊임없이 불끈불끈 꿈틀거렸다.

'버럭'거리게 하는 이놈은 무엇을 먹고 지금까지 살아왔을까? 전세를 준 적이 없는데 누구의 허락을 받고 이곳에 터를 잡고, 게다가 깡패노릇까지 할까. 이놈이 치받아오를 때는 정신줄을 잡고 있다는 게 거의 불가능했다.

'궁구(窮究)'를 하는 시간이 길어질수록, 습관처럼 밀려오는 버럭의 파도가 감지되었다. 그 파도를 사량 분별없이 지켜본다. 살아있으니까 버럭질도 하는 것 아니겠는가. 그 파도를 자각하면 이내 사그라지는 것도 신기했다.

파도에 부화뇌동하여 '헷까닥' 쏠려 버리는 것이 아니라, 극장에서 영화를 구경하듯 그저 감정의 파도를 지켜 볼 뿐이다. 이내 파도는 힘을 잃는다. 그것만 하여도 버럭 여자는 살 만하다. 경계의 순간에 자꾸 자각심이 늘어나니 마음을 돌이키는 회심(回心)은 자동이다. 맛을 보면 볼수록 감로수라는 말이 절묘하게 맞아 떨어졌다. 찬탄하지 않을 수 없다.

극락에 가는 것은 별 관심 없었다. 가족들에 대한 성공 기원도 두 번째 문제였다. 무엇보다 꿈속에서, 헛된 것을 붙들고 속아 살았던 거다. 지금까지 꼭두각시처럼 살았던 거다. 궁구하면 어떤 단어도 개념도 붙을 수 없는, 번뇌만이 자각되는, 무엇이라 이름할 수 없는 공간만이 오롯하다.

이 좋은 법을 주변에 알려 주고 싶은 마음에, 입은 '석가모니불'로 근질대고, 몸은 108배로 춤을 춘다. 첫사랑의 설렘 빼고는 이렇게 자신을 '꽃비 내리는 환한 설렘'으로 이끈 것이 있었던가. 이런 기쁨이 있다는 사실을 영원히 잊지 않고 살아가게 해 주소서. 고통 속에, 버럭 속에, 부처가 있다는 사실을 잊지 않겠습니다. 부처님 참으로 '해피 벌스데이'십니다.

연등꽃이 흐드러지게 피어난 사월 초파일 밤.

버럭 여자는 각자의 서원을 적은 발원문을 풍등(風燈)의 뱃속에 집어넣게 했다.

붉고 푸른 풍등은 까만 하늘을 타고 가족들의 머리 위로 두둥실 떠올랐다.

버럭 여자는 풍등 아래로 공부해와 어따 써, 룰루랄라를 일렬로 도열시켰다.

그 앞에 선 버럭 여사. 가족들 일동에게 버럭 소리 질렀다.

"그간 내 눈에 대들보는 못 보고, 새끼들 부처님, 서방 부처님의 티끌만 보아서 미안!!"

여자의 양심선언에 공부해, 어따 써, 룰루랄라는 완전히 겁에 질린 표정이었다. 난생 처음 들어보는 '미안'이었다. 세 남자는 누가 시키지도 않았는데 서로서로의 손을 꼭 잡았다. 흩어지면 또 당한다. 세 남자는 버럭 여사의 쇠 나팔 같은 근육질 입술만 쳐다보았다.

버럭 여자의 소리에 놀란 밤바람은
아카시아 꽃비를 흐드러지게 흩뿌리고,
풍경(風磬)에 매달린 붕어를 깨워 쇠 드럼을 두드렸다.
연꽃등들은 밤바람의 연주에 몸을 맡겨, 두근두근 붉은 몸을 떨었다.

부처님 오신 날을 찬탄하는 풍등은

빛바람으로 타올라 서울 부산 대구 찍고,

온 세상 난장(亂場)의 광대들에게 손을 내밀었다.

춤 한번 추시겠습니까?

이렇게 눈물 나도록 좋은 법을 펼쳐 보여 주신 부처님, 쉘 위 댄스?

선원(禪院)
생활의 발견

이쯤 되니 Q 씨는 아차 싶었다. 왜인고하니 큰스님을 아주 가까이에서 보니
분명 자신과 다를 바가 없었다. 그것으로 보아 혹시 자신도 이미 깨달아 있었던 것은
아닌가? 라는 강한 의심이 밀려왔다.

Q 씨는 가슴이 벅찼다. 깨달음을 이룬 큰스님과 부부처럼 지척에서 함께 먹고, 자고, 대화할 수 있는 기회를 얻었기 때문이었다. 법회 때 사자좌에 앉아 계신 큰스님의 모습은 아무래도 화석화된 틀을 벗어날 수가 없다. 하지만 이제는 서너 걸음이면 서로의 방을 드나들 수 있고, 공양은 물론 전화 통화하는 소리까지 서로 들을 수 있는 내밀한 식구(食口)로 생활할 수 있게 된 것이다. Q 씨에게는 이번 기회가 불법공부 삼분의 일, 호기심 삼분의 일, 생활방편의 일거리 삼분의 일의 수행 시간이 될 것이다.

선원 식구(食口)—한 수저통에 있는 숟가락을 이용하여, 함께 마주

보고 앉아, 입을 함지박만 하게 벌려 밥을 먹는 사이-들은 유럽 비구니 스님, 중국 비구니 스님, 명문대 출신의 여 행자(女行者), 정통 선객을 자처하는 칼날 같은 비구 스님, 큰 남 행자, 작은 남 행자 그리고 큰스님과 Q 씨, 똥개 해탈이었다.

큰스님은 언론을 통해서도 알려졌지만, 그 보다도 Q 씨의 눈에는 누가 뭐래도 분명 깨달은 스님이었다. 8년 동안 큰스님의 그늘 아래서 오직 믿음으로 공부를 해오던 Q 씨였다.

사실 돈 문제, 사업 문제, 가족 문제로 나날이 열성두통에 시달리던 Q 씨가 큰스님과 함께 생활한다는 것은 엉겁결에 장땡을 잡은 것이나 다름없었다. Q 씨는 부처님의 자비에 절로 무릎이 꿇려졌다. 이 삶에도 정녕 광명 같은 개과천선(改過遷善)의 햇살이….

가족을 두고 혈혈단신으로 지방에서 올라온 Q 씨가 해야 할 일은 스님이 새로 구입한 선원 건물을 리모델링하는 일이었다. 총감독인 셈이다. 드디어 Q 씨는 자신의 재능을 보시하게 되었다. 큰스님이 지금까지 베풀어 준 불법의 은혜를 갚는다고 생각하니 신바람이 절로 났다.

선원의 아침은 새벽 3시 30분부터 시작된다. Q 씨는 알람 소리가 지옥이다. 화들짝 놀란 심장을 부여잡고 선방에 가면 이미 식구들은 결가부좌 중이다.

선원 식구들은 보통 결가부좌를 시작하면 10시간에서 15시간까지

하는 고수들이었다. 단전에 화두를 둔 채 화장실 이용도, 실내 계단도, 공양도, 선원의 대소사도 모두 결가부좌를 풀지 않고 해치운다. 마치 탱크들이 전진하듯 넙적한 엉덩이들을 위풍당당하게 질질 끌고 다니며 볼 일을 본다. 거뜬하다.

오른발을 왼 허벅지에 먼저 올리고, 왼발을 오른쪽 허벅지에 걸쳐야 하는 결가부좌는 최소 3시간 이상을 하여야 정신적, 육체적 변화를 맛볼 수 있다. 척추가 똑바로 섬은 물론이고 오장육부와 기혈순환이 제대로 순환하게 되어 놀라운 효과를 본다. 무엇보다 화두참선에는 최상의 몸가짐이다.

Q 씨는 결가부좌를 하고 30분만 지나면 마치 다리 위에 수미산만한 철근을 올려놓은 듯 온몸이 비틀렸다. 숨을 쉴 수가 없었다. 양쪽 엉덩이 옆쪽은 쥐가 파먹어 들어가는 통증에 시달렸다. 지금까지 신구의 (身口意)로 지은 죄를 심문하느라 주리를 틀고 있는 것 같았다. 이렇게 고통이 사무칠 때면 영락없이 영리한 머리가 쌩~하고 돌아간다.

'부처님도 거문고 줄이 너무 팽팽하거나 느슨하면 좋은 소리를 내지 못한다고 했지? 정진도 너무 과하게 하면 마음이 격해져 산란심이 생기는 법. 적당히, 개폼잡지 말고 생긴 대로 살자.'

풀려난다. 막혔던 피의 봇물은 터지지만 다리는 한동안 고사목처럼 꼼짝도 하지 못한다.

아침 6시. 공양 시간이 되면 젊은 수행자들이 식탁 앞에 정좌한다. 무거운 침묵이다. 동굴 속 은둔자들 같다. 수행자들답다. 하지만 Q 씨는 잠시 헷갈린다. 밝고 행복해지려고 수행하는 것이 아니던가? 왜 이리 칙칙하지?

선원에서는 개인적인 신변잡기나 신문 속 세속 일들은 화제에 올리기 꺼려한다. 제일 만만한 게 똥개 해탈이 이야기다. 해탈이가 공양을 많이 했나 적게 했나, 스님들의 바지를 물고 늘어지다 승복이 찢어졌다거나, 닭들을 추격하다 비둘기를 앞발로 찬 이야기들이 화제에 오른다. 또 날씨이야기는 실용적이면서 가장 무난한 이야깃거리다. 비록 10초를 넘길 수 없는 화제지만 말이다.

"오늘 영하 10도가 넘는다네요!"

"와~ 어쩐지 춥더라…."

정도.

실없다.

수행의 강도가 셀수록 아주 작은 일에도 웃음이 자꾸 터졌다. Q 씨는 장난기가 곰실곰실 피어오르지만 가까스로 참아낸다. 이를 악물고 삼간다. 선원에 들어와서 느낀 것 중의 하나가 자신이 얼마나 농담과 장난을 즐겨했던 인물이었는지 새삼 절감했다는 사실이다. '농담과 장난질을 허하라!'라고 깨달은 큰스님의 귀에 대고 외치고 싶었지만, 절이 싫으면 중이 떠나야 하는 법. Q 씨는 아직은 선원에 오래 붙어 있고 싶었다.

남녀가 섞여 있는 이 선원에서는 아무리 좋은 의도로 농담을 했다 해도 자칫 산불같이 무서운 오해를 받을 수 있다. 대중공사까지 들어가면 끝내는 선원출송이다.

Q 씨는 생각했다. 깨달은 큰스님 곁에서 불조심하듯 긴장하며 악착같이 붙어 있다가 개과천선의 뜻을 이루리라. 그러기 위해서는 깨달은 스님의 숨소리에서 뒷간 가는 걸음걸이까지 배우고 익혀야했다. Q 씨는 바빴다.

선원에서 생활을 잘 한다는 것은 먼저 말을 안 시키는 것이다. 뭐든 물어보는 것에 대해 대답만 정성스럽게 해 주는 수동적 포지션으로 일관하고, 일을 앞서서 만들기보다는 시키는 일에 대처를 잘해야 하는 대응의 영역에 뛰어나야 한다. 그것이 상책(上策)이다. 이래야만 듬직하다는 평가와 함께 수행자다워진다.

이러한 선원 식구들의 '스님다움'과는 달리 큰스님은 천방지축, 종횡무진, 허허실실 막히는 것이 없고 스스럼이 없다. 한 마디로 이것저것 따지지 않고 부드럽고 유연하다. 자칫 주책없음으로 착각할 지경이었다.

잘 웃고, 잘 드시고, 잘 말 걸고, 잘 수행하시는 큰스님. 그뿐 아니라 큰스님은 잘 화내고, 일반인의 입장에서 해서는 안 될 감추어야 할

이야기도 잘 발설하고, 잘 착각하고, 잘 웃긴다. 잘, 잘, 잘…이다.

최소한 Q 씨의 눈에는 큰스님이 하는 행동은 막힘이 없어 보인다. 그런데 Q 씨는 의문스럽다. 나랑 다른 게 뭐지? 싶다. 자린고비처럼 돈을 아끼는 것도 같고, 잘 웃고, 잘 화내는 것도 같고, 푼수처럼 너무 솔직한 것도 같고…. 도대체 다른 게 뭐람?

이쯤 되니 Q 씨는 아차 싶었다. 왜인고하니 큰스님을 아주 가까이에서 보니 분명 자신과 다를 바가 없었다. 그것으로 보아 혹시 자신도 이미 깨달아 있었던 것은 아닌가? 라는 강한 의심이 밀려왔다. 큰스님도 법문 중에 깨달음은 대단한 것이 아니라고 했다. 무엇인가 푹 무너졌을 때, 그 당시에는 본인조차도 몰랐다고 했다. 다만 화두를 바로 하게 되고 팔정도가 저절로 행(行)으로 나올 때, 그 당시가 경험한 것이었음을 뒤늦게 알았다고 하지 않던가.

깨달음이란 이곳에서 저곳으로 확 달라지는 것이 아니었다. 벼락 스타가 되는 것이 아니다. 아무 의심 없이, 뿌리깊이 박혀있던 어떤 위치에서 아주 조금, 방향을 트는 것. 닭 소리에도, 때를 밀다가도, 만원 버스에서 손잡이를 잡고 있다가도, 기침 소리에도 세상은 무너지는 것이었다. 육조 혜능은 일자무식인데다가 불교의 '불(佛)' 자도 몰랐음에도 나무를 팔러 시장에 갔다가 '응무소주 이생기심(應無所住 而生其心)' 이라는 한 마디를 듣고 깨달았지 않았는가.

그러고 보니 Q 씨도 큰스님처럼 여러 번 경험이 왔다간 것 같다.
일주일 전만해도 망치로 검지를 내려쳤을 때, 머리털이 쭈뼛 서면서 세
상이 둘로 쪼개진 느낌이었다. 퉁퉁 붓는 손마디를 보며 사는 게 다 부
질없는 것 같아, 파안대소가 터지지 않았던가. 혹시 그 순간에도 '가짜
나'가 무너지는 순간이었는데 중생상으로 인해 자신만 모르고 지나간
것은 아닐까? 무엇보다 큰스님과 이야기를 나누면 막힘없이 척척 풀려
나갔다. 큰스님은 무엇이 좋으신지 Q 씨만 보면 염화미소다. 혹시 부
처님이 마하가섭에게 보이셨던 그 미소?

그렇게 인정하고 나니 Q 씨는 큰스님이 좀 편하게 보였다. 아니 큰
스님이 좀 만만하게도 보였다. 깨달음이라는 게 그 정도라면 오래 공부
한 자신도 자격은 충분했다. Q 씨는 왠지 기쁨이 아지랑이처럼 피어오
르면서 자신감이 마구 흘러넘쳤다.

Q 씨는 남들에게는 깨달았다고 말하지 않을 작정이다. 원래 깨달은
사람은 자기 입으로 깨달았다고 말하지 않는다. 남들이 놀리고 헐뜯어
도 초연해야 한다. 중생들은 언제나 늦게 사람을 알아보고 후회하는 법.

이제야 선원이 내 집 같다. 주위 사람들도 다 아름답게 보이고, 웃
음이 자꾸 실실 솟았다. 지금이라도 오도송이 여러 개 튀어 나올 것 같
다.

깨달은 자라도 부처의 행을 꾸준히 실천해야 하는 보림(保任) 수행
을 해야 한다. 그래야 욕심과 어리석음이 다시 끼어들지 않게 된다. Q

씨는 보림을 위해서 휴대폰을 들었다. 찌질 마구니인 아내로부터 시작
해서 악연으로 묶였던 인간들의 전화번호를 하나씩 누르기 시작했다.
무명중생에서 벗어난 여유롭고 넉넉한 목소리가 송화기를 통해 속세의
세상으로 퍼져나갔다.

깨달음은 어렵지 않았다. 개과천선도 별 것 아니었다.

비록 착각도인이라고 할지라도….

참 고맙습니다,
그 사람

그 보일러 점원도 지금쯤은 남자처럼 '과일 바구니' 나 '택시비가 아까워' 라거나 '국물' 에
눈독을 들이며 살지 모를 일이다. 하지만 그가 어떻게 변했든 그는 남자를 키운 바람이었고,
뇌수술의 환자를, 나뭇가지가 발등으로 튀어 오른 어여쁜 아가씨를 살린 은인이다.

추석 즈음의 바람은 늘 잠을 깨운다.

"저… 저… 몇 시….."

밤늦은 시간, 인도에 걸터앉은 취객이었다. 약속 시각에 쫓기던 터
라 대꾸할 여유가 없었다.

"저… 저 좀…."

'생면부지인 나랑 2차라도 하자는 건가'라는 투로 그를 쳐다보았
다. 그런데 그의 눈. 검은 눈동자는 자꾸만 눈꺼풀 뒤로 넘어갔고, 흰
자위는 커져만 갔다.

"제가… 뇌수우술을… 뇌…."

염병할! 취객이 아니라 응급환자였다. 그의 눈은 뒤집어지고 있었다.

남자의 가슴 속이 하얗게 벌렁거렸다. 환자를 업고 6차선 도로를 곡예하듯 가로질렀다. 질주하던 자동차들의 급브레이크 밟는 소리가 도미노처럼 들렸다. '축 늘어져 가는 죽음'이 등에서 실체로 느껴졌다. 광분했다. 그 덕에 교통사고로 먼저 저 세상으로 갈 뻔했지만.

정의로운 시민이자 대학생이었던 남자는 이 환자를 살려야 한다는 일념밖에 없었다. 환자는 까무룩 의식을 잃어가고, 입에서는 하얀 거품이 흘렀다. 오! 제 앞가림도 못하는 내게 어찌 이런 인연을…. 눈이 돌아가고 거품을 문 환자를 본 남자는 거의 미쳤지 싶다. 안하무인이었다. 한가하게 119를 기다릴 수 없어서 성인 남자를 등에 지고 뛰고 또 뛰고, 지나가던 자가용을 온몸으로 막아 세웠다. 환자를 들이밀고 강제로 응급실을 가게 했고, 병원에서는 성에 안차는 응급조치에 대해 목에 핏줄을 세우며 항의했다. 분별할 여유가 없으니 환자는 이미 타인이 아닌 그의 몸이 되었다. 일련의 소란극을 끝내고, 영화 속 마지막 장면처럼 간호사들의 '정의의 시민을 칭찬하는 소리'를 못 들은 척하며, 그 자리를 표표히 떠나왔다. 이후로 환자는 목숨을 건졌다는 소식을 전해받았다. 뇌수술을 받았던 환자였다. 앉아 있던 인도에서 의식을 잃었으면 운명할 뻔했다고 한다.

환자의 아버지는 극구 집으로 찾아오겠다고 했다. 하지만 '정의의 시민'을 아들로 둔 어머니가 완강하게 사양을 하셨단다. 물론 결론적으로 과일 바구니 하나 건지지 못했다.

"아… 아저씨…."

주위를 둘러보니 소복처럼 환한 원피스를 입은 20대 초반의 어여쁜 여자였다. 몹시 불안한 눈빛으로 벤치에 앉아 있었다. 유령인가? 환청인가? 주위를 다시 둘러봐도 그녀를 빼놓고는 부를 사람이 없었다.

"아저씨 저 좀… 살려 주세요…."

여자는 얼굴이 하얗게 질려 있었다. 여자를 여기저기 살펴봤다. 이상한 곳이 없었다.

"제, 발… 발…."

아뿔싸! 뭐 이런 게 다 있지? 손가락 굵기만 한 나뭇가지가 여자의 발바닥에서 발등 위로 관통해 있었다. 버스에서 하차할 때 나뭇조각을 잘못 밟아 그렇게 되었단다. 그녀는 겁에 질려 말도 제대로 잇지 못했다. 부들부들 떨고 있었다. 스타일을 만들어 숙녀처럼 보였지만 아직 소녀티를 벗지 못한 가냘픈 여자아이였다. 먼저 안정을 시키고, 떠 매듯이 부축을 하여 택시를 잡아 병원 응급실로 향했다. 그녀의 충격과 고통도 고통이지만 남자는 병원으로 가는 내내 '어떻게 하면 저렇게 발바닥으로 나무가 관통될 수 있는지….'가 더 궁금했다. 어처구니없는 사고에 주책없는 의문이었다.

　　그녀가 수술실로 들어갈 때까지 보호자가 되어 주어야 했다. 나중에 연락을 받은 진짜 보호자가 도착했다. 보호자에게 경위를 설명해 주었으나 오히려 의심스러운 도끼눈으로 쳐다보았다. 어여쁜 딸내미를 저 지경으로 만들어 놓고 발뺌하는 게 아닐까 하는 눈초리였다. 더 있다가는 본전도 못 찾고, 오히려 신문고를 울려야 할 판이 될 것 같아 조용히 병원을 빠져나왔다. 결국 연체료 몇백 원 아끼자고 먼 길을 헐레벌떡 가던 비디오가게도 끝내 못 가고, 응급환자를 긴급 수송하기 위한 택시비까지 부담했다.

　　바람도 없던 여름 한낮, 흰옷의 유령이었던 소녀와의 기묘한 만남이었다. 거기다가 상상할 수 없는 사고에 어처구니없는 부상은 아무리 생각해도 희한했다. 그날 밤 내내, 어떻게 그렇게 '관통'할 수 있는지에 대해 궁금해 했다. 자칫 사기꾼으로 오인될 뻔한 그날 역시 칭찬은 커녕 국물도 없었다.

　　남자는 어린 시절, 자유분방한 산동네 태생이라 그런지 비교육적이고, 비도덕적이며, 흉측한 짓거리들만 골라서 하고 다녔다. 물론 죄의식은 눈곱만치도 없었고, 신바람만 하늘을 찔렀다. 동네 친구들과 구멍가게도 곧잘 털었고, 심지어는 지폐를 반으로 잘라 인정 많던 전방(廛房) 주인 할매를 속였으며, 극장 입장권을 타자기로 위조하여 드나

들기도 했다. 아이들이라 그렇지 엄밀히 따지면 그 당시 절도, 사문서 위조, 무전취식… 뭐 별의별 죄목을 다 들이대도 안 걸리는 게 없었다.

그러던 어느 해이던가. 으슥한 밤이었다. 초로의 한 중년 신사가 산동네 고갯길을 넘던 중이었다. 어디서 술 한잔을 거나하게 걸쳤는지 몸도 못 가누고, 연신 노래를 흥얼거렸다. 급기야 쾅하고 뒤로 나자빠지는 것이었다. 어렸던 남자가 그 남자의 몸을 부추겨 일으키자, 뜬금없이 속주머니에 있던 돈 봉투를 어린 남자의 가슴에 안겼다. 꽤 두툼한 것이 월급봉투였던 듯싶다. 그 시절 못된 짓만 하고 다닌 어린 남자로서는 봉투를 들고 내빼는 게 당연한 일이었지만, 왠지 발걸음이 떨어지지 않았다. 그 남자에게서 자신의 아비 냄새를 맡아서였을까. 어린 남자가 한사코 봉투를 남자의 속주머니에 넣어 주면, 그 남자는 다시 어린 남자에게 봉투를 주기를 여러 번.

왜 이러시나, 호랑이 아가리에 토끼 고기를 넣어 주는 것도 유분수지, 참 난감했다. 결국 어린 남자는 그 남자를 등 뒤에서 밀고 밀어, 언덕을 넘어섰다.

어슴푸레한 불빛 아래로 한 부인이 안절부절못하고 있었다. 꼭 오줌 마려운 사람 같았다. 그러던 그녀가 남편을 보았다. 꼬마 아이 하나가 비틀거리는 남편을 뒤에서 있는 힘을 다해 밀어 지탱하고 있었다. 예상한 대로 남편은 취해 있었다. 부인은 남편을 보자마자, 득달같이 달려들었다. 쏜살같이 남자의 속주머니를 뒤졌고, 당황해 했다. 남자

를 기다린 게 아니라 월급봉투를 기다리고 있었던 것이다. 그런데 월급
봉투가 없어진 것이다. 눈앞이 캄캄했다. 아이들을 키우고, 생활하려
면 가불(임시 지급)을 해가며 살아야 했던 시절이었다. 여자는 난감한 눈
빛으로 어린 남자를 바라보았다. 어린 남자는 잔뜩 힘이 들어간 손으로
자기 주머니에서 월급봉투를 꺼내 그녀에게 전해 주었다.

"자꾸 저에게… 주시더라고요. (환장하겠더라고요!)"

돈 봉투를 받아든 그녀. 남자와 꼬마의 존재는 이미 없고, 그녀가
내지른 안도의 한숨 소리만 달빛 번진 골목에 노랗게 남았다.

스산한 맑은 냉기를 품은 추석 즈음의 바람. 남자는 그 바람을 잊지
못한다. 그것은 스무 살 시절, 한 사람이 각인시킨 바람이기도 하다.
시인 서정주가 '나를 키운 건 팔 할이 바람'이라고 했듯이, 남자 또한
그 젊은 점원이 일으킨 바람이 깊은 속에서 항상 불어왔다. 그 점원은
남자 또래였다. 직업은 구로동 어느 귀퉁이 개구멍만 한 보일러 부속가
게 직원.

옛날 추석은 참 추웠다. 여름 내내 쓰지 않았던 보일러는 추석 즈음
에 고장이 났고, 지하실에서는 땅 땅 땅 북한괴뢰군(?)이 땅굴을 파는
듯한 소리가 들렸다. 하지만 괴이한 소리의 정체를 도저히 알 수 없었
다. 어쨌든 보일러는 살려야 하겠기에 구로동에서 기술자를 불러 왔다.
무슨 인연이었던지 그 어설픈 기술자 점원과 남자는 보일러에 코를 박

고 수리에 몰두했다.

　두 사람은 함께 솟구치는 물벼락도 여러 번 맞았고, 괴이한 소리가 나는 지하실을 뒤지기도 했다. 부속을 구하기 위해 구로동을 수없이 오고갔다. 시도해 볼 수 있는 수단은 모두 동원했다. 그러는 동안 추석 전날과 당일과 그 다음 날까지 빨간 글자는 모조리 지나가 버렸다. 두 사람은 고향도 한가위도 송편도 없이 화두 같은 일념으로 보일러와 씨름했다. 어느 순간 점원과 손님이라는 분리된 역할이 사라졌다. 그 점원은 이미 남자 집이 자기 집이었고, 두 사람은 서로에게 도반이 되어 버렸다. 일생을 살면서 타인과 함께 한 가지 목적을 향해 이토록 몰입해 본 적이 있을까. 보일러 수리라는 목적은 상실한 채 ‘인간이 또 다른 인간을 위해 진심으로 땀을 흘린다’라는 신명만이 시공을 채웠다. 이것은 ‘희생’이나 ‘헌신’ ‘봉사’와도 거리가 먼 느낌이었다.

　그 점원으로 인해 생긴 형용할 수 없는 이 ‘희열’은 관념이 아닌 뼛속으로 전해졌다. 차가운 보일러 파이프가 매개가 되었지만, 그 점원이 내뿜은 뜨거운 바람은 그야말로 남자의 가슴에 소용돌이쳤다. 물론 수십 년이 지난 지금까지도 문득문득 그 바람은 남자를 자각하게 한다.

　‘그런 사람도 있었는데… 그 사람은 그랬는데… 나도 그처럼 희열을 주며 사는 건가?’

　그 보일러 점원도 지금쯤은 남자처럼 ‘과일 바구니’나 ‘택시비가 아까워’라거나 ‘국물’에 눈독을 들이며 살지 모를 일이다. 하지만 그가 어떻게 변했든 그는 남자를 키운 바람이었고, 뇌수술의 환자를, 나뭇가지가 발등으로 튀어 오른 어여쁜 아가씨를 살린 은인이다. 그가 살린 것이다. 어딘가에 숨어서 끊임없이 남자를 자각하게 하고, 부끄럽게도 하고, 용기를 주기도 하는 그런 말갛고 스산한 추석의 바람….

월급봉투를 통째로 받은 아주머니에게도 산동네 어느 꼬마로 인해 서늘한 추석의 바람이 불었을까? 지금쯤 늙은 주름을 깊게 잡고 옛일을 추억하며 남편을 타박하고 있지 않을까?

"그래도 그때 산동네 살 때, 월급봉투 채로 그냥 갖다 준 그놈 보면, 산동네 애들이 못 살았긴 해도 의리는 있었어요. 안 그래요?"

참 고맙습니다. 20살의 구로동 그 사람.

족발

동자승과 고양이가 암자 마당에 앉아 있노라면 늦가을 햇살 사이로 짙은 갈색의 낙엽이 떨어진다. 그것은 마치 진한 갈색 족발이 나풀대며 떨어지는 것만 같다.

"스님, 앙굴이가 저를 만만하게 봐요!"

선재 스님은 노스님에게 볼멘소리를 했다.

"그럼, 반야를 내쫓아 버릴까?"

"……."

여덟 살 동자승인 선재 스님은 '그러자'라는 말이 입 밖으로 튀어 나올 뻔했으나 꾹 참았다. 노스님이 말씀하셨다.

"반야와 너는 이곳에서 함께하라는 인연이고 운명인 게야."

노스님의 말씀에 선재는 앙굴이를 쏘아보며 중얼거렸다.

'저 앙굴이 살생 마귀랑 나랑 운명이라고?'

산 속 암자의 식구는 셋이다. 노스님과 선재 스님 그리고 고양이 반야. 반야는 산(山) 고양이였다. 먹이를 한두 번 주다 보니, 어느새 절 마당에서 까만 배를 내놓고 드러누워 버렸다. 식구(食口)가 되었다. 선재 스님에게는 고양이 반야가 앙굴리말라로 보였다. 999명의 사람을 죽여 손가락 목걸이를 걸고 다녔던 앙굴리말라. 고양이 반야도 무서운 놈, 나쁜 놈, 이상한 놈이었다. 선재 스님은 마음에 안 드는 것에 대해선 모두 '앙굴이'라고 이름 붙였다.

선재 스님과 앙굴이는 천적이다. 노스님의 사랑도 나누어야 했고, 끼니 때 공양을 챙겨주어야 했으며, 세수하기 싫을 때마다 깔끔한 앙굴이와 비교당하는 것도 자존심이 상했다.

선재 스님은 앙굴이의 못된 짓을 노스님에게 낱낱이 고자질했다. 고자질할 때마다 앙굴이는 어떻게 눈치챘는지, 그 다음 날이면 신발을 벗어놓는 댓돌 위에 아기 주먹만 한 까만 물체를 물어다 놓고는 했다. 그럴 때마다 선재 스님은 기겁을 했다. 어느 날은 한 개, 어느 날은 다섯 개까지 물어다 놓았다. 노스님이 그것을 치우기 전까지 선재 스님은 방문 문고리를 부여잡고 꼼짝 못하고, 심호흡을 해야 했다. 그 아기 주먹만 한 까만 물체는 '쥐의 머리통'이었다.

'댓돌 위에 쥐의 머리통 가져다 놓기'가 선재 스님의 고자질에 대한 해코지인지, 칭찬을 받으려는 짓인지는 아무도 모른다. 언젠가 공양간에 들끓던 쥐를 앙굴이가 여러 마리 잡았을 때, 크게 칭찬을 하며 족발을 준 적이 있었다. 그것을 기억하고 있는 앙굴이가 어쩌면 족발을 더 내놓으라고 거래를 시도하고 있는 것일 수도 있었다.

동자승 선재와 고양이 앙굴이의 전쟁은 끝이 없었지만, 둘 사이의 유일한 공통점은 '족발'이었다. 선재 스님에게 이 세상에서 제일 맛있는 음식은 족발이다. 앙굴이 또한 족발만 보면 '갸르릉~' 소리를 그치지 않는다. 선재 스님의 소원은 족발집 사장님이 되는 것이다. 족발 가게 한쪽에 불상을 모시고, 삼백육십오일 족발로만 공양을 올리고 싶다. 앙굴이도 만만치 않다. 언젠가는 아랫마을의 돼지우리를 습격한 적이 있었다. 여물통에 앞발을 담근 채 식사 중인 돼지를 향해 맹렬히 돌진했다가, 여물통 국물에 잘 절여진 돼지 다리에 혀 한번 못 대보고, 밟혀 죽을 뻔한 적도 있었다. 선재 스님과 앙굴이의 족발에 대한 집념은 아무도 말리지 못했다.

선재 스님이 족발을 얼마나 좋아하는지 알기에, 친한 등산객들은 미니 족발을 선재 스님에게 슬쩍 찔러 넣어 주고는 했다. 선재 스님은 그 족발을 꽁꽁 숨겨 두었다가, 노스님이 없을 때 포식한다. 반드시 앙굴이 앞에서 먹어야만 맛이 기막혀진다. 앙굴이의 '갸르릉~' 소리가 암자를 울릴 만큼 커질 때면, 그제야 살은 다 발라먹고 뼈만 남은 빈 뼈다귀를 앙굴이에게 넘긴다.

첫눈이 오고 본격적인 추위가 시작되는 11월의 소설(小雪) 즈음, 산사에는 등산객들의 발걸음도 끊어지고 먹을 것도 귀해진다. 동자승과 고양이는 오매불망 족발이 그립다.

동자승과 고양이가 암자 마당에 앉아 있노라면 늦가을 햇살 사이로 짙은 갈색의 낙엽이 떨어진다. 그것은 마치 진한 갈색 족발이 나풀대며 떨어지는 것만 같다.

족발은 가을색이다. 진한 갈색의 족발은 식은 것이 제맛이다. 따듯한 것은 부드러운 맛으로 먹지만, 차가운 족발은 꼬들꼬들하고 쫄깃한 맛이 일품이다. 엄마의 젖꼭지 쓰다듬는 맛이다. 초콜릿과는 도저히 비교할 수 없다.

선재 스님은 얼마 전, 초하룻날 다녀간 신도 할머니가 초콜릿을 잔뜩 손에 쥐여 주며 하신 말씀이 잊히질 않는다.

"젖이 안 나올 때는 족발만 한 것이 없지. 암만~ 동자 스님이 족발에 환장하는 거 보니 스님 낳고 엄마가 어지간히 족발을 자셨는가 봐."

선재 스님은 지금껏 엄마를 찾아본 적이 없었다. 눈물을 흘려본 적도 없었다. 사실은 족발이 엄마보다 몇 배는 더 좋다고 생각하며 살았다.

'엄마가 많이 먹었을 족발'이라는 말에 '족발을 좋아하게 된 것은 순전히 엄마 탓!'이라는 결론에 이르렀다. 족발을 못 먹는 고통을 겪는 것은 완전히 엄마 때문이다.

'엄마가 족발을 엄청나게 먹고 또 먹었지만, 젖이 한 방울도 안 나

오는 운명이어서 나를 살리려고 이곳에 버린 건가?'

마당에 앉아 족발낙엽을 보니 별의별 생각이 다 들었다. 선재 스님은 처음으로 '족발과 젖, 젖과 엄마 그리고 나와 엄마의 관계'에 대해 생각해 보았다. 족발이 그냥 족발이 아니었다. '족발은 운명'이었다. 선재 스님은 벌떡 일어나 초콜릿을 가져다가 천적 앙굴이에게 몽땅 던져 주었다.

"스님, 앙굴이가 큰일 났어요!"

"왜, 또 반야가 널 만만하게 보느냐?"

"앙굴이가 막 미쳐서 날뛰고 토하고 난리 났어요!"

"뭘 잘못 먹었느냐?"

"소승이 생각하기에는 좋아하는 족발을 통 못 먹어서, 발작이 일어난 것 같사옵니다."

선재 스님은 정색을 하고, TV 역사 드라마에서 보던 말투를 흉내 내어 족발의 필요성이 심각함을 강조했다.

"그럼 어떻게 해야 하느뇨?"

"제가 족발을 사다가 멕이면 깨끗이 나을 병인 줄 아뢰옵니다요."

늦가을 소슬한 바람 소리를 뚫고 공양간에서 물 끓는 소리가 요란했다.

"어젯밤에 담가 둔 돼지 다리에 핏물은 다 빠졌느냐?"

공양간으로 난 방문을 활짝 열어젖힌 채, 노스님이 선재 스님을 채근했다.

"예, 엄나무와 소주 반 병도… 이미 부어 놓았습니다."

선재 스님은 잔뜩 주눅이 든 채 노스님의 눈치를 살폈다.

"앞으로도 반야가 또 거품을 물고 발작이라도 하게 되면 큰일이니, 아예 이번 참에 확실히 배워 두어라!"

선재 스님은 노스님의 호락호락함이 오히려 겁났다. 직접 족발을 만들 줄은 상상도 못했다. 무언가 단단히 잘못되어 가고 있다는 생각에 심장이 오그라 붙는 것 같았다.

"스님… 저는 족발 대신 초콜릿만 먹어도 되는데… 앙굴이 땜에…."

곧 눈물을 떨어뜨릴 것만 같은 선재 스님의 말을 무시한 채 노스님의 엄명은 이어졌다.

"반 시간은 삶아진 것 같으니 건져서 찬물에 씻거라."

눈물이 그렁한 선재 스님 뒤로, 초콜릿을 잔뜩 먹고 발작한 앙굴이가 게슴츠레 돼지 다리를 쳐다보고 있었다. 고양이에게는 초콜릿이 독극물이었다.

"이제 장국을 만들어야지. 자, 파도 넣고, 마늘, 생강, 계피나무 껍질에 간장에 소주까지 몽땅 집어넣어 보거라."

돼지 다리는 물론이고 술에 오신채까지 모조리 집어넣으라는 노스님의 명령에 선재 스님의 눈에서는 계속 눈물만 났다.

"스님… 족발 냄새 땜에… 속이 울렁거려서… 더는 못하겠어요."

"무슨 말이냐 이놈! 네 몸 안에 있는 족발 귀신이 섭섭해 하시겠다!"

어느새 구수한 족발 냄새가 선재와 앙굴이의 오장육부를 뒤흔들었다. 선재 스님의 눈에서는 눈물이 뚝뚝 떨어졌고, 입에서는 침이 꼴딱꼴딱 넘어갔다.

공양간 바닥에 족발을 올려놓은 개다리소반을 앞에 두고 앙굴이와 선재 스님이 마주 앉았다.

"야! 앙굴이, 기다려!"

앙굴이는 쉽게 달려들지 못하고 갸르릉~ 소리를 내며 선재 스님의 눈치를 살폈다. 선재 스님은 꼬들꼬들한 족발을 사정없이 뜯다가, 문득 멈추었다.

"앙굴이 너의 발작 땜에 내가 족발을 먹을 수 있는 거거든? 그리구 너도 내가 있어야지만 족발을 먹을 수 있구? 우리는 셈셈이야!"

선재 스님은 족발 한 점을 이빨로 오물오물 하더니 앙굴이에게 뱉어주었다. 무척 아까운 표정이었다.

"족발은 운명이야… 우리 엄마와 나의 운명이고, 앙굴이 너와 나의 운명이고….”

앙굴이는 냥냥냥~ 소리를 내며 족발을 씹어 삼켰고, 선재 스님도 앙굴이와 경쟁하듯 족발을 물어뜯었다.

첫눈이 오는 소설(小雪).

매서운 눈보라가 암자를 휘감았다. 나뭇가지에 쌓인 눈들이 은빛을 튕기며 허공을 떠돌았다. 추운 날씨에 먹이를 찾는 날짐승들의 눈 발자국이 순식간에 눈보라에 씻겨 나갔다.

날짐승들이 한 걸음 한 걸음 산기슭 암자 주위로 몰려들었다. 족발 삶는 냄새를 좇아 모여든 배고픈 ‘운명’들이다. 그들은 울타리 앞에서 배회하며 빈 입맛을 쩍쩍 다셨다. 하얀 눈 위에 배고픈 발자국들이 다시 생겨났다. 그 발자국 위로 동자승과 고양이가 다 물어뜯어 먹고 남은, 빈 뼈다귀가 던져졌다.

눈밭 위에 살 한 점 없는, 희끄무레한 족발이었다.

부처 마을의 손바닥 이야기

1판 1쇄 인쇄 2014년 5월 10일
1판 1쇄 발행 2014년 5월 15일

지은이 | 이형순
펴낸이 | 이태호
펴낸곳 | 클리어마인드

편집 | 김창현
디자인 | 김형조
사진 | 황찬익
인쇄 | 보현 P&P

출판등록 제 300-2005-54호
주소 | 서울시 종로구 삼봉로 81, 736호(수송동, 두산위브파빌리온)
전화 | (02) 2198-5151
팩스 | (02) 2198-5153

ⓒ 이형순, 2014

ISBN 978-89-93293-35-7 03220

값 15,000원

※ 잘못된 책은 교환해 드립니다.
※ 이 책은 저작권법에 따라 보호받는 저작물이므로 무단전재와 복제를 금지하며,
   이 책 내용의 일부를 이용할 때도 반드시 지은이와 본 출판사의 서면동의를 받아야 합니다.
※ 클리어마인드는 (주)지오비스의 출판브랜드입니다.

—

이 도서의 국립중앙도서관 출판시 도서목록(CIP)은 e-CIP홈페이지(http://www.nl.go.kr/ecip)에서 이용하실 수 있습니다.
(CIP제어번호 : CIP 2014012499)